湖南省教改课题“五维立体课堂的中英学前教育协同培养机制研究”成果

教学智慧：教师均衡的艺术

JIAOXUE ZHIHUI：JIAOSHI JUNHENG DE YISHU

赵艳红 ◎ 著

西南交通大学出版社

·成　都·

图书在版编目（CIP）数据

教学智慧：教师均衡的艺术 / 赵艳红著. —成都：西南交通大学出版社，2019.1

ISBN 978-7-5643-6765-7

Ⅰ. ①教… Ⅱ. ①赵… Ⅲ. ①教学研究 - 文集 - Ⅳ. ①G420-53

中国版本图书馆 CIP 数据核字（2019）第 027008 号

教学智慧：教师均衡的艺术

赵艳红 著

责任编辑	梁 红
封面设计	原谋书装
出版发行	西南交通大学出版社 （四川省成都市二环路北一段 111 号 西南交通大学创新大厦 21 楼）
发行部电话	028-87600564 028-87600533
邮政编码	610031
网 址	http://www.xnjdcbs.com
印 刷	四川森林印务有限责任公司
成品尺寸	170 mm × 230 mm
印 张	14.75
字 数	233 千
版 次	2019 年 1 月第 1 版
印 次	2019 年 1 月第 1 次
书 号	ISBN 978-7-5643-6765-7
定 价	68.00 元

前言 PREFACE

素质教育深入实施进程中需要面对三个矛盾：面向全体和追求差异性发展的矛盾；共性发展与个性发展的矛盾；教育内在价值与外在价值的矛盾。教师教育中固有的问题是普遍高雅的理论与模糊复杂的实践的非直接运用矛盾。要想成为一名优秀教师，不仅要有效地、合理地化解这三大矛盾，而且要善于运用理论和总结经验，这就引发出一系列研究问题。处理素质教育中的主要矛盾所需要的核心素养是什么，核心素养的形成机制是什么，促进核心素养发展的学习模型是什么，这些都是本著作中要研究和追问的问题。

有关教师教育智慧的研究颇多，但呈现出过于关注情景化、个性化的教学机智倾向，主要是研究教师应对个性化、偶发性问题所需要的素养，在这种趋势之下，理论的功能似乎不大，尤其是基础性理论。因此，教师教育体系中大量减少了基础理论的课程，增加了经验学习的课程。但是，重视经验学习的教师教育并没有取得理想的效果。当前教学智慧的研究难以解决教师教育中这种困境，探明这个问题的解决之道是寻找另一个探问方向。

为了完成这些任务，笔者采用了理论上的逻辑演绎和扎根研究两种研究路径。一条路径是文献的分析方法，通过对已有教师智慧、教育智慧、教学智慧的文献的批判性反思，构建了教育智慧展现的教学愿景，构建教学智慧的标志性因素和判断标准；另一条路径是采用扎根研究的方法，深入学校，观察三位特级教师化解教学困境的思维过程和行为过程，研究教学智慧的生成机制和整合两种路径，构建有助于教学机制生成的学习模型。

第一部分阐释实践智慧视野下教育实践的本质。

实践智慧视野下的教育实践既不是技术理性支配下的只求共性发展

的教学实践，也不是后现代主义思潮下只求个性发展的教学实践，而是一种共性与个性均衡发展的教育实践。教育中的道德底线是学生在德智体美等各方面能得到健康的发展，在此基础上，学生能发展自己的潜能、特长和个性，锤炼自己的主体性，发展实践能力和创新品质。

从实践智慧的价值层面来看，教育目的应是全面发展学生的独特性和主体性，学生能够自觉和自由发展自己的特长。那么创新创造力、想象力将成为这种教育价值的关键因素；从认识论的层面来看，教学不仅是知识探究的过程，还是伦理探究的过程，因此，教师要深度理解学科知识的三维结构，即知识结构、学科教育学结构、由知识蕴含的精神和文化以及伦理和价值的德性结构；从方法论的层面来看，教学过程不是“手段—目的”推理模式，而是反思孩子的需要时，不断生成适宜的目的的“目的生成式”推理模式。教师在运用理论时，应由“直接运用”的模式走向教育理论与实践双向互构的模式。

在这种教育实践中，教师能动性表现为三种倾向，第一种是普遍原则取向的能动性，这种能动性的特征是忽视或者控制情景中的生成性因素和个性化因素，通过制定完美的制度和规则，严格管理，消除或规避不确定性因素，进行高控制的教学实践。第二种是情境个性取向的能动性，这种能动性尤其重视情境中的生成性问题和个性化因素，教学带有很强的自发性和无目的性，容易出现偏离核心教育目的的情况。第三种是两者之间的均衡能动性，在普遍性原则与个性情景之间进行取舍和中和，已达到最优化的教学状态。在教师具备均衡能动性的基础上，原来有效教学的基本标准是合理和效率，那现在有效教学的基本标准是合理，即合理、效率和创新的三维标准。

第二部分通过田野研究，得出教学智慧生成的内在机制。笔者选择了三位特级教师作为研究对象，通过扎根研究和田野观察，发现三位教师化解实践问题表现出来的行为习惯、思维习惯以及品质，构建出教师教学智慧的结构模型。形成机制有以下几个方面：其一，教师理解学科知识的三维结构，即不仅要有学科知识的内在逻辑、学科知识心理学化的学科教育学知识，还能够分析学科知识蕴含的精神、文化和获得这些知识需要的品质。其二，从能力层面来说，具有“要点聚焦”的情境洞察力、“道德判断优先”的教学慎思力、“适应性改变”的教学施行力。其三，从品质层面来说，敢于突破常规进行创新的勇气，“以生为本”的人文情怀，解决两难困境的均衡品质。

第三部分创建了教师教学智慧生成的学习模型。教师学习的目的是拓展自身的教育视野，以提升自身的洞察力、决策能力和执行能力。理论学习、学科知识学习、经验学习和已有实践智慧组成四维一体的教师学习系统模式。理论学习中，因启发学生反思已有观念，诞生新的教育理念、扩展视野，课堂审议应是这种理论学习的最好方式。经验学习应关注经验的深层结构，经验蕴含的价值取向、思维模式和文化习惯，澄清经验隐含的实践推理。学科知识学习应关注理解学科知识的教育价值，由学习学科教学法走向学科教育学。基于已有实践智慧的学习应关注实践智慧的内侧面，叙事研究则是这种学习的最好方式。

作者本是在中学工作多年的优秀教师，具有很多化解这些矛盾的实战经验。作者的研究领域主要是教师教育，成为教师教育专业建设的负责人已有五年，相关工作经历引发了作者关于教师核心素养及教育机制的研究兴趣和深度思考，本书阐释了教师化解教育内生的两难问题所需核心素养及其生成机制，虽具有基础性理论倾向，但又有丰富的案例研究。因此，本书既可作为广大教师教育工作者思考教师核心素养培育方面的参考资料，也可作为有志成为优秀教师的老师的阅读材料。

作 者

2018 年 10 月

目录 Contents

导　论

全面发展视野下的素质教育改革正进入深化阶段，人们也在积极探索素质教育实践中教师的核心素养。教师核心素养应该源自教育中的核心矛盾。教师能够很好地处理素质教育本身的矛盾所需要的素养，就是教师的核心素养。

一、当代素质教育内在矛盾的诉求

全球素质教育视野下的教育使本身具有复杂性的教育活动更具矛盾性和冲突性，教师就生活在这矛盾冲突的场景中，他们需要特定的素养才能够很好地驾驭这些场景。

第一对矛盾是面向全体和发展个体的矛盾。全面发展要求面向全体学生，同时又要关注个体学生的差异性，在教育中做到公平公正，给予每个学生平等的教育机会，尽最大努力给予每个学生或每一群学生最优化的教育资源。从宏观上来说，就是地区教育机会和教育质量的公平性。从微观上来说，教师既要根据班级特点，为学生提供教育机会，同时，又要研究每个学生的独特性和差异性，构建适宜每个学生的教育方案。教师总是身处班级的这些矛盾中，必须在全体和个体的矛盾空间均衡穿梭，寻找两者最好的契合点。

第二对矛盾是发展共性和尊重个性的矛盾。全面发展的第二层是每一个孩子的全面发展和个性发展的矛盾。从教育学的角度，要求孩子在德、智、体、美等各方面要得到健康发展；从心理学角度，要求儿童知、情、意、行等方面要得到充分的发展，成为具有乐观、积极等积极心理品质的人；从社会学角度，则要求身体、认知、情感和社会性得到良好的发展，成为“学会共存、学会做事”的公民；从哲学角度来看，要求孩子成为身体健康、心灵美丽的儿童。但是，在凸显个性的信息时代，学生的个体差异和潜能都是教育必须考虑的两个因素，教师既要关注孩子各方面的均衡发展，又要研究孩子的个性，探寻发展儿童个性的教育机制，共性发展与个性发展的矛盾空间给教师的创新发展提供了创意空间。

第三对矛盾是知识教育与素质发展的矛盾。学校不可避免要进行系统化的知识教学，知识本身具有普遍性，每个人必须掌握一些普遍性知识。而素质发展也需要兼顾学生的个性发展，普遍性的知识学习与发展学生的个性看似是相互矛盾的，教师要直面这些矛盾，以自己的智慧将普遍性知识学习活动变成促进儿童个性化发展的活动过程。

在这一教育改革的进程中，教学价值序列结构发生了根本性的转变，即由以掌握知识和能力为核心的教育价值结构转变为培育学生健全人格为核心的教育价值结构。教学的主要任务是以知识学习为中介促进学生心智、情感和道德等方面的发展，这就要求教师关注每一个学生的个性发展，重视学生之间的差异性以及学生发展的不确定性，从而慎思教学目的就会成为教师专业判断的核心因素。教学已不是寻找高效的方法来达成已确定的教学目标的技术性活动，而是持续性地判断教学目的和手段的合理性的道德性实践活动。在这种实践中，教师必须对多元化的、相互冲突的目标进行持续性的权衡和思考，形成合理的教育价值序列结构，然后构建实现这些价值结构的教学手段。美国学者肯尼迪（Kennedy）也认为："在教学实践中，教师需要同时考虑六个不同领域的关注和期望，努力实现本身具有冲突性的教育目的，并且这些教育目的又总是发生在同一时间段；与此同时，又要权衡各种行动方案的优点，以选择最好的行动方案。"[①]可见，在教学实践中，教师在本质上就是研究者、权衡者和决策者，不仅要思考"教什么"和"如何教"的问题，而且要思考"为什么教"的问题，这种专业判断应是道德判断优先于技术理性。日本学者佐藤学在论述教师专业能力时，认为："教学成为实践活动时，教师的专业能力就是融合理论知识对问题情境的思考，以及适应这种问题情境的判断之基础"'实践智慧'"。[②]在新课程改革所需要的教师专业能力研究中，钟启泉教授也特别强调："真正意义上的教师专业发展不是基于行为主义基础之上的教师能力本位的发展，而是基于情境认知的实践智慧

① Kennedy, M. Knowledge and vision in teaching [J]. Journal of Teacher Education, 2006(57).

② [日]佐藤学．课程与教师[M].钟启泉，译．北京：教育科学出版社，2003：240.

的发展。”[①]由此可见，新课程视野下的教师专业判断不是对理论、制度、习惯所形成的普遍性原则的绝对顺从和遵守，而是需要洞察教学情境特征，基于这一特征灵活地运用普遍性原则来解决教学实践问题。教学智慧应是构想和创设道德性教学实践的关键的教学专业判断，从而教师教学智慧应进入自觉的阶段。基于这一背景，就必须解释教师教学智慧生成的内在原理,才能为教师学习或教师教育培养教学智慧提供新的思路。

二、教师专业可持续性发展的内在诉求

我国于2011年颁布的《教师教育课程标准（试行）》认为教师是：“反思性实践者在研究自身经验和改进教育教学行为的过程中实现专业发展。”朱旭东主张建立完善的教学实践标准，他认为：“以师范生把理论学习应用到教学实践中的能力为依据，并且充分考虑到师范生走向教学岗位后尽快适应专业要求。”[②]在教师教育的政策中，也将实践智慧确定为新课程改革中教师所需要的核心素质。目前，一些人对教师实践智慧的理解存在偏颇，这种现象表现为以下两个方面。

其一，教师实践智慧生成的前提条件是教师成为“反思性实践者”。不论是在教学实践领域还是教学理论领域似乎已达成共识，即“反思性实践者”就是优秀教师，在这种“反思性实践者”的理论概念化的方式中，它往往被认为是一个价值无涉的概念。然而，这种概念化的方式却存在理论上的错误，因为反思本身就是一个道德问题，反思的运用还需要教师的道德判断。实际上，有关反思性教学研究的文献中，包含着基于不同价值立场或意识形态构建的反思性教学理论。泽切纳（Zeichner）认为现在的反思研究出现了多元化的倾向，他指出：“以反思性实践作为‘标语’的人们存在明显的相似之处，即他们对教育、学习和学校教学以及社会秩序的认识视角迥然不同，不管他们的意识形态是什么，都会跳

① 钟启泉. 教师专业化的误区及其批判[J]. 教育发展研究，2003（4）.

② 朱旭东. 教师教育标准体系的建立:未来教师教育的方向[J]. 教育研究，2010（6）.

入这股潮流中，增加了反思性教学形式。”[①]这说明反思性教学理论并不是一个价值无涉的概念，而是基于不同的价值立场提出不同的反思观念。每一种反思形式或理论都有自己的价值立场、道德结构以及所需要的条件限制。因而，教师在选择何种反思形式或反思内容时还需要对其进行道德判断，觉察哪种反思形式适宜于具体的教学情境。美国学者伯明翰梳理了反思性教学的相关文献，提出："实践智慧应该成为整合性的教学反思模型。”[②] 由此可见，“反思”是教师获得实践智慧的必要条件，但不是一个充分条件，反思本身的运用还需要实践智慧的引导，为此，教师应该由“反思性实践者”走向“智慧性实践者”。

其二，教师实践智慧被认为是教师通过经验获得的个人实践知识或能力。美国学者萨利文认为在当前的教学实践研究中，普遍性地将实践智慧理解为：“通过经验获得的实践知识，这种知识的基本特征是独立于理论的、个人的、倾向性的实践知识。”[③]事实上，在教师教育中也存在这种认识。例如，在欧洲和北美的部分国家，教师教育从以“学术性知识”为中心的教育模式转向以“学校”为中心的教育模式。针对这一转向，荷兰学者科瑟根（Korthagen）对这一学习模式的实际结果进行调查后，发现：“在教学实践中，尽管教师学习教学的机会大幅度增加，但是这并没有使经验丰富的教师能够明智地思考和行动，影响他们行动的因素是早期的成功经验而不是对有效学习的深入理解。”[④]这说明，片面地强调教师的个人实践知识的教师教育并不能提升教师的实践智慧。在国内的教师教育领域和教学实践领域，对教师实践智慧的理解也存在相似的认识。例如，《教师教育课程标准（试行）》

① Zeichner, K. Research on Teacher Thinking and Different Views of Reflective Practice in Teaching and Teacher Education. In I. Carlgrey, G. Handal(Eds.)Teacher Minds and Action: Research on Teachers' Thinking and Practice. London: Farlmer Press, 1994: 9～10.

② Birmingham, C. Phronesis: A model for Pedagogical Reflection [J]. Journal of Teacher Education, 2004(55).

③ Sullivan, T.O. Some Theoretical Propositions on the Nature of Practice Wisdom[J]. Journal of Social Work, 2005(5).

④ Mieke, Lunenberg and Korthagen. Experience, Theory, and Practical Wisdom in Teaching and Teacher Education[J]. Researchers and Teaching: Theory and Practice, 2009 15(2).

中明确地将反思的内容规定为对教师自身经验和实践经验的反思。在这一倾向中隐含的前提假设是：教师没有必要对教学价值或意义进行理论上的反思，也没有必要审视和反思更大范围的教育政策、教学实践结构或教育议题等方面的问题。教师的反思只需要聚焦于实践技能层面，没必要深入到技能层面所依赖的认识、价值、态度和动机层面。如果教师的实践智慧被认为是教师基于经验学习获得的教师个人知识，会缩小教师的反思范围，教师反思的内容会停留在当下的情境中，或局限于外在的实践技能。基于这一思路，许多有助于教师深度理解教学的“学术性理论”看起来对实践没有什么作用，从而人们就会忽视或者漠视理论知识对实践的应有价值。如上面的案例也表明，教师非常重视自己的经验，而不太在意理论的学习。在当前提倡反思和探究的教师教育中，教师基于经验的个人实践知识具有绝对的优先地位，教师实践智慧总是与创造性、直觉性和经验性密切相关。然而，当实践智慧过分依赖教师个人经验时，教师实践智慧的效能和合理性往往会受到人们的质疑。虽然教师教育和新课程改革都确认教师实践智慧是优质教学需要的核心素质，但是教师实践智慧的理解偏于教师个人实践知识，从而缩小了教学智慧的范畴。为此，教师教学智慧概念还需要深入地诠释和澄清，才能为教学和教师教育提供建设性的观点。

三、异彩纷呈的教学智慧话语的认同危机

在人类生活中，智慧是人们永恒追求的一种价值，但是智慧就像一个“斯芬克斯之谜”，激发学者永不停歇地对其进行解释和研究。在不同的领域中，智慧具有不同的意义。在心理学领域中，智慧侧重于智力的发展；在社会学领域中，强调交往中的“中庸”之道，能在多种矛盾冲突中做出明智的选择；在哲学领域中，则重视认识世界万物的理论智慧，以寻找具有普遍意义的宇宙秩序和人类秩序。由此可见，各种各样的智慧研究以其不可阻挡之势为教学智慧的研究提供了极为丰富的资源，但也造成了难以回避的冲击和震荡。

目前教育学界对教育智慧的认识存在两种倾向。其一，如上文所述，将教师实践智慧等同于从经验中获得的教学能力或教师的个人实践知识，实践智慧的基本特征被认为是偶然性的、我属性的和“行动中反思”，

从而忽视对必然性的、普遍性的教育问题的反思，这就会缩小教师的理智反思范围。其二，在国内教学智慧的有关研究中，以道德哲学的"境界"来界定教育智慧或教学智慧，描述具有教学智慧的人所能达到的美好境界，然而，这种境界所需要的品质和素养的属性和特征目前还没有得到深入的解释。用前者来看教学实践，可能将教师一时的权宜之计理解为教学智慧。用后者来看当今的教学实践，就会得出教育智慧缺失的结论。基础教育课程改革已有十三年之久，教师一直在教学活动中不断诠释素质教育的理念，涌现出一批批优秀的教师，在实践中尽情地绽放他们的教学智慧。这就出现实践与理论关于教学智慧的理解鸿沟，也促使笔者去寻找教学智慧的"源头"。总之，不管是"能力说"还是"境界说"，如果不深入地去探究那种"境界"或"能力"中的独特性，那么教育智慧的言说就会失去其实践意义。因此，面对教学智慧研究的这种理论困境，需要进一步探讨教学智慧生成的内在原理，为教学智慧的评价提供可靠的依据。

亚里士多德曾说过："我们通过考察那些具有实践智慧的人，就可以引出实践智慧的定义。"①这似乎为教学智慧研究提供了一条参考路径，要认识教学智慧就要观察具有教学智慧的教师。在教师专业发展的不同水平中存在一种发展极现象。本书将处在教师专业"发展极"区域中的特级教师作为研究对象，名师的卓越性不仅表现为他们的娴熟技能，而且表现为他们对教育的独特理解，并在各种冲突中把握契机促进师生的发展，形成独特的个人教学哲学。由此，对特级教师进行个案研究，不仅可以探讨教学智慧的生成机制，而且可以为其他教师学习提供丰富的案例资源。

---

① 亚里士多德．尼各马可伦理学[M]．廖申白，译．北京：商务印书馆，2003：172．

第一章 教学智慧研究的反思

科学技术的高度发达给人们带来了极度繁荣的物质生活，但是这种繁华背后却面临人被“物化”逻辑所控制的生存困境，如出现了个性缺失、道德衰退和精神贫乏等问题，这就使人们重新思考人的存在价值和意义。在这一过程中，各种思潮纷呈出现，如麦金泰尔、伽达默尔、阿伦特、伯恩斯坦等人从亚里士多德那里找到了智慧的源泉，重新发掘了西方传统中失落已久的实践智慧概念。借助这一概念，麦金泰尔重建了“德性”伦理观，伽达默尔实现了诠释学的“实践哲学”转向，伯恩斯坦发现了超越客观主义和相对主义的路径。教育领域研究的实践转向是从20世纪70年代开始的，不少学者在批判“科学”取向的理论建构和“技术”取向的实践模式中，开始关注亚里士多德的实践智慧，以此来论证教师在教学和研究中的主体地位以及教师实践知识的价值。由于实践智慧是一个“家族相似性”的概念，因而研究者从不同视角来阐释教师实践智慧，或研究教师实践智慧的不同侧面。以下将分别对国外和国内的相关研究现状做概述和分析。

第一节 国外教学智慧相关研究回顾

美国教育学者格林（Greene，M.）最早将亚里士多德实践智慧的思想运用于教育领域，由此来分析教师的道德感知和道德选择的特征，[①]随

① Greene, M. Teachers as Stranger: Education Philosophy for the Modern Age[M]. Belmont, CA:Wadsworth, 1973:29.

后实践与实践智慧日渐成为教育领域中重要的研究主题之一。研究主要是解释和澄清教育实践本身的特性,论证教师实践智慧在教学中的作用,以显示对教师实践主体的尊重。教学智慧相关研究存在三个代表性群体,也构成三个教师教学智慧研究阶段。第一，以舍恩、施瓦布等学者为代表，其研究集中在20世纪80年代中叶到20世纪90年代初；第二，以芬斯特马赫、舒尔曼、邓恩、卡尔等为代表，其研究集中在20世纪90年代中叶以后；第三，以范梅南、亨德森等为代表，其研究集中在20世纪90年代末至今。

一、教学智慧研究的兴起阶段

教师教学智慧研究源于学者对技术理性在教育领域中所引发的危机的批判，主要是以舍恩为代表的反思性教学研究和以施瓦布为代表的课程实践探究。

（一）课程审议：课程探究中的实践智慧

施瓦布的“课程审议”①是将亚里士多德的实践思想具体化到课程领域，强调实践共同体的审议在课程设计和开发中的作用。他认为课程问题在本质上是实践问题，因而受到情境、道德因素的制约和影响。这样的道德问题不是寻求普遍原理、模型或理论就能得以有效解决，而是通过评价特定教学情境中的教育需求和目的，在此基础上经过共同体的协商来决定课程的关键要素，从而提出“课程审议”的课程决策模式。这种课程决策是以特定情境为决策起点，因而，既要洞察情境的特征和教育意义，又要找到可以运用的理论，或在理论没涉及的实践中，展示教师的筹划能力。针对复杂多变的情境，他用“艺术”来形容教师在课程决策中需要的灵活性。施瓦布的课程审议包括三个部分:实践艺术(arts of the practical)、折中艺术（ arts of eclectic ）和准实践艺术（ arts of the quasi-practical)。实践艺术是指实践共同体洞察具体教学情境的独特性，

① schwab, J. J. The Practical: A Language of Curriculum[J]. in Westbury, I& Wilkof , N. J.(eds)Science, Curriculum and Liberal Education. Chicago: University of Chicago Press, 1978：288.

发现问题并分析问题，构建各种备择方案，对这些方案的结构进行评价和权衡后，选择最佳的课程方案。实践艺术是实践规划中需要的决策艺术，往往是在理论没有设想到的实践中发挥作用，也可以起到完善和修正理论的作用。折中艺术主要是为实践决策的合理性提供理论上的辩护，并且这种辩护不是为了谋求某种统一的、连贯的理论体系或模型，而是针对特定的实践情境，对各种现存的理论进行评价、选择和修正，从而使理论处于备用状态。准实践艺术将涉及的情境更加复杂和多样化，以至于难以像纯粹实践那样确定问题与情境的归属关系。因而，准实践艺术还需确定问题是属于何种情境的决策艺术，同时要避免用原则化或指令化的语言来控制实践中的课程决策。因此，课程的实践探究中既不是归纳，也非演绎，而是审议。这种审议必须包括实践共同体成员之间协商和论证的过程，最终在具体情境中实现教师、学生、教材、环境这些课程要素的平衡和协调。可见，他的课程审议非常明显地体现亚里士多德实践智慧的三个要素：实践共同体、熟虑艺术和折中艺术。

课程审议的决策模式中，先要理解教学情境的独特性，并通过实践共同体成员的协商，确定适合于特定教学情境的课程方案。课程审议实际上是一种集体智慧，这种决策模式为教师设计校本化课程提供了参照框架。

（二）反思：教师实践智慧的思维研究

20 世纪 70 年代中叶，舍恩的反思性实践研究引发了反思性教学研究。总体来看，反思性教学研究呈现两个连续体。一个连续体的研究关注点是反思的过程维度，这一连续体的一端强调反思的直觉性、不确定性、隐性；另一端强调反思的系统性、确定性、显性。另一个连续体的研究关注点是反思的内容维度，这一连续体的一端是反思具体的、当下的实践事务，另一端是反思背景化的、普遍性的实践事务。

反思的过程连续体中，一端的反思呈现确定性、显性、系统性的特征。例如，理性主义视角下的反思关注用理论设想的实践来规范真实的实践，从而实践中的不确定性被认为是阻碍实践顺利进行的因素，反思的关注点是设置何种程序或者原则来控制或消除实践中的不确定因素。赫斯特（Hirst）认为："理性主义反思的问题在于理论知识和理性行动之间的关系出现概念化错误，理论本质上的抽象性和普遍性，不可能用直接的方式把它们完美地用于复杂的实践。”①杜威所提出的反思概念在很大程度上具有显性和系统的特征，他认为：“反思就是脑海中围绕某一主题，给予它严谨的、持续不断的思考，……考虑信念或知识背后的支持性背景，以及信念所推出的结论，对某一信念或是相应的知识形式给予主动的、持久的、仔细的考虑。”②在杜威看来，反思是由某一主题的困惑和疑问所引起，然后再通过探究来解决这些困惑，并且这一过程中还需要批判、评论、检验和测试，从这些特征看来，他所提出的反思思维（reflective thinking）具有科学模式的特征，重视证据和推理的合理性，并将反思划分为五个阶段，最终以假设的检验结束。由于他的科学化的反思性思维所描述的许多特征并不是完全适合教学活动，其充分性受到许多学者的质疑。尽管杜威对反思思维的论述是非常丰富和复杂的，但是杜威的反思性思维与技术理性的反思存在相似之处，只是他没有否认人类反思的隐性和直觉维度。

反思的过程连续体中的另一端重视隐性的、直觉性的思考。舍恩的“行动中反思”就是一个典型的范例。他的研究源于对专业实践特质的分析，深刻批判专业实践中技术理性的绝对优先性所引发的危机。他认为：“专业决策不仅仅涉及给定的问题，而且是在模糊混乱的、不确定的情境中对峙博弈的过程。”③既然专业实践面对的是一个复杂的情境，那么，专业决策不可能采用常规化、程式化来解决这类问题。舍恩在专业能力解释中避免使用直觉或者“智慧”，在他看来，这些术语适合过去的社会背景。他将实践专业能力聚焦于“技艺”，这种技艺反思不依赖于“如何做”的知识，也不依赖于深思熟虑的反思，而是依赖于行动中隐性的知识和信念。这种“行动中认知”是由情境中“惊异”所引发的，“行动中认知”还需要“行动中反思”对行动的前提假设进行批判，但这种反思又是默会的，渗透在流畅的专业判断中，解决问题的关键是与情境信息进行反思性对话。舍恩的“行动中反思”强调实践中的“个别特殊性”，这与亚里士多德的“phronesis”具有相似性。但是，实践智慧还涉及与

① Hirst, P. H. Education Theory. In P. H. Hirst(Eds.)Education Theory and its Foundation Disciplines [M]. London: Routledge Press, 1983:78.

② Dewey, J. How We think: A Restatement of the Relation of Reflective Thinking to the Education Process[M]. New York: D. C. Heath and Company, 1933:9.

③ [美]舍恩. 培养反映的实践者[M]. 北京：教育科学出版社，2008：4.

他人共同参与的活动，实践目的不重视实践活动的外在价值，而是强调其内在价值。这些是舍恩所轻视的方面，但恰恰是亚里士多德实践智慧独特的地方。

反思性实践研究的第二个连续体是反思所关注的范围和对象。连续体的一端是以“具体的、当下的、偶然性”的实践事务为反思对象，教师“即时反思”内容主要涉及教师对当前的、情境中某一特征的关注。连续体的另一端以“普遍性、背景化、必要性”的实践事务为反思对象。反思所关注的是从广阔的视角来审视特定背景下的教学问题，例如，教师会对教学目的和目标、教育制度、教学实践结构的合理性进行反思。舍恩认为反思内容包括“……潜藏在判断背后的默会理念。隐含在行为模式背后的策略和理论……以及引发某一情境中的特定行为的情感……构成了他努力要解决问题的方式”。[①]并且强调当反思限定在狭小范围内时会引发实践危机。在反思实践者的培养中，提出对“事件”的深入研究有助于拓展实践者的视野。目前的研究中，许多学者认为教师的反思应该覆盖反思连续体，而不局限于当下的教学问题的反思，但是没有解释教师应该在多大程度上参与普遍性、语境化的反思。

总体看来，目前反思性教学研究强调了反思的过程维度的研究，而反思的内容维度的研究没有得到应有的重视。理论研究中普遍将教师反思的内容等同于教师个人的实践经验，美国学者格林菲斯（Grinffiths）对反思性实践的批判和评论中，指出：“反思有助于教师形成个人教育理论。但是我们必须不能太过于强调这一推论，当反思与实践的关系太过密切就可能会妨碍对必要的、普遍性的反思。”[②]当反思关注点过于局限于当下的实践经验时，就可能忽视对普遍性问题的理论反思，随之而来的问题就是忽视理论对实践的应有作用。而在教学实践领域也存在这样的认识，普遍认为反思性教师就是优秀教师，反思性教学就是优质教学。实际上，情况并非如此，反思性实践可能出现各种不合理的情况，例如，反思性教师没有洞察到情景的关键因素，反思只是聚焦于实践技能的有效性，没有觉察到这一技能的道德立场是不合理的。不管教师如何筹划

① Schon, D. The Reflective Practitioner: How Professionals Think in Action [M]. New York: Basic Books, 1983:62.

② Grinffiths, M. &Tann. S Using Reflective Practice to Link Personal and Public Theories [J]. Journal of Educating for Teaching, 1992, 18(1).

教学手段，教学都会呈现不合理的一面。伯明翰（Birminghan）论述反思性研究的道德概念化的方式出现了理论问题，提出："教学在道德方面的复杂性，需要实践智慧去实现道德上的善，提升教学的品质，推进人类繁荣。作为实践智慧的反思本质上就是道德的。"①由此，提出实践智慧作为反思的整体模式来弥补反思性实践的缺陷。总之，已有有关反思的研究中，出现了各种各样的反思概念或反思形式，教师在具体教学情景，选择反思的形式或反思的内容还需要道德判断，反思性实践本身并不是价值无涉的"科学"概念，除了反思，实践智慧还需要其他的思维方式。

二、教师实践智慧研究的深化阶段

学者们在对反思性实践理论的评论和批判中发现，已有研究忽视理论对实践的应有价值和功能，也忽视教师德性在实践判断中的地位和作用。因而，一些学者开始探索理论和德性与教师实践智慧的关系，强调理论和德性在实践中应有的作用和价值，在此基础上提出培养教师实践智慧的路径，使教师教学智慧的研究得以深化。

（一）实践推论：教师教学的推理模式研究

20 世纪 90 年代中期，人们对反思性实践进行反思。芬斯特马赫（Fenstermacher）认为舍恩的反思性实践研究，使用一种非此即彼的二元对立思维方式，对"科学"的作用重视不够，提出："反观舍恩的主张，我对他将我们从社会科学中分离出去的结论感到震惊。"②因而，他重新审视理论在教学实践中应有的位置，将"三段论"的实践推理扩展到"五段论"的实践推论（practical argument），并将其作为教师教学智慧生成和发展的培养策略，也是教师的教学实践推理模式。

芬斯特马赫将三段式的实践推理演绎为五段式的实践推论。他认为

① Birmingham, C. Phronesis: A model for Pedagogical Reflection [J]. Journal of Teacher Education, 2004(55).

② Fenstermacher, G. D The Place of Science and Epistemology in Schon's conception of reflective practice. In P. Petter, P. Grimmet, L Erikson (Eds.)Reflection in Teacher Education, 1993:78.

实践智慧的主要功能是对小前提的决策功能，教师的教学智慧体现在这些小前提的决策中。他的实践推论与实践推理的差异是将小前提多样化，认为教师决策会受到经验、理论和情境三个因素的制约，进而将实践推论扩展到五个成分[①]：（1）价值前提。这相当于亚里士多德的大前提，确定行动需要实现的价值。（2）规定前提。根据此目的选择某些理论，从而获得普遍性原则的指导。（3）经验前提。为行动提供实践证据或是经验支持。（4）情境前提。分析情境的现实情况，寻找可能性方案。（5）行动性意向，选择具体的行动路径。他将实践三段论扩展"实践五段论"的主要目的有三[②]：其一，实践推论有利于教师运用理论时，对其进行辩护和研究，提升教师的专业能力。其二，为实践与理论研究之间提供沟通方式，有助于教师反思和选择自己行动的理论基础。其三，实践推论要求教师具有较强的判断能力来反思教学价值和目的，这是与亚氏的三段论所不同的地方，他的实践推论确认了理论的作用，并且指出了教师应成为目的慎思的实践者。

舒尔曼（Shulman）非常认同芬斯特马赫的实践推论，并且将研究教师实践智慧作为博士研究生学习的一门课程。他将实践智慧界定为："实践者构建的各种各样的实践推论，也是人们通过洞察情景特征和推断可能性方案，并做出明智的判断和决策。"[③]他强调教学推论三个方面的特征：第一，教学活动中实践智慧关键部分不是"中道"，而是它的多样化。第二，实践智慧不仅是行动中反思，更注重行动前反思和行动后反思。第三，教师理论原则和价值承诺在教师的思想和行动中具有核心的功能。舒尔曼将实践推论应用到将学科知识转化为学科教学知识的过程中，提出了"教学推理循环模式"，即由理解、转化、教学、评价和反思构成的循环模式[④]。第一，理解教育目的和学科知识。前者通过"基于文本"的教学，教师思考如何实现教育目的，后者理解学科知识结构。

① Fenstermacher, G. D. The Elicitation and Reconstruction of Practical Argument in Teaching [J]. Journal of Curriculum, 1993, 25(2).

② Fenstermacher, G.D. Reply to My Critics [J]. Educational Theory, 1987, 37(4).

③ Schulman, L. S. Practical Wisdom in the Service of Professional Practice [J]. Educational Researcher, 2007, 36(9).

④ Schulman, L. S. Knowledge and Teaching: Foundation of the New Reform [J]. Harvard Education Review, 1987, 57(1).

第二，转化。根据理解来解释和设想教学材料如何概念化，才适合学生学习；设计学科知识的呈现方式；选择针对内容最佳的学习方式；根据特定学生的能力、性别、语言、文化、动机等特征进行微观的调整，以适合特定的学生群体；根据班级个别学生的特点，修改知识学习方式。第三，教学互动，将前期的教学设计付诸行动。第四，教学评价，一方面，教师要反思自己的教学理论，另一方面，对学生学习进行正式评价。第五，反思、重构或是重新回忆教学过程中的重要事件、情感和学习效果，然后产生新的理解。他的教学推理中，一个大前提是偏重有效地传递知识，轻视了知识对于学生成长意义的规范性思考，这一点偏离了教学实践智慧的基本含义。

诺尔（Noel）则认为亚里士多德的三段论推理形式过于理性和严谨，缺少丰富的想象力，因此这一推理形式不适合生机勃勃的教学领域。他主张教学活动中的实践推理应加入教师丰富的想象力，并且论述想象力在实践推理的三个环节中的具体作用。①首先，在选择行动大前提时，也就是教师慎思长远教学目的时，或构想教学愿景时，想象力能够提供整体的教学图景，就能从丰富的图像中选择最合理的教学目标。其次，在小前提的决策中，教师通过想象可以构建多种可能性方案，根据所构建的整体教学图景，教师就能够对各种可能性方案进行反思性判断，以选择最好的行动方案。

（二）反思与慎思：教师实践智慧的思维深化研究

英国教育学者威尔弗雷德·卡尔根据教育理论与教育实践之间的困境，通过对亚里士多德的实践和实践智慧的分析，认为实践智慧是构建教学实践需要的理论思维方式，这一理论思维是由“反思（reflection）和慎思（deliberation）”两个核心部分构成，尤其重视慎思的作用。慎思不仅要反思行动方案，而且要批判性反思引导这一行动的道德结构。他认为教育不仅是社会文化实践而且是道德实践。由此，他将教育实践界定为：“教育实践乃受教育活动内含之伦理规范所引导的实践性活动。”②

---

① Noel, N. Phronesis and Phantasia: Teaching with Wisdom and Imagination [J]. Journal of Philosophy of Education,1999, 33(2).

② Carr, W. For Education: towards critical educational inquiry[M]. Buckingham: Open University Press, 1995: 94.

在他看来，教育理论必然具有文化性和历史性，构成理论的概念会随着时代的变迁而变化，因而不管是理论研究者还是实践工作者，在理论研究和理论运用中都需要慎思。教育理论研究者需要对自己提出的“概念”进行批判才能发展各种理论，教育实践才不会受制于过去或其他文化权威的控制。实践者应该批判性反思自己的个人理论，特别是个人理论中涵括的道德结构，这是因为个人理论不可避免地会涵括某些偏见、观念和习惯，只有经过慎思，教师的个人理论才能得以发展。当教师针对具体实践来运用理论时，要慎思普遍性理论与特定情境的适切性。因此，教师必须深入理解普适性理论的价值立场和所需要的条件因素，在必要的时候实践者需要对理论进行修正和改善。这种理论与实践的双向互动存在的张力地带是教师实践智慧发挥的空间。他认为：“实践智慧是一种综合的道德能力，在特定情境中整合有关善的实践知识和明智判断，构想出适应于该情境的策略。”[①]并且坚决主张教学本身是道德性实践，从而教学中所有决策都是道德的，教育理论的基本功能是对基本教学道德的描述，而教师实践智慧的关键作用是沟通教育理论与教学实践。在教育领域中，理论与实践不存在“谁优先”的问题，而是两者在相互作用的过程中彼此得以改善和修正，因而实践智慧不仅是反思性的，而且是慎思性的。

以上三种教师实践智慧的研究，都强调实践智慧中理性的一面，相对而言忽视实践智慧的伦理维度，实际上，实践智慧不可能完全依赖于实践推理，因为实践推理的各个阶段都与人们个人德性或他“是什么样的人”密切关系。针对教师实践智慧研究的这一缺陷，其他研究者探讨具有实践智慧的教师所需要的德性。

（三）耐心、稳重、勇敢、平衡感：教师实践智慧中的德性研究

在偏于理性因素的实践智慧研究中，人们往往忽视德性因素在实践中的作用，英国教育学者邓恩探讨了这一被忽视的议题。

邓恩认为实践智慧的表现之一是实践者在教学情境中对不确定因素做出明智判断的能力，并提出实践判断需要的两个条件：第一，尊重情

① Carr, W. For Education: towards critical educational inquiry [M]. Buckingham: Open University Press, 1995: 71.

境的独特性，并且具有敏锐的感知力。第二，将教学中的个别事务与教学研究中已形成的理念或原则之间建立适当的联系，也就是能在普遍性和特殊性之间进行调适，使两者相互融通。他认为实践与创制活动的关键性差异是："实践既是自我与他人的交往活动，也是自我实现的活动。与创制活动相比，实践使人们更加深入地参与，少一点隔离的冷漠。在创制活动中人们要经历不可妥协的权威和控制。而在实践中，人们把情感带入到游戏，同时行动也会塑造和展现人们的品质。另外，实践总是意味着人们进入到更加多元化的情境中，而创制活动却被严密地规格化。因而，实践需要个人化的、经验性的知识，多一点灵活性，少一些程序性。"①

他认为影响实践智慧生成的主要因素有两个：经验重构和德性。人们只有持续学习才能超越经验形成德性，这是因为实践判断的流畅性需要的是德性而不是认知能力。当教师将教学构建为实践活动，他认为教师就需要四个方面的德性：第一，坚持解决某些特定问题的耐心。第二，注重个别事物的特殊性又要聚焦于"大图景"的平衡感。第三，不受一时冲动或第一印象所影响的沉稳。第四，具有追求真理或真实的勇气，尽管这些真理不会给个人带来外在利益，甚至不受环境的欢迎。邓恩还认为，"实践智慧需要的德性是从个人经验和性格的土壤中生长出来……当人们沉浸于某种经验和习得某些性格，就会创生必不可少的知识……还有情感、表达和行动，并且个体的知识与他这个人是分不开的。"②由此可见，要保证教学实践的流畅性，只是科学、合理的实践推理是不够的，还需要教师形成适当的理智德性和伦理德性。

三、教学智慧研究的拓展阶段

以上教师实践智慧的研究与亚里士多德的实践智慧直接相关，到了

---

① Dunne, J. Back to the Rough Ground:"Pronesis"and"Techne"in Modern Philosophy and in Aristotle [M]. South Bend IN: University of Notre Dame Press, 1993:10.

② Dunne, J. Back to the Rough Ground:"Pronesis"and"Techne"in Modern Philosophy and in Aristotle [M]. South Bend IN: University of Notre Dame Press, 1993:358

21世纪初学者开始从不同的理论视角来探索教育智慧，其中具有影响力的是范梅南的教育智慧和亨德森、凯森的课程智慧。

（一）教育智慧：理解和体验

范梅南的教育智慧是基于现象学、教育学的视角，构建教育智慧为内侧、教学机智为外在表现的双层结构。教育智慧是教师在教学情境对教育意义的“体验”，这种体验会直接导出行动意向，并付诸教育行动。他认为已有教师实践智慧研究中人们过于强调教学中的理性反思，忽略了教师情感和直觉的作用。在评论施瓦布的课程审议时，他认为：“课程审议特别重视教师审议的理智层面，认为课程就是一个决策的过程，因而忽视了实践智慧的伦理维度。”①同样，在评价和反思舍恩的反思性实践时，他也认为“行动中反思”过于理性化，只能是教育活动的一种反思形式，教育活动需要一种“非反思”（non-reflection）的教育智慧（pedagogical thoughtfulness）和教学机智（tact of teaching）。

首先，范梅南认为教育学就是一种养育教育学，教育教学活动就是养育性的活动，从而师生之间应该是“替代父母”的关系，连接这种关系需要教师对儿童生长和发展全身心地关注，因而教育智慧需要的伦理美德就是关心品质。在养育教育活动中，所有因素都不是“给定”或“既定”的，教育是由一个个情景构成的，教师要深入情境才能体验其教育意义，由此，他认为：“教育的意义必须到教育的实际生活中去寻找，因为我们将种种假设和给定的意义都搁置起来，所剩下的只有教育学的生活体验了，我们需要在生活世界的方方面面寻找生活体验的原材料，并对其进行反省和检查，才可能获得其根本特点的某些意义。”②在此基础上，他认为构建这样的养育性教育活动需要教师的教育智慧。也就是说，教育智慧就是体验和理解特定教育情景的教育意义，在体验教育情景意义的同时，就会自动构想行动意向，以帮助孩子寻找存在的意义和精神的家园。教育智慧的判断原则是实现“孩子的利益”，区分虚假机智的标

① Van Manen，M. Pedagogy，Virtue, and Narrative Identity in Teaching [J]. Curriculum Inquiry, 1994, 24(2).

② [美]范梅南．生活体验研究：人文科学视野中的教育学[M]．宋广文，译．北京：教育科学出版社，2003：65.

志是："不是由无私地真正地指向他人的'他者性'和利益所驱动的机智不可能是真正的机智。"①

从整体来看，他所构建的教育智慧概念是最为全面的，他是以学生的生长和成长的意义理解为教师行动的逻辑线索，构建了教育智慧的概念框架，包含了评价标准、表现形式、思维方式、道德德性和教育活动性质。由于是从现象学的视角来研究教育智慧，可以强调教师的主观能动性而轻视教育本身固有的社会结构。将教师的教育行动理解为教师的"意向性行动"，并将"意向性的行动"等同于"教育的结果"。前一种理解就会强调教育完全是教师基于自身的意愿而进行的决策活动，可能忽视教育不可避免的社会性和强制性。因而，这种教育智慧恐怕难以应付教育强制、权利和习惯所引发的教育问题。而后一种理解就难以解释社会结构与个人能动之间的互动关系，因而，就无法解释这两者之间的持续转化和相互建构的能力，这可能是其教育智慧理论所面临的困境。

（二）课程智慧：全息思维下的探究

亨德森与凯森的课程智慧是在美国颁布"不让一个孩子落后"教育政策的背景下提出的。在这种追求标准化的教育背景下，尽管人们都认为这一教育活动存在某些缺陷，但还是普遍认同高风险考试是合法的。而致力以"学生为中心"的教师和研究者就要关注如何弥补标准化、制度化教育中固有的缺陷。针对这些缺陷，亨德森和凯森提出了教师课程智慧作为构建"美好的民主教学生活"的决策方式，并认为：在民主社会的教育决策中，教师的教学价值关注点应该是在课堂教学中构建民主生活"做得怎样"，并且认为民主课程的思维模式是全息思维下的探究艺术。②课程智慧的前提条件是将教学活动理解为一种民主生活。

作为构建美好民主生活的课程智慧就是全息思维中的探究艺术。这种全息思维探究图景涉及亚里士多德的三种活动所需要的认识方式：技艺性探究、创意性探究、道德性探究、对话式探究、慎思性探究、政治

---

① [美]范梅南．教学机智：教育智慧的意蕴[M]．李树英，译．北京：教育科学出版社，2001 :178.

② [美]亨德森，凯森．课程智慧：民主社会中的教学决策[M]．夏慧贤，等，译．北京：中国轻工业出版社，2010: 77.

性探究、沉思性探究。在全息思维下的探究系统模式中，哪些探究艺术具有优先地位则取决于具体情境的特征。基于这一系统模式的探究艺术，提出课程智慧的 5C 判断标准，即合作（collaboration）、关爱（caring）、民主品质（character）、召唤（calling）、挑战（challenge）。他的课程智慧模式为教师课程决策提供导向性的参照框架，而对国家制度化的课程模式来说则是一种冲击，对教师来说则是一种专业判断的挑战。他强调课程决策本质上就是道德决策，教师应该关注怎样与他人生活在一个共同体中，怎样寻找意义和目标，怎样创造更公平的世界。这就要求教师要像理论研究者那样反思普遍性的、语境性的、强制性的教育问题。

根据已收集到的文献资料，没有见到直接以教学智慧为主题的理论研究，研究主要是教师实践智慧、教育智慧和课程智慧。研究的思路都是基于教育实践与实践智慧之间的联系来构建教师实践智慧的观念体系。因而，在很大程度上，教师实践智慧被界定为认识论问题。不同研究者基于不同教育本质观和教育活动观，提出不同教育中需要的认识方式。其中反思性实践、实践推论、反思和慎思的研究路中强调了实践智慧理性的一面，相对而言，教学智慧的伦理维度没有得到深入的解释。现象学视角下的教育智慧研究重视儿童个人层面的发展，忽视社会需求对孩子个人成长的意义，强调教师个体对教育智慧生成的决定性作用，忽视社会结构与教师个人能动的相互作用。而全息思维下的课程智慧，似乎可以解决以上理论遇到的问题，但是运用这一课程智慧模型对教师提出了更高的要求。

第二节　国内教学智慧相关研究回顾

随着我国新课程改革的兴起和发展，教学智慧相关研究也在同步进行，经历了雏形、兴起与拓展三个阶段。第一，教学智慧研究的雏形阶段，这一时期主要集中于教师教学机智的研究，人们开始构建教育智慧和教学智慧的概念。其研究集中在 2001 到 2005 年这一时期。第二，教学智慧研究的兴起阶段，教育智慧成为研究主题，主要集中在 2005 年至今。第三，教师教学智慧的深化阶段，探讨教学智慧的生成和发展及其如何培育，研究集中在 2008 年以后。在这股研究潮流中，研究主题包括教育智慧、教师智慧、教学智慧、教学实践智慧、教育或教学机智。虽然这些词汇含义存在差异，但是它们也相互交叉、相互重叠和相互渗透。而本研究的文献综述强调它们的相通之处。下面将从文献数量和研究内容两个维度进行梳理和概述，以发现教学智慧研究的发展动态。

一、教学智慧研究的数量分析

本研究的文献分析主要采用文献计量化和内容分析法。首先，借助文献中各种数量的变化，来评价和预测教学智慧相关研究的现状和发展趋势；其次，采用内容分析法对已有研究做系统的分析，以审视相关研究的基本态势和研究进展方向。借助于超星图书、中国图书全文数据库、CNKI、ProQuest、万方数据等数据库，对从 1999 年 1 月到 2012 年 12 月的相关文献进行检索，经过筛选、归类和分析，教学智慧研究随时间的动态研究发展如图 1-1 所示。

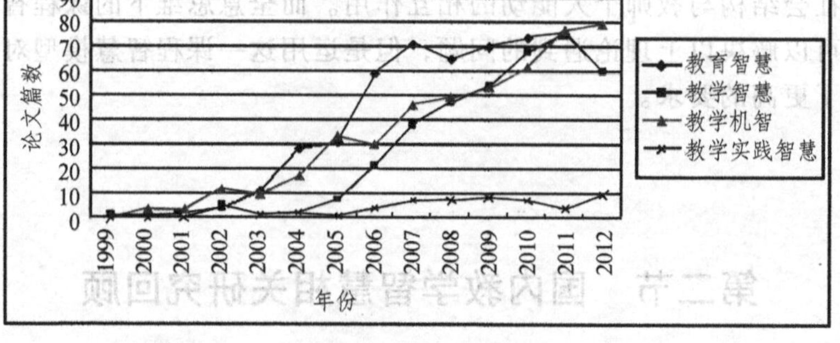

图 1-1　教学智慧相关研究动态分布图

从图 1-1 来看，在近五年中，教育智慧日渐成为学界关注的议题。国内期刊上登载了许多与教学或教育智慧相关的论文，也有少数专著和博士论文。研究前期关注概念、内涵、特征等方面的剖析，近两年开始探索教师智慧生成的条件和途径。目前的研究还未关注如何区分教师是否具有教学智慧，也没有深入分析教学智慧的评价依据。

以不同的主题词或篇名来搜索，对教学智慧研究的相关论文分类如表 1-1 所示。

表 1-1 教学智慧相关研究的数量统计

	教学智慧	教育智慧	教师智慧	教师实践智慧	教学机智	合计	比例（%）
一般刊物	261	388	87	126	553	1415	81.22
核心刊物	35	74	11	72	61	253	14.52
硕士论文	11	14	1	14	7	47	2.70
博士论文	1	1	1	1	2	6	0.40
专著		1	2	2		5	0.28
会议论文	7	3	1	1	3	15	0.86
合计	314	483	102	217	626	1742	
比例（%）	18.03	27.73	5.86	12.45	35.93		

从表 1-1 来看，教学智慧相关研究成果较多，期刊论文占据绝大部分，核心刊物的论文仅占总论文的 15%左右，且重复研究较多。专著大多是收集的优秀教师的教学案例编辑而成，目的是展现教师的教学机智。以教育智慧或是教学智慧为主题研究的专著相对较少。教育智慧概念具有两个层面的含义，一种含义是从学生的视角来看，认为智慧应该成为一种教育价值。如靖国平[①]通过对教育的知识性格和智慧性格的比较和转化，论证教育本质属性应是通过知识培养儿童的智慧。刘冬岩[②]以实践智慧作为教育可能性价值追求。陈飞虎[③]从宏观的层面论证大学教育作为一种教育形态，智慧应该作为大学教育重要的价值追求。另一种含义，教育智慧是教师在教育活动中需要的智慧。曹正清强调教育智慧的

① 靖国平. 教育的智慧性格——兼论当代知识教育的变革[D]. 武汉：华中师范大学，2002.

② 刘冬岩. 实践智慧：一种可能的教学价值[D]. 南京：南京师范大学，2006.

③ 陈飞虎. 大学教育智慧[D]. 长沙：湖南师范大学，2011.

理解维度。刘徐湘重视教师的知、情、意与教师智慧的关系。席红梅与邓友超的研究倾向于教师实践智慧的发展路径。以教学智慧为研究主题发表在核心刊物的论文较多，目前还没有相关的博士论文和专著，多为分散式研究，教学智慧研究的深度和广度有待进一步的提升。

二、教学智慧研究的发展阶段

近十年来，教育学界一直探索教师教学智慧，根据研究内容可以将教学智慧相关研究分为三个阶段。

1. 教学智慧研究的雏形阶段：描述性概念

自20世纪90年代末至2005年左右，人们侧重于分析教学机智的概念、内涵、特征。首次对教学智慧进行概念化的是赵建军，他认为："所谓教学智慧，指的是作为教学主体的教师对教学所做的观念运筹、经验调度、操作设计等种种努力及其体现于教学实践各环节的主体能动性。"[①]叶澜教授也采用描述性的定义，将教育智慧界定为："教师的教育智慧集中表现在教育、教学实践中，具有敏锐感受、准确判断生成和变动过程中可能出现的新情况和新问题的能力；具有把握教育时机、转化教育矛盾和冲突的教育机智；具有根据对象实际和面临的情境即时做出决策和选择、调节教育行为的魄力；具有使学生积极投入学校生活，热爱学习和创造，愿意与他人进行心灵对话的魅力。教师的教育智慧使他的工作进入到科学与艺术结合的境界，充分展示个性的独特风格。"[②]这一时期研究者主要解释教育智慧或教学智慧的概念、特征和内涵，概念化的方式主要是从经验归纳智慧的内涵，采用了描述性定义的方式，展现了教学智慧的外在表现。

2. 教学智慧研究的兴起阶段：本质多元化

从2005年以后，教育智慧、教学智慧和教师实践智慧成为研究议题，人们开始系统地研究这些概念，并相继出现一些著作和博士论文。如刘

① 赵建军．教学智慧内涵界说[J]．四川师范大学学报（社会科学版），1999（2）．

② 叶澜．新世纪教师专业素养初探[J]．教育研究与实验，1998（1）．

徐湘以教学生活理论作为教师教学智慧研究的理论基础，讨论具有教学智慧教师的认知、情感和意志的特点。曹正善从解释学视角来研究教育智慧。这一时期的研究由经验归纳性概念构建转化为逻辑演绎性的概念构建，教学智慧的本质呈现多元化。总览这些研究，根据教师教学或教育智慧本质的不同，可以划分为四种取向："能力说""品质说""境界说""理解说"，以下分别加以叙述。

教学智慧表现为某种类型的能力。目前智慧的能力概念存在两种认识：一种认为智慧是明智应对教学互动过程中生成性问题的判断能力（王鉴 2005；吴德芳[①]2003；闫艳[②]2009）。王鉴认为教学智慧是："教师面临复杂教学情境所表现敏感、迅速、准确的判断力。如在处理事前难以预料、必然特殊对待的问题时，如对待一时处于激情状态的学生时，教师所表现出来的能力。"[③]程广文将教学智慧界定为："教学智慧是指教师在活生生教学场景中，对教学事态进行感知和判断，辨别出事态中具有教育合理性的'记号'，领悟出事态过程中其他的有某种预示征兆的'记号'，并能够在任何情况下采取行动，让尚未辨明其合理性记号和不具有教育合理性的'记号'沿着某种具有合理性、预期的方向发展。"[④]另一倾向认为智慧是一种系统的、综合性的能力（赵瑞情、范国睿[⑤]，2006；杜萍、田慧生 2007；席梅红，2009；王久红，[⑥]2010）。杜萍将教学智慧界定为："教师个体在教学实践中，依据自身对教学现象和教学理论的感悟，深刻洞察并敏锐机智、高效便捷地应对教学情境而生成融通共生、自由和美的境界的一种综合能力，这种能力包含了多种具体教学能力的综合运用，是教师有关教学活动的感知、思维、创新、实践等多种能力整合后的高水平的系统能力。"[⑦]席梅红将教学实践智慧界定为："在教学中，教师充分理解教学情境，巧用教学资源营造情智相长的和谐氛围，

① 吴德芳．论教师的实践智慧[J]．教育理论与实践，2003（4）．

② 闫艳．倾听"智慧"的声音——另一种思维"看"教学智慧[J]．教育理论与实践，2009（8）．

③ 王鉴．教学智慧：内涵、特点与类型[J]．课程·教材·教法，2006（6）．

④ 程广文 宋乃庆．论教学智慧[J]．教育研究，2006（9）．

⑤ 赵瑞情，范国睿．实践智慧与教师专业发展[J]．教育导刊，2006（7）．

⑥ 王久红．教学智慧：教师专业发展的伦理[J]．江苏社会科学，2009（2）．

⑦ 杜萍，田慧生．论教学智慧的内涵、特征与生成要素[J]．教育研究，2007（6）．

优化实现教学目标的能力。”[①]这两种能力倾向中，前者将教学智慧局限于互动过程中的生成性问题，这样就有可能将教学智慧简化为教学机智的经验层面。后者则综合了教师知识、能力、品性、思维、创造等素养来解决教学问题的能力，这样看来，教学智慧是成了无所不包的“万能框”，教育智慧概念的边界就具有模糊性，难以理出教学智慧的“源头”。

教育智慧的“素养说”或“品质说”。这种界定强调具有教学智慧的教师经过“好的习性”形成的性格或品质。刘徐湘认为作为个体教师的教学智慧是：“通过历史积淀与教师个体成长所生成的包括认识、情感、意志即自由人格德性在内的整体心理结构与精神力量。”[②]以教学生活世界为理论基础，他认为教学智慧所需要的认知特征是获取逻辑构成的理论知识和经验中的直接认知；所需要的意志特征是自觉、自愿、自然；所需要的情感是教育爱和关怀。邓友超将教师实践智慧作为学术概念进行深入的研究，他认为：“教师实践智慧是指教师在实践中应对不确定问题所表现出来的素养，这个素养由个体的专业知识、敏锐的辨别和良好的判断力、伦理意识和行动能力等方面构成。”[③]

教育智慧境界说。人们将道德哲学中的“境界”概念演绎到教育之中，从哲学意义来看，将教学智慧升华到教师的精神层面。田慧生教授将教育智慧界定为：“智慧之于个体一样，教育智慧之于教育，同样体现为教育的一种品质、状态与境界。从大的方面讲教育智慧是一种内在品质，表现为教育的自由、和谐、开放和创造的状态，表现为真正意义上尊重生命、关注个体、崇尚智慧、追求人生幸福的教育境界。”[④]王枬认为教育智慧具有双重属性：“在过程的维度上，表现为教师在教育活动中具有解决教育问题、处理偶发事件、创造生命价值的卓越能力，它是动态生成的教育机智；在结果的维度上，表现为教师对教育教学活动‘畅游境界’的执着追求，它是始终矢志不渝的永恒目标。”[⑤]可见“境界说”直接将教育智慧与教育生活联系起来，表现为通过实践达到的能力和精

---

① 席梅红.教学实践智慧发展论[D]. 上海：华东师范大学，2009.

② 刘徐湘. 论教师教学生活的智慧[D]. 重庆：西南师范大学，2005.

③ 邓友超. 教师实践智慧及其养成[M]. 北京：教育科学出版社，2007：41.

④ 田慧生. 时代呼唤教育智慧及智慧型教师[J]. 教育研究，2005（2）.

⑤ 王枬. 智慧型教师的诞生[M]. 北京：教育科学出版社，2006：40.

神状态。不管这一境界描述得多么美好和完善，如果这一境界中所需要的独特品质或能力并没有得到深刻的探究和解释，那么这一境界说只能停留在描述层面上，而难以深刻洞察到教师教育智慧的内在机制。

教育智慧"理解说"。这种研究主要基于哲学解释学的视角，从广义上来解释教育智慧，将其界定为"对教育本质的理解"。主要由三部分构成：由科学理解生成的以真为旨趣的教育理论智慧；由实践理解生成的以善为旨趣的教育实践智慧和由审美理解生成的以美为旨趣的教育技艺构成的整体。[①]并且认为理解就是智慧生成的内在机制。在理解中，主体所具有的视界结构和文本结构之间存在的矛盾会产生"同化"与"远化"两种力量，而这两种力量其实也是理解的内在张力，在时间间距等力量的调节之下，在具有开放性和有限性解释学经验的作用下，教育智慧便得以生成。不难发现，他将理论智慧、实践智慧和技艺进行分类讨论，但没有深入探讨这三种成分之间如何相互作用以及它们之间的关系。

3. 教学智慧研究的深化阶段：教学智慧的生成与发展研究

在界定了教学智慧的概念和本质之后，教学智慧的生成和发展就成为新的研究课题。席梅红的博士论文讨论了教学实践智慧的发展途径，邓友超阐释了教师实践智慧的获得途经。这一主题的探讨分为两个方面：一个是分析教育智慧生成的影响因素，另一个是探讨教学智慧生成的途径。

首先，教学智慧生成的影响因素研究主要是从个体因素和环境因素两个方面来论述。其一，影响教学智慧生成的个人因素。经过对已有文献的梳理，教师个人因素可以归为以下四个方面：（1）教师知识基础。已有研究都认为来源于经验的实践知识是教学智慧生成的影响因素。（2）教师的反思。即教师在教学过程中，对教师自身经验或他人经验的反思。（3）教师思维品质。研究认为教学中需要的思维品质包括平衡思维、批判性思维和创造性思维。（4）伦理品质。在伦理品质中强调对儿童的爱的教育和关心品质。其二，影响教学智慧的环境因素，已有文献提供的

① 曹正善. 教育智慧理解论[D]. 上海：华东师范大学，2005.

数据可分为两个方面：（1）学校文化和教育制度。目前普遍认为现阶段的教育制度和教育文化对教学智慧的生成构成了一定的限制和规约。（2）教师教育模式的影响。已有的观点认为：当今的教师培训中，只是教师传递一些新的理论知识和方法，而如何运用却未得到解释；案例研究或案例学习大多数是由个人独自完成案例的分析，并未形成有助于教师教学智慧生成的学习共同体。

其次，教学智慧的生成条件或途径。可以将已有文献所论述的培养方式概括为以下五个方面：（1）教师研究。提倡行动研究或叙事研究来展现教师的教学智慧，以促进教师教学智慧的生成。（2）教育实践论证。即教师结合教学实践中有价值的问题，在动机目标的指引下，通过教学实践叙事研究来解释教学行为，提升教学实践智慧。教育叙事研究是教师对教学实践中精彩的片段或困惑的事件进行反思和研究的方式，通常利用教学日志、专业学习、成长档案袋等方法对经验、知识、教学实践进行审视，检视这些经验背后的观念，从而丰富或更新自己的信念系统。（3）教育批判。教育批判是实现教师教育智慧生成的一条途径。代建军认为教育批判的目的是揭示隐含在教育表征背后的深层意义世界的迷失，动摇教师惯有的生存状态，让异化的教育重新展示本真的状态，让教师在阵痛中走出惯习的窠臼。[①]（4）教育理解。教育理解是生成教学智慧的前提条件。张光陆认为教师实践智慧即理解，同时还要通过自我反思、倾听学生、理解同事和理论同化和顺应等方式来增强教师的理解。[②]曹正善认为没有唯一的教育本质，教育本质是在情境中生成的，因而理解就是对教育意义追问的过程，最终达到作为“教师”的自身理解。（5）教学实践知识管理。即借助管理学中的知识管理理论的方法，主要从教师个人层面来阐述实践知识的外化和内化过程，这种理论认为使实践知识升华到实践智慧的重要途径是说课、集体备课、隐喻中的外化，对自己的实践知识的反思，从而检测自己知识的完整性。

---

① 代建军. 基于教学智慧生成的教育批判[J]. 教育研究与实验，2011（3）.

② 张光陆. 教师理解与教师实践智慧的生成[J]. 教师教育研究，2009（7）.

第三节　教学智慧研究的方法论反思

教学智慧的国内研究与国外研究存在很大的差异，国外的研究者普遍认为教学智慧是认识论问题，以此来探讨教学智慧所需要的思维或推理方式。在研究实践智慧之前，先要探讨教学活动的性质。而国内普遍认为教学智慧是教师通过经验和习惯形成的素养，基本上不讨论教育活动或教学实践的性质。研究方法也不同，国外侧重质性研究，而国内侧重经验归纳和逻辑思辨。叶澜教授在论述教育研究方法论时提出："方法论所关注的是研究的方法整体与对象特性的适宜性问题。"[①]根据这一思路，本书将反思以教学智慧作为研究对象的性质与其方法体系之间的适切性问题，从而发现其不合理性的一面，进而探寻更为合理的教学智慧研究的方法体系。

一、教学智慧研究范围的泛化和窄化

亚里士多德在《尼各马可伦理学》中认为具有实践智慧的人需要具备三个条件：第一，个人已经形成正确的美好生活概念。在古希腊时期，人们相信存在一种先在的、确定的城邦秩序，具有实践智慧首先要具备这样的目的论知识，才能在实践中做出明智的判断和决策。第二，具有明智这种德性。明智就是理解实践特殊性的认识方式，也是创设实践活动的思维方式。第三，道德德性，由于亚里士多德的伦理学中没有道德原则，因而需要道德德性作为实践判断时的依据。在他的概念体系中，实践与实践智慧是一对不可分离的、相互交织的概念。

基于这一思路，教学智慧研究应涉及这三个方面的问题。首先，要解释教学智慧，就先要解释教学实践的含义。只有教师形成了正确的教学价值观和教学活动观，教师才可能在纷繁复杂的教学情境中正确而又娴熟地进行教学判断和决策。其次，教学智慧的关键部分是教师创设教

① 叶澜．教育研究方法论初探[M]．上海：上海教育出版社，1999：14.

学活动的认识方式和思维方式。由于教学智慧关注的是教学情境的特殊性，但是这种特殊性必然放置在特定背景下，才能判断这一情境蕴含的教育意义。教学智慧的研究就要深入地探讨其形成的思维或行动方式。最后，由于教学实践的复杂性和确定性，要使教学实践能够顺畅地进行，还需要教师经过习惯而形成的理智德性和伦理德性，只有教师具有某些德性，才能使充满矛盾冲突性、不确定性的教学得以顺畅地进行。教学智慧与教学知识、教学能力、教学艺术等概念的关键区别在于：教学智慧中，实践与实践者是无法分离的融合整体，这一融合的纽带是教学德性，也是教学智慧形成的标志性特征。卡尔在论述德性对教学的作用时，认为："智慧教学所需要的素养中，好的性格素养比其他技能、知识更为关键。"①但是，教学智慧所需要的德性不可能只是道德品质，还需要理智上的良好习惯，这也是本研究要探讨的。

根据实践智慧的概念框架，就不难看出教学智慧研究既不是一种纯粹的事实性研究，以解释"是什么"为直接任务；也不是以人的主观状态为对象，来解释主体"我"的状态变化及其原因为直接任务。教学智慧必然是通过"合理的、有效的能动行为"来体现的，属于事理研究，既要判断行事依据的正当性和内在伦理性，也要判断行动结果的有效性和合理性。因而，教学智慧研究的任务指向活动主体行为所依赖的价值前提的合理性、思维和行动方式的有效性和行为所体现的德性支持等因素的研究。

当前，国内教学智慧研究出现了窄化和泛化的现象。其一，窄化的现象。一种倾向将教学智慧界定为"面对不确定问题所需要的品质或素养"，认为这种品质和素养就是教学智慧的研究对象，将教学智慧等同于这些品质，研究任务与研究对象合二为一，品质可能只是教学智慧的一个维度。并且，研究中也没有解释教学智慧需要的品质属性，以及需要哪些品质。另一种倾向将教育智慧简化为应对教学互动中"生成性问题"的即时决策模式。如果教学智慧只是限于这种偶然性的问题，就有可能简化为教学技能或教学机智，教师教学智慧的范围将会被窄化。其二，泛化的现象。认为教学智慧是教师自由发挥的综合能力表现，有教师理

① Carr, D. Character in Teaching[J]. British Journal of Educational Studies, 2007, 55(4).

解、思维、创造、感知、判断等各种因素在教学过程的综合运用，但是这些因素如何相互联系才能有效合理地提高教学质量，目前学界对此并没有进行深入的探讨。由此，教育智慧被扩展到教学活动所需要的一切要素，这种泛化现象使得教学智慧的边界模糊，反而使其失去自身独有的本质属性。

二、宏大叙事中重外缘式研究轻内在理路研究

余英时在思想学术史研究中提出“内在理路说”和“外缘影响说”。他在《论戴震和章学诚》中就强调自己的研究逻辑是“内在理路”而非“外缘影响说”[①]，根据他的解释，“内在理路”主要从研究对象的内在规定性出发，来建构相应方法体系的理论基础和核心构成，以确定相应的问题域，构建相应的观念体系。而外缘式研究则是从研究对象与外在相关系统的关联性来入手，借助其他领域的研究结论，通过逻辑演绎推断相应的问题域，形成观念体系。根据这一视角，当前的教育智慧相关研究重视外缘影响研究，而轻视教学智慧的内在理路研究。

从其他学科有关“智慧”的研究结论为起点，经过严密的逻辑论证而建构教学智慧观。相对而言较少从教学内在规定性出发，生发教学智慧研究的问题域，发现教学智慧的特殊性。当前研究视角之一是以道德哲学的“境界”或美学的“境界”为基础，教学智慧是一种理想的品质状态或是精神面貌。冯契认为“境界是主客观的统一，是精神享用着、在其中生活着的领域，他体现人的精神造诣、水平。”[②]境界主要指向人生的审美或道德生活的不同层次的精神状态。研究视角之二是用哲学解释学中的“理解”来揭示教育智慧的三维结构。以上研究方式为人们理解教育智慧打开了新的视野，有助于冲击教育智慧已有的认识框架，丰富了教学智慧理论资源。但是，外缘式的宏大叙事研究主要把教学智慧从特定背景中抽离出来，将教学从教学系统中的政策、制度、习惯等方面因素构成的背景中剥离出来，导致在很大程度上远离了教育实践中的现实问题。忽视了教学场域中种种压力和矛盾冲突，这与现实存在差距，

① 余英时. 论戴震与章学诚[M]. 北京：三联书店，2000.

② 冯契. 人的自由与真善美[M]. 上海：华东师范大学出版社，1996.

从而可能失去了实践的现实之根。美国社会学家卡普兰认为这种“重构逻辑的规范性力量未必能够改善运用逻辑”。[①]当用教育智慧理论来判断当前的实践，会得出教育智慧缺失的结论，可见，智慧理论不足以解释教学实践的现实问题和为实践提供可操作性的指导。如何从更深层来解释教育智慧不同于其他领域的独特性，这种“外缘式研究”难以担此重任。如果要探讨教学智慧的本质属性和内在机制，必须从教学活动的内在属性或内在规定性出发，来解释教师教学智慧的含义，因而，教学智慧研究还需要“内在理路”的研究路径来完善和补充。

三、微观叙事中重叙事轻研究

教学智慧微观叙事研究是一条可取的研究路径。通过呈现各种鲜活的教学故事展现教学智慧的丰富性，给教育智慧研究注入了不少的活力和生机。以此为基础，揭示潜隐在这些故事背后的意义、理念和思想，以展示教学智慧形成的内在原理。但是 当前微观叙事研究却并没有完成这一研究任务，已有的微观叙事中，呈现强化叙事成分、淡化研究成分的倾向。

有关教学智慧案例或叙事研究存在两个群体。一个群体是研究者，主要通过教学片段或案例描述了教师的某一行为或策略，目的是为自己的观点提供一个相吻合的事实证据，却没有对这些现象背后的教学背景、教师教学认识和价值理性思考进行深刻的分析，案例只是为宏大叙事研究提供事实证据而已。另一种群体是教师，他们收集优秀教师的教学案例或教学片段，然后将这些案例编辑成册，目的在于展现优秀教师教育智慧的外在表现。因而这两个群体的叙事只是描述了教师教学智慧行动的外在表现，而支撑这种行动的深刻缘由与意义却未得到缜密的追问，这一行动的内在依据也没有得到深入的探究，这就导致教学智慧的深层结构未得到揭示。研究所展示的只是技巧、技术、机智而已。另外，这些叙事研究将案例从背景中抽离出来，把教育智慧局限在事件范围之内，出现就事论事的局面，轻视了从整体上和背景中来把握教师教学智慧的

① [法]皮埃尔·布迪厄. 实践与反思：反思社会学引论[M]. 北京：中央编译出版社，1998.

内在机制。总之，当今国内教育智慧微观叙事研究中呈现出反理性主义的取向，滞留在现象的特殊性描述的"现场文本"中，未升华到从特殊性抽象出普遍性原理的"研究文本"，出现叙事有余而研究不足的缺陷。

在当前教学智慧的相关研究中，宏大叙事研究不可避免抹去了研究对象的特质性、多样性和差异性，使得整个研究趋向于抽象却远离了教学现实问题。而微观叙事研究中，叙事者沉溺于行动外在表现的细枝末叶，从而失去对教育智慧的整体关注。教学智慧的研究一方面要认识到理论研究的不足，并尽可能规避它带来的弊端，把基本理论问题置于教学实践领域。而在微观叙事研究中，防止进入为"叙事而叙事"的境地，要走出狭隘的经验描述，康纳利在论述将现场文本转换到研究文本时认为："研究文本是为其他研究者与参与者而写的，务必超越现场文本捕获经验的特殊性。"[①]因而，在微观叙事中亟须将"现场文本"转化为"研究文本"，将特殊性抽象为具有普遍意义的理论。

四、教学智慧研究的方法论展望

教师对教学实践的正确认识和理解是教学智慧的前提条件，教师在特定背景下的情境中做出合理和有效的决策，则是洞察教师教学智慧形成机制的关键，由此，教学智慧的研究方式呈现以下特点。

（一）宏大叙事与微观叙事的相互验证

教育智慧需要宏大叙事与微观叙事二者有机整合。一方面要从教学活动的内在属性出发来构建教学智慧观，就要先阐释教学实践的意义。这就需要宏大叙事，借助其他领域的实践概念框架，基于教学的内在规定性来探讨教学实践的基本含义。这也是教学智慧的认识论基础，也可以为教师形成教学实践观提供参照性的观念体系。教学智慧之所以成为优质教学实践的核心要素，是因为现代素质教育所诉求的教学活动的实践性和道德性。学生的素质发展和人格完善具有价值优先性，掌握知识将成为促进人格完善的手段，因而，教学不是知识传递的活动，而是构

① [美]康纳利，克莱丁宁．叙事研究[J]．丁钢，译，全球教育展望，2003(7)．

建意义和关系的实践活动。教学智慧能否生成在很大程度上取决于教师洞察教学情境的意义和慎思教学目的和策略，还需要慎思决策和判断所依赖的教学立场的合理性。为此，本研究采用宏大叙事的目的是诠释教师的教学专业判断所需要的道德判断原则和教学价值序列结构，为教师形成合理的教学实践观提供建设性的观点，也为观察教师教学智慧的实然状态提供分析框架。另一方面，要探寻教学智慧生成的内在原理就需要微观叙事。深入教师的教学生活，在特定的文化的、社会的、道德的场域中，已经形成达成共识的道德信念网络结构，教师要受到这些结构的促进作用或制约作用。例如，教师在教学场域中受到的影响经常来自以下几个方面：教育政策和制度所规定的教育方案、课程改革项目所设计的教学方式、理论研究中构想的教学建议、学校或学科中已形成的教学传统，等等。教师的教学智慧就表现为面对如此复杂的教学情境，经过权衡和调适之后，合理有效地解决教学问题。这也说明，通过对教师明智地消解教学困境过程的深入剖析，可以洞察教师教学智慧的内在机制。因此，就教学智慧研究而言，既需要宏大叙事来阐释教学智慧所构建的活动性质，意在阐明教师的实践判断所遵守的基本价值原则和道德立场，如果教师这一立场出现问题，那么教师教学智慧就难以生成。同时需要微观研究来透视课程改革的深化阶段教师是否具有教学智慧。在此基础上，再探讨教师教学智慧生成的内在原理。由此可见，本书将采用两种方式，并使其彼此辉映，相得益彰。

（二）价值理性与工具理性的辩证统一

教学成为实践活动，教师的专业能力被认为是在纷繁复杂的情境中对来自各个方面的期望和目的进行权衡、评价和妥协，以形成合理的教学目的结构，并在此基础上构建最好的行动方案，使核心价值得到最好的条件性支持。教师教学行动是否合理有效，在很大程度上取决于教师对教学本质理解的正确性，或者教师是否形成了合理的教学立场。教学智慧则是构想和创设教学道德性实践的教学专业判断，具有智慧的教师不仅要反思解决即时问题的教学手段的合理性，还要深层次地反思教学判断所依赖的教学立场的合理性。因而，观察教师教学智慧的生成，必须判断教师的教学价值承诺或教学立场的合理性。同时，通过观察教师在价值理性和工具理性之间建立的关系特征可以判断教师是否具有教学智慧。

阿奎那将这种道德立场称为“正确理性”，并认为它是实践智慧生成的基础，将其界定为：“正确理性的责任在于辨别人类活动的客观之善，并决定通往客观之善的方法。”[①]亚里士多德对这种“正确理性”做了一个形象比喻——“智慧之眼”，“即个体利用‘智慧之眼’来辨认值得采取行动的情境，并且发展一系列适宜于此情景的行动方案。”[②]教学智慧是否生成在很大程度上取决于教学立场的合理性。这一教学立场的形成涉及三个层面的教育意义的理解：第一，学生对知识的认知和理解层面的意义，类似于奥苏贝尔的有意义学习中的“意义”，属于认知层面的意义。第二，学生人格培养层面的意义，通过学习提升自身修养或人格塑造的意义，这与罗杰斯的非指导性教学的意义相通，属于理解教学致力培养“什么样的人”。第三，自我实现或者自我存在证明的意义，需要在自我存在的独一无二和社会共识之间寻找平衡点，也是学生在教学生活中的存在状态的思考。教师对教育意义的正确理解是教师形成合理的教学价值承诺或教学道德立场的前提。由此可见，教师价值理性在教学智慧概念框架中的重要地位。教师的技术思考必须经过价值理性的判断，才能确定其合理性和有效性。

---

① 董尚文. 论阿奎那伦理学的理智主义[J]. 哲学研究，2008（7）.

② Dunne, J . Back to the Rough Ground: “Pronesis” and “Techne” in Modern Philosophy and in Aristotle[M]. South Bend, IN: University of Notre Dame Press, 1993: 103.

第二章　实践智慧视野下的教学实践愿景

根据实践智慧研究的传统，实践与实践智慧是相互交织的概念，实践既是由实践智慧来认识和创设的，同时实践智慧又是在实践中得以生成和发展的。探索教师教学智慧就遵循这一思路，即要知道什么是教学智慧，就必须先确定什么是教学实践。只有正确理解教学实践的含义，才能形成合理的教学价值承诺，构想美好的教学愿景，为教师在解决实际问题时提供判断的依据。因此，解释教学实践的含义是探索教学智慧的前提性问题。

第一节　教育实践的内涵分析

实践作为人类特有的活动，不可避免要受到情感、欲望、想象、道德等因素的影响，造成实践固有的不确定性、易变性和特异性。长期以来，人们一直都在探索如何应对这种不确定性，在各种应对中形成了不同的实践模式。当人们在批判现代主义实践模式给人类造成的生存危机时，也从亚里士多德那里找到了智慧的源泉，在当代社会背景下，学者们纷纷对“实践与实践智慧”进行再诠释，宣扬实践执中求和的“中道”精神，而本研究就是沿着这一认识路径，将其具体化到教学活动中。

一、教育实践的基本含义

实践存在狭义和广义的概念。根据古希腊哲学传统，实践是一个狭义概念，指依循道德的自由行动。而广义实践则是人类合乎道德的所有活动，包括各种实践形式。虽然实践在不同社会历史时期具有不同的含义，但是，亚里士多德所界定的实践含义还是流传下来，马克思只是在其基础上深化了实践的意义和拓展实践的范围。下文从四个方面来解释实践的特征。

1. “以自身为目的”导向的内在价值优先观

在狭义概念中，实践目的是追求合乎德性的生活。而在广义概念中，实践是“生产性的生命活动”，从而劳动具有实践性，马克思认为：“人的生产生活本来是类生活，这是产生生命的生活。一个种的全部特性、种的类特性就在于这种生命活动的性质，即人的自由的自觉的活动。”[①]他认为人类劳动最终目的是人的全面发展，以获得决策和判断的自由。新亚里士多德主义的代表人物麦金泰尔就将这一目的扩展到“内在利益”，他将实践界定为：“通过任何一种连贯的、复杂的、有着社会稳定性的人类协作活动方式，也对这种活动方式具有部分决定性的过程，这种活动方式的内在利益就可以获得，与这种活动和追求不可分离的，为实现卓越的人的力量，以及人的目的和利益观念都系统地扩展了。”[②]根据这些含义，教育实践的根本目的是人自身德性的形成，并且推进教育共同体的整体发展。

2. 教育实践过程中的创造可能性

马克思将劳动提升为实践的重大贡献是将劳动的生产性规定为实践的基本属性。他认为人们在劳动中不仅生产了产品，以劳动为中介生成了各种关系，也生成了人们交往的伦理规则和规范，同时也改变了人类自身，为此，他提出：哲学家们用不同的方式解释世界，而问题在于改变世界。这是马克思对亚里士多德的狭义实践概念的突破性进展，从而使实践具有生产性，创造可能性成为实践的基本特征。教育的本质就是创造条件，让学生生成各种可能性，行动的创造可能性是教育实践固有的特征。

① [德]马克思．马克思恩格斯全集（第四十二卷）[M]．中央编译局，译．北京：人民出版社，1979：96.

② [美]麦金泰尔．德性之后[M]．龚群，戴杨毅，等，译．北京：中国社会科学出版社，1995：237.

3. 教育实践过程中的自由空间

在复杂模糊的实践中，发现什么问题、关注什么现象是由人们自由选择的，从而人们具有选择上的自由。这就使得实践中的自由不同于理论的自由，不仅可以选择实践对象，也可以选择实践活动，而在理论活动中，可自由选择研究对象，但研究对象却是一个非自由之物。需要注意的是，实践中的自由并非任意性自由，而是人们遭遇实践困境对必然规律的回应的自由。另一个方面是自主，实践活动的模糊性决定人们必须自己决定实践目的和创建实践活动。本纳认为："实践的一层面含义是有意愿地在行动或活动中创造可能性，另一含义是实践在扭转人们遭遇困境时对'必要性'的回应。"[①]由于教育对象的主观性和能动性，教育实践本质是一个动态的、模糊、生成、复杂的情景，教育者必须在教育规律的情况下，自由选择教育目的和方式，以构建适宜的教育方案。

4. 教育实践中的均衡空间

亚里士多德认为实践的思维不是理论活动中的沉思、探寻事物的本源；也不是创制活动的技术思维、追求达成既定目标的效率与完美，而是对各种价值冲突进行均衡的谨慎、周全的思考，不仅要思考和判断目标的适切性，而且要思考行动的适宜性和合理性，以及行动对人的情感和心理的影响，这是否遵守基本伦理规范和道德标准。因而，在教育实践中的思考既具有反思性又具有批判性，既要思考针对个性教育场景的目的的合理性，又要思考行动的有效性，还要反思支持这一行动的道德立场和伦理规范的适切性。

二、教育实践主体的特征

教育实践活动本身具备以上四个特征，教师与学生作为教育实践的主体，具有以下四个本质特征。

1. 灵活回应教育必然性的自由性

实践的目的与手段都不是先定的，而是在教育中生成的，但是又必

---

① [德]底特里希·本纳. 普通教育学[M]. 彭正梅，等，译. 上海：华东师范大学出版社，2006：14.

须考虑实践的“必要性”，从而实践中的自由既不像创制活动的规定性自由，目的在行动之前已经确定，只有寻找实现目标的方法和手段，因此，规定性自由可能控制实践的可能性和发展方向。也不像天马行空式的任意性自由，基于个人的理解任意选择实践的目的和手段，可能忽视特定社会文化背景中遵循的核心价值或规范，也可能忽视了事物发展的必然性规律，任意性自由可能否认实践的必要性的存在，过度延伸它的可能性。教育实践中的自由来自三个方面，第一是特定社会发展的人才核心素养、教育本质、教育道德等方面的沉思，形成合理的教育判断需要的立场与原则。第二是儿童发展与学习规律的沉思，形成适宜的判断标准。第三是对儿童个性化的洞察，在此基础上自由地决定目的和手段。例如，在教育实践中，学生在生理器官功能上处在未完成状态，并且心智上、社会性也处在未成熟状态，而儿童的先天不完善性不会直接导出学生的改变，引发儿童从不完善性走向完善性的改变之源是教育。由此，教育的“必要性”是促进学生从不完善性走向完善性的改变，教育实践就是探寻建立何种教学秩序或是何种活动促进学生的这一改变。这种秩序和活动不是先天存在，而是在可塑性与社会需求的相互作用中，师生共同创造的教育秩序。

2. 反观学生生长空间、重视未来发展的历史性

人类活动总是历史的、社会的、文化的存在。只有作为历史性的自由，才能回归现实生活关系中。实践中的主观能动性有三种理解：一种观点是人创造历史的主人历史观，持有这种观念的师生往往无视已存在的历史传统，根据自己的主观意愿来构建教育愿景，或认为相信某种理论可以使实践发生根本性的转变。这经常是“由上而下”的改革模式中的理想所在。第二种观点低估人类的能动性，即历史造就人们的历史观。持有这一观点的人们要么不愿意审视当前环境中制度、政策、实践存在的问题，进而不愿去创造更多的可能性；要么把历史至此所创造的可能性宣布为历史完善性，从而宣布历史的终结。这两种观点并不是互不相容，而是在某种情况下会互为条件。如在社会、家庭和学校教育中，都存在一种专制统治的倾向，把别人的自由局限在个人武断设定的可能性中进行选择，从而把自我设定为历史主人。实践中的历史性表现为人们既觉察到这种传统的局限性，又觉察到这种传统的优越性，为了找到自身的确定性会超越这种传统，致力规划新的实践。因而，实践中的历史

性是一种社会与个体、过去与未来、传统与发展之间的互动循环的历史观。

3. 均衡指向下的慎思性

实践领域中的理论性与自然科学领域的理论性是迥然不同的。科学领域中的理论思维是以求真为指向的沉思，其评价标准是客观的、确定的，从而不具有历史性和文化性。但在后现代主义思潮中，存在反对以“普遍性原则”为导向的理论思维，拒斥任何宏大理论和普遍性原则，强调情景中的偶然性、差异性、包容性、开放性等因素。利奥塔在《正义游戏》中认为实践不依赖任何理论标准，只是一种纯粹习惯性的、当下的、地方性的判断，才能够保证人们面对不确定获得随机应变的方法，因此，需要情景自发的理论思维。从实践的必然性和历史性来看，实践需要的思维是均衡驱动的慎思，思维的评价标准具有一定的历史性和文化性，因此，先要反思评价标准的合理性。邓恩研究实践特定时指出：“实践总是包含一般道德结构为背景而选择行动的过程，因而教学实践需要的理论思维不仅仅是反思性，而且是慎思性的，人们总是对教学过程的‘行动中目标’进行批判性反思，来解释和修正这个一般道德结构。”①因此，实践中的思维既不是科学活动的沉思，也不同于心理意向的境遇性思维，而是在普遍性原则与具体特殊性之间的均衡的慎思思维。卡尔认为：“在实践中，所谓的理论在本质上是一种规范性或是评价慎思，而不是科学理论反思。”②在这种慎思中，理论和实践不是“谁优先”的问题，而是一对辩证关系，每一方都在另一方的反思性过程中得到修正和改变。

4. 身、心、行为合一的具身性

有关身、心和行为关系的理解有三种倾向。一种认为人的身体与心智是分离式的存在，人类的身体仅仅具有生理特征，只要适量的营养和合理的作息就能维持医学上健康的身体。另一种认为人的身体是生产线上的“机器化”身体。在现代工业化的制作中，身体可成为生产流水线

① W. Carr. 技术抑或实践[J]. 华东师范大学学报，1995（2）.

② Carr, D. Professionalism and the Ethics in Teaching[M]. New York: Routledge, 2000：29.

上的"机器或零件"，反复操作使动作自动化，过程中人的反思、体验和判断被认为是多余的，身体成为定型思维的"机器化身体"。实践中主体要有劳动塑造自我的具身性观点。

实践中人的信念、兴趣、情感、动机、能力等因素会通过人的身体表现出来，呈现某种形体、姿态、气质或风格，在活动中实现外在目标的同时，造就了自己的形象。布迪厄研究具身性指出："人们深陷其中的实践信念并非一种心灵状态，也不是武断遵从一套外界灌输的教条；而是一种身体状态，是被各种社会秩序加以系统利用的体现在身体上的性情倾向。"[①]在实践活动中，身体是人类感知、心灵和思维的载体。与他人的共同活动中，必须依赖这些感觉、知觉和直觉，来倾听自身和他人。同时，人们的行动必须借助身体的运动和非语言性的行为与他人交流，在活动中总是用语言之外的"身体"来表达，因此，行动者的身体既是实践的一部分，也是实践要形塑的对象。谢尔曼（Sherman）认为："实践推断不可能以三段论结束，原因在于这样做忽视或低估了实践理论与个人品性的不可分离性。"[②]他认为对实践情境感知在很大程度上取决他是什么人，而不是他的认知能力。梅洛庞蒂也认为："知觉的主体是身体，它并非笛卡尔意义上的物，它是不同于客观身体的现象身体，其实质是物性的客观身体与心灵的统一体。"[③]强调身体不是一个封闭的机体世界，而是一个对观念和现象开放的世界。身体的整体和部分器官不是针对特定实践而特定化的，而是反复的实践塑造我们的身体。比如，教师的耳朵不仅是听觉器官，还是美学器官，来判断他人的情感、态度、动机和需求，体验和谐的音乐所带来情感。对于从事音乐事业的人来说，他们的耳朵不同于常人的"耳朵"。因而，在实践中，身体与心灵是一个不可分离的整体，经过行动形成某种习惯，这些习惯使人们呈现某种身体特征和气质特征，从而塑造了自身的形象。

---

① 田向东. 布迪厄与社会实践理论[J]. 开放时代，2000（12）.

② Sherman, N. The Fabric of Character: Aristotle's Theory of Virtue[M]. Oxford: Clarendon, 1989: 58.

③ [法]梅洛庞蒂. 知觉现象学[M]. 姜志辉，译. 北京：商务印书馆，2001: 6.

三、教育实践的三种形态

根据实践主体的特征，会呈现两种偏离实践本质的变异形态，即过分简化的技术性实践和过度延伸的任意性实践。他们之间的差异可以用表 2.1 来表示：

表 2.1　教育实践的三种形态

过度简化的实践（技术性实践）	实践	过度延伸的实践（任意性实践）
规定性自由	自觉性自由	任意性自由
历史的依存者	辩证历史性	历史的主宰者
实践依赖理论	均衡指向的慎思	实践独立于理论
机器化的身体	具身性	身心分离的身体

根据人在教育实践中的存在特征来看，总是处在均衡的过程中，追求一种执中求和的状态。既不是绝对的任意性自由，也超越了规定性自由，而是对遭遇困境对"必要性"回应的自觉性自由；行动者既不能被环境所淹没，成为环境的依存者，也不可能忽视实践背景中已有的传统，成为环境的驾驭者，而是与环境、历史进行互动的权衡者；实践中的理论思维既不是以求真为目的沉思性，也不是完全拒斥普遍性原则的情景性思考，而是在普遍性原则和个别之间的相互修正的慎思性。人们的身体既不是心身分离的生物有机体，也不是工业流水线上的机器，实践中的身体总是与信念、兴趣、情感等因素整合的身体。根据实践的含义和实践主体的特征来看，显然，这种实践具有"实验性"，但是实践的"实验性"不同于科学的"实验性"，邓恩认为："科学实验中遇到的错误，往往是持怀疑精神的科学家将其当作是寻求知识征途中的一个步骤。在实践中，这种错误可能付出巨大代价，但是假设实践情境没有危险存在，这本身也是一种错误，正是这种情境需要权衡的艺术。"[①]当教学被认为是实践时，实践主体实际上与当今社会所追求的民主主体非常相似，实

① Dunne, J & Pendlebury, S. Practical Reason. In N, Blake(Eds.) The Blackwell Guide to philosophy of Education. Blackwell Publishing Ltd, 2003: 199.

践主体的特征将成为实践判断的道德标准。基于这一理论基础，下文将从认识论、方法论和价值论三个层面来探讨教学实践的特性。

第二节 实践价值观下的教学活动

实践成为教学生活的存在方式，要体现师生的实践主体性，那么教学实践所追求的教育价值就会独具特色。在知识学习中，学生的自由性和慎思性就意味着学生学习知识不是纯粹的接受性学习，而是经过慎思之后，可以自主和自由地决定相信哪些信念或知识，在自己已有知识与所学知识之间建立恰切的联系以创生新的观念。历史性则意味着不能把学习知识当作是一个不用质疑的完善的知识体系，而把所学知识当作是一个需要努力去改善的知识体系，这就需要学生具有一定的想象力。具身性则意味着教师不仅要关注学生掌握知识的情况，还要关注学习活动本身是否有利于学生德性的发展。要让学生能够自由地、慎思地、历史地、具身性地学习知识，而这种学习活动会促进学生的民主德性形成。由此，从价值论层面来看，教学实践要关注学生的创造力、想象力和民主德性三个方面的发展。

一、教学实践关注儿童精彩观念的诞生

教学成为实践活动就意味着教学具有内在的创造性。正如教育学者怀特海所说："教育如果不以激发首创精神而开始，不以促进这种精神而结束，那就是错误的教育。教育就是使人具有灵活的智慧。"[①]在教学中，这种首创精神既意味着学生创造精彩的观念，也意味着教师创造精彩的教学理念，并且还意味着在师生交往中创建和谐的精彩关系。

---

① [英]怀特海．教育的目的[M]．徐汝丹，译．北京：生活·读书·新知三联书店，2002:66.

1. 教学中重视学生创造性地建构知识

张华教授在分析学科知识蕴含的教育价值的基础上提出："课堂教学就是教师和学生集体创造知识的过程，教学即创造新知。"[①]当教学成为实践活动，教师要关注教学活动是否有助于学生主动地去质疑和探究，从而促使学生的观念、情感和态度等方面的改变。美国学者达克沃斯（Duckworth，E.）提出教学的核心目的是激发学生的精彩观念的诞生。她认为："智力发展的实质是精彩观念的诞生，换言之，这是一个创造性事件。"[②]这里的"精彩观念"是从儿童自身而言的精彩，当这种观念对儿童自身来说是一种突破和超越，那就是精彩。也许在他人看来，这个观念并无特别的新奇之处。这里的"精彩观念"所重视的是儿童发现的观念所蕴含的创造性品质。尽管在教学中学生创造的精彩观念与艺术家、科学家等创造的精彩观念的内容是不一样的，但"其创造性智力行为的性质是一样的"。[③]教学实践的主要任务是帮助学生在已有知识和所学知识之间建立多样化的连接，引发他们创生新的观念。当教学致力学生精彩观念的诞生时，就必须激发学生的内在求知欲望，只有这样，他们自己才会利用自己所有的经验、精力、热情以及同伴的协作来扩展自己某个领域的观念体系。当学生的新观念越来越多的时候，他们对社会、世界和自己本身的理解就越丰富，也会判断自己的发展方向。因而，教学实践目的是学生创造性地学习，持续性地拓展自己的观念系统。

2. 教学关注为教师创生新的观念

在复杂的教学情景中，教师总是会遇到新的教学问题。教师将这些问题当作学习的机会，在必要的时候做出适应性改变，发现新的教学价值或目的，或创造新的教学理念、教学方法或教学模式。然而，许多研究者在调查中发现许多教师一旦社会化，就会顺从于某种意识形态下的专业发展常规，不愿意做出改变，呈现宿命论的历史观，如艾斯纳（Eisner）在教学实践调查中发现："当教师一旦社会化，学会在某种官

① 张华．研究性教学论[M]．上海：华东师范大学出版社，2010:34.

② [美]达克沃斯．精彩观念的诞生——达克沃斯教学论文集[M]．张华，译．北京：高等教育出版社，2005：16.

③ [美]达克沃斯．精彩观念的诞生——达克沃斯教学论文集[M]．张华，译．北京：高等教育出版社，2005：18.

僚体制下工作和生活，这种组织意识形态就会成为思维习惯。”[①]当教学成为实践活动，教师必须直接面对教学的复杂性，不仅把教学实践看作是“问题丛生的地带”，而且愿意主动地去探索这一地带。然而，这些问题并不会清晰地呈现在教师的眼前，需要教师观察发现。因而，这些新问题可分为两种状态：其一，教师主动发现了新的教学问题。教师在理解教学本质时产生新的观念，从而发现新的教学问题；或批判性反思现有教学实践结构和自身的教学惯习时发现新的问题；或根据长远的教育目的，审视和慎思当地的教育政策、教育理论原则以及教育实践活动时发现新的问题。当教师努力解决这些新问题时，会构想新的教学目的或教学手段。其二，教学实践本身的不确定因素所引发的新的教学问题。教师要善于判断意料之外的因素所蕴含的教育意义，从而优化解决这些问题，并针对已有的教学实践结构做出相应的改变，从而创造新的教学理念或教学方法。前者是教师主动地发现问题，后者是教师被动地应对问题。当教师面对新问题，就会将其当作学习的机会，并在相关方面做出适应性改变，展现教师的创造性自由。

3. 教学关注师生在教学交往中产生新的伦理规范和行为准则

教学成为实践活动，学习活动本身成为教育文本，学生通过沉浸于这些学习活动中，习得某些理智德性和伦理德性。这种创造性可能表现为制定和构想显性的教学原则和教学管理方案，但大多数时候是以隐性课程的方式出现。教师必须关注学习环境和班级共同体的建设，时常反思这样的问题：学生能够自主地选择学习目标吗？我的教学是否能激发学生的主动性学习？在所构建的班级共同体中是否体现了公平？学生是否敢于向他人敞开自己的心扉？我是否关注他们追求自我的梦想？学生与学生之间的关系又如何？当教师关注这些问题时，他们就可能会产生新的教学观念，创建新的教学关系。

总之，教学创造性表现为两个方面：一方面，既要重视学生精彩观念的诞生，又要重视教师精彩观念的诞生，面对新情境做出适应性改变，而不是囿于自己的常规化专长。另一方面，要重视精彩关系的诞生，要

---

① Eisner, E. W. Cognition and Curriculum Reconsidered[M]. New York: Teachers College Press, 1994: 56.

促进学生精彩观念的诞生需要特殊的学习环境，学生才敢于不断澄清和检视自身根深蒂固的信念，澄清自我的价值观和伦理标准，从而修正自身的观念体系，诞生新的精彩观念。

二、教学实践关注发展师生慎思性想象力

既然教学中要关注学生创生精彩的观念和关系，那么教学就要致力学生想象力的发展，进而想象力应该成为重要的教学价值项。但是教学中的想象力可能不同于艺术领域中的想象力，教学中的想象力应是理性相伴随的想象力，亚里士多德将其称为“慎思性想象力”。

1. 慎思性想象力的内涵

这种想象力是一种内涵非常丰富的人类能力，并具有选择和洞察的功能。这种因为想象能够将个别的事物与背景融合起来以形成整体的情境图景，这样，行动者就能够在整体图景中洞察各种信心，并选择影响学生发展的关键信息。亚里士多德认为：“想象能够将几个不同的图像或者感知联系起来，形成一个整体化情境图。”[①] 在这种图景中，“实践者的思维是‘以想象为基础’的思维形式，追求什么和回避什么都受到想象的制约和引导”。[②]此外，想象还能够让人们在情境中觉察已有经验未能涉及的事项。关于这一点，邓恩在探寻实践智慧与想象的关系时主张：“在实践智慧的精神下，想象用来选择目的和对特殊性的感知……因为实践智慧需要想象提供影像、记忆和可能性。”[③]可见，想象是学生在已有知识与所学知识之间建立联系的必要条件，也是教师在面对新情景时，将新问题放置于整体教学背景来思考的必要条件。因此，在致力培养创造性的教学中，想象力应该是一个必不可少的教育价值。

---

① Nussbaum, M. Love’s knowledge: Essays on Philosophy and Literature[M]. New York: Oxford University Press, 1990：77.

② [希腊]亚里士多德. 论灵魂[M]. 苗力田，译. 北京：中国人民大学出版社，1991.

③ Dunne, J. Back to the Rough Ground: “Pronesis” and “Techne” in Modern Philosophy and in Aristotle[M]. South Bend, IN: University of Notre Dame Press, 1993: 293.

2. 教学促进师生的慎思性想象力

成为想象力的发展没有成为重要的教育价值，其原因是在悠久的理智主义传统中，想象力被看成是妨碍理智行为的因素。在这种认识论指导下的教学或教育，想象力不可能成为重要的教育价值。最早提出将想象力作为教育价值之一的是英国学者沃洛克（Warnock），他通过考察想象在思维中的作用，然后得出结论："培育想象力……应该成为主要的教育目的。"[①]然而，由于教学实践中不可回避的伦理性以及教育强制性，教学中的想象不同于文学艺术创造中的想象力，教学中的想象应该是理性的一种状态。例如，在学习过程中，学生必须将所学习知识或对事物的认识与他已有意义结构或认知结构建立联系，这种联系需要对意义进行重构、创作或者重估，在这一建构过程中，想象起着理性选择的功能。同时，学生既要关注目前的学习任务，又是为未来的生活做准备，因而学生会通过基于现实的想象来展望和筹划自己将来的生活愿景，或想象自己成为一个"什么样的人"，在这一过程中，想象会引导学生不断改变自己将来的生活图景。由此可见，这种未来生活图景的展望和修改过程需要想象力。因此，教师在教学中要重视发展学生的理性想象力。

教学实践中的想象不是自由的幻想，而是基于现实又超越现实的美好憧憬。美国教育学者艾根（Egan，K.）认为想象力是教育中必不可少的教育价值时，将想象力界定为："想象不是一种发展良好的、理性的思想能力，而是一种能够激活所有心理功能的特殊的灵活性。"[②]这种灵活性表现为个人的能动倾向不被传统、文化标准、习惯性思维等已存在的现实所束缚，但又是以这些因素构成的活动框架为基础，同时具有超越这种"行动框架"的思考能力。当学习成为实践活动时，这种灵活性必然是学生和教师持之以恒的追求目的，并且也是必须要获得的素质。只有教师具有丰富的想象力，才可以将即时的教学情境与教学背景融合起来，形成整体的教育图景。教师既能更好地觉察教学情境的教育时机，洞悉学生真实故事的特殊性，又能审视已有的个人结构和社会结构中的问题和优点，为创造性学习奠定基础。

---

① Warnock. M. Imagination [M]. London: Taber, 1976:9.

② [美]Egan, K. 走出盒子的教和学：在课程中激发想象力[M]. 王攀峰，等，译. 上海：华东师范大学出版社，2010:21.

三、教学实践关注儿童民主德性的生成

黑格尔曾经在《法哲学原理》中讨论教育时认为："教育学是培养德性的一种艺术。"[①]当然，在不同性质的教学活动中，师生形成的德性具有不同的特点。在教学实践活动，将师生存在理解为自由性、历史性、慎思性和具身性的一种实践形式，这种活动中"受过教育的人"是具有实践智慧的人，也是具有自由决策和明智判断能力的人，既能坚持自己的观点，也能容纳他人不同的观点。要让这种活动得以顺利进行就需要创设民主的教学氛围，与此同时，这种实践活动也是学生获得民主德性的必要条件，由此，民主德性应是教学实践中重要的教育价值之一。

1. 教育实践中民主德性的独特性

这种民主德性不同于古希腊时期德性教育所追求的德性。那一时期的德性教育，总认为城邦秩序是由宇宙秩序所导出来的，这一秩序就是完善的体系，从而不需要人们去改变。教育的主要目的是培养维护和管理这一城邦秩序的自由民。可见，这种教学期望培育的人们要顺从和遵守既定的城邦秩序，并为维持这一秩序而行动。纳什将这种德性称为"依存性德性"，其基本特征是："支持尊重传统、有责任、自律、努力工作；同时会助长顺从、从众和温顺。"[②]而在现代社会中，由于实践领域细分为不同的专业实践形式，实践者经过学习之后要进入不同的实践领域。这种教学活动所培养的公民是会遵循某种实践形式的群体或具有共同体所需要的德性品质，纳什认为这种德性具有"从众性"。"从众性德性"的基本特征是："德性总是与群体相连——在社群中形成、传播和强化，得到群体的支持和维护。其缺点在于制造依靠、抑制自治……最终损失的可能是一个人的个人自由。"[③]在当代社会背景下的教学实践中，所期望培育的德性既不是古典时期的依存性德性，也不是现代时期的从众性

---

① [德]黑格尔. 法哲学原理[M]. 范扬，张企泰，译. 北京：商务印书馆，1982：171.

② [美]罗伯特·纳什. 德性的探询：关于品德教育的道德对话[M]. 李菲，译. 北京：教育科学出版社，2007：32.

③ [美]罗伯特·纳什. 德性的探询：关于品德教育的道德对话[M]. 李菲，译. 北京：教育科学出版社，2007：81.

德性，而是民主德性。然而，教学实践中的“民主”与政治领域中的“民主”是不同的。

教学实践中的民主与政治活动的民主具有不同的意义。教学中的“民主”是一种学习生活方式，也是教学活动中的基本道德标准。在这种标准下，可以判断学生的自由性、历史性、慎思性和具身性在学习活动表现如何。这就明显不同于政治领域中的民主参与。正如杜威所解释的：“那些要维持民主信仰的人们的任务是要恢复和维持民主具有内在的道德和信念，……民主是一种生活方式，但是我们要明白：并且是一种个人的生活方式。这种方式为个人的行为提供道德标准。”①由此，教师在进行教学设计和教学互动，将学生的实践主体性是否得以体现作为教师教学决策和判断时的道德标准。在这种实践学习中，民主德性表现为自主德性和对话德性。

2. 教学实践民主德性的表现

民主德性的表现之一是学习中的自主品质。学习中的自主品质表现为学生能够根据社会的教育需求和个人的潜能特征，展望自己的发展可能性，认识并选择自己的学习目标，形成实现这一目标的内在动机，并且能够主动寻求实现这一目标的学习策略。就如费希特在《自然法权基础》中认为教育的影响应该被理解为：“要求主体的自由发挥，最重要的是对此无法做其他理解……要求是影响的本质，被施加影响的理性生物的自由发挥是他的终极目标。”②在学生自主德性的培育中，教师的任务是将社会教育要求转化为适当的教育影响，使学习成为学生“自愿的主动性要求”下的活动，而不是“他人强制下的主动性要求”的活动。这就要求教师深刻理解教育目的，并且要整合来自教育者、他人、社会等外在教育要求与学生本身的可塑性，探索学生的发展可能性，能将外在要求学生的主动性转化为学生自发的主动性要求，这样才能帮助学生形成学习的自主品质。教师只有将外在合理的教育要求转化为学生自愿的主动性要求，教学的实践性才能得以体现。由此，教师的核心任务是引

① [美]杜威. 自由与文化[M]. 傅传先，译. 北京：商务印书馆，1964: 98.

② 底特里希·本纳. 普通教育学[M]. 彭正梅，等，译. 上海：华东师范大学出版社，2006: 59.

导学生正确地认识有助于他们的理智德性和伦理德性发展的目标，在认识的基础上，鼓励学生形成强烈的欲望来追求这些目标，也就是促进学生不断地发现自我和发展自我。只有当学生认定这些目标是值得追求并形成追求这些目标的内在动机，教师的教学才会发挥作用。由此可见，培育学生学习的自主品质时，教师的主要作用是寻找方法来帮助学生认识自身的学习目的，激发他们的内在学习兴趣，以形成主动性学习的习惯，从而获得自主品质。

民主德性表现之二是对话美德。教学成为实践意味着学习是在一个学习共同体中进行，因而，实践学习不是一种独白式学习，而是一种对话学习。这种对话学习要求学生具有对话和协商的能力。艾米·古德曼在《民主主义教育》中论证道德推理和道德品质的关系时，认为：拥有道德品质而不具备发达的推理能力的人只能被习惯和权威所控制，因此，品德方面和推理方面的教育是必要的，但对于培养民主公民又是不充足的。实际上，发展“商谈品质”对实现一个民主治理的社会理想是必须的。在对话学习中，既要倾听他人的观点、体验他们的情感和态度，又要反思自身的观念，还要与自身观念不一样的人们和谐相处，这就需要学生形成对话美德。美国学者施维恩（Schwehn）讨论大学课堂对话教学时，提出：“课堂是一个社群，在那里可以学到在别处共同生活的基础规则和德性。”[①]他将这种德性称之为对话美德，由“谦卑、信任、自我否定、仁慈”四个要素构成。虽然他的对话美德具有宗教意识，但是他的对话美德对学生实践学习是一种可借鉴的德性结构。

在教学实践中，文本知识、学生和教师、教学环境都是学生学习的对象，学生之间或学生与教师的观念交流中，可能会出现相互碰撞或相互对抗的局面，这就要求教师和学生具有“谦虚、信任、自我否定和欣赏”的对话美德。首先是谦虚，学生只有具备谦虚的美德，才能仔细聆听他人的意见和观点，从他人那里汲取有益的部分，拓展或改变自身的观念体系或情感态度。这种谦虚又须建立在对彼此信任的基础上，施维恩主张：“信任激发我们相信我们正在质疑的东西，同时质疑使我们相信正在相信的东西。”创造性学习中，学生要具备敢于质疑的精神，而要使

① Schwehn, M. Exiles and Edens: Religion and the academic Vocation in America [M]. New York: Oxford University Press, 1993: 34.

质疑性对话学习得以顺利进行，需要师生发自内心的信任。只有在信任的基础上，学生才有勇气自我否定，自我否定的品质也是民主德性的必要因素。实践学习的重要目的是促进学生创生新的观念，而新观念的产生是建立在学生具有自我否定的德性的基础上，敢于为了更好的观点而放弃自己已有的观念。在获取真理和知识的过程中，不断检视自己的假设，随时准备扬弃自认为正确的设想。实践学习即敢于创生新的观念，又敢于扬弃旧的、不合理的观念。因而这种学习还需要教师与学生具有欣赏他人的美德。因为在这一过程中，对话学习总是会涌现各种各样的观念，但这些观念并不都是精彩的，也会有荒诞离奇的观念，甚至与自己的观点相悖的观念。学生要以欣赏的态度对待不同的观点，不能用恶劣的态度去评价别人。

第三节 实践认识论下的教学活动

当教学实践关注学生在学习中创生精彩的观念和构建精彩的关系，学生的想象力也会随之得以发展，这种学习需要学生民主品质的支持才能顺利进行，并且，民主德性也会在活动中日渐生成和发展。为了实现这些教学价值，教师应具有与之相对应的知识观、学习观和教学观，下面将从这三个方面来探讨教师对教学实践的认识。

一、教学重视理解学科知识的三维结构

学科知识作为培育学生的重要中介，具有三个方面的教育价值。一方面作为事实性知识，具有学科自身的逻辑结构；另一方面，还包括了学科共同体获得知识需要的心智模式和思维方式，同时还承载了获得知识需要的理智德性和伦理德性。

（一）教育中学科知识的三维结构

在教育学中，学科知识具有三个方面的教育价值。

首先，学科知识本身的知识逻辑结构。每一门学科都是由一定的概

念、命题、观点构成的，并且根据一定的逻辑结构组成知识体系。研究教学内容时，必然考虑知识的内在逻辑结构，根据知识的纵向结构与横向结构编制教育内容。

其次，学科知识的学科教育知识结构。美国学者舒尔曼提出了学科教学知识是教师独有的专业知识，是教师整合学科知识与教育教学知识之后生成的知识。他将学科教学知识的本质界定为："我把某个学科领域中最常教的主题、这些思想的最有用的表达方式、最有利的类比、阐述、例子、解释和证明，——简而言之，使别人能够理解的表达和系统表述学科的方式。"[①]从这一本质可以得出，他在学科教学法知识理解中，将教学推理的价值大前提设定为学生有效地掌握课程给定的知识，小前提是教师根据情景特征和学生认识特征设计有效的教学策略。结论是将这些策略付诸行动，促进学生掌握知识。可见，在学科知识转化中，舒尔曼强调学科知识与学生认知、环境特征的整合，轻视了学科知识所蕴含的德性对于学生成长的意义。

最后，学科知识的德性结构。学科教育知识转化中，一些教师缺乏或轻视学科知识伦理维度的思考，一些学者对此进行了批判。认为舒尔曼的学科知识转化中存在如下问题："忽略了所有知识在本质上的教育性。"[②]而且"为了评价和对公众的可解释性，强调了学科教学知识的技术性和制度性，从而漠视了知识对教师和学生德性培养的思考"。[③]从这些批判来看，舒尔曼在学科知识的教学转换中过分强调了学生掌握知识的"有效"原则，而轻视了学科知识学习对于学生德性发展的"合目的性"的道德判断。加拿大教育学者费南对学科知识转化研究的相关文献进行梳理和评论时，也发现："在这种学科知识转化为教学决策时，过于强调学科知识与学生认知特征的结合，却忽视这种转化过程中的规范性思考。"[④]总体来说，有关教师如何理解学科知识的研究中忽视了实践推

---

① Shulman, L. Paradigms and Research Programms in the Study of Teaching, In M.C.Wittrock(eds.). Handbook of Reasearch on teaching[M]. New York: Macmillan, 1986: 9.

② McEvan, H, Bull, B. The Pedagogical Nature of Subject Matter Knowledge [J]. American Education Research Journal, 1991(28).

③ Sockett, H. T. Has Shulman Got the Strategy Right?[J]. Harvard Educational Review, 1987(57).

④ Phelan, A. M. The Ethical Claim of Partiality: Practical Reasoning, the Discipline, and Teacher Education [J]. Curriculum Studies, 2009 41(1).

理的话语。研究学科教学专长时，学者很少提到实践推理中的道德、感知和意愿；而在教育领域中，学者研究教师的实践推理中不会涉及教师如何理解学科知识。学科知识的道德判断就成为研究中的空白地带。基于这一点，本书强调教师要将学科知识的理解纳入道德判断的框架中，理解学科知识在培养学生实践智慧的作用。

教师要理解学科知识所蕴含的理智德性和道德品质，为学生在自主判断“成为什么样的人”时提供丰富的可参照的德性资源，叶澜教授认为：“教育内容，从表面上看似乎不具备生命形态，但它本质上依然是有生命精神能量的产物，教育内容不仅具有人类精神能量的外化，而且是人类生命的精神能量的高质量与高凝聚的产物。”[①]因而，学科知识应该被看作是人格化的知识，具有自身的个性特征，蕴含自己的思想和精神。范梅南也认为：“在教学中，对于孩子的成长来说，教师的首要任务是辨认出什么是善的，什么是适当的。”[②]这就隐含着教师理解学科知识的首先任务是理解学科知识的教育价值，也就是理解知识学习对培养学生成为实践主体的作用。

有关教师理解学科知识的研究中，美国学者施瓦布认为科学教育应培养儿童的科学素养，那么科学知识就不仅仅是事实性知识，而是蕴含科学素养的知识，在此基础上解释实践认识论下的学科结构，将学科知识划分为“实词结构和句法结构”。[③]前者是指学科知识由概念、原理、法则等构成的逻辑结构和观念体系，也是学科知识事实层面的知识结构。后者意味着某种学问的认识方法、表达方法和论述方法的修辞结构。那么，在科学教育中，科学知识的“句法结构”就意味着培养学生的科学素养，让学生在学习活动中体验科学家所经历的思维、经验和情感。显而易见，他的句法结构中包含理解科学知识蕴含的品质和性格。

（二）理解学科知识的德性结构

当教师理解学科知识三方面的教育价值时，还需要思考这些教育

---

① 叶澜，郑金洲，卜玉华.教育理论与实践[M]. 北京：高等教育出版社，2000：138.

② Van, Manen. Pedagogy, Virtue, and Narrative Identity in Teaching [J]. Curriculum Inquiry, 1994, 24(2).

③ Schwab, J.J. Science, Curriculum and liberal education[M]. Chicago: University of Chicago Press, 1978: 132.

价值与其教育价值的和谐。第一，在基础教育中，学科知识蕴含的素养与基础教育期望的素养会呈现一致性吗？第二，学科知识蕴含的素养与学生期望发展的素养也会呈现一致吗？它们之间是和谐共存的关系吗？在基础教育的背景下，学科蕴含的德性、教育期望培育的德性以及学生期望形成的德性之间并不是完全一致的关系，有时甚至是相互冲突的，这种不一致性和冲突性就需要教师在三者之间进行平衡和整合，正确地理解学科学习应培养学生哪些理智德性或伦理品质。因而，学科知识的德性结构应是教师在三者之间的调适后认定的德性结构，可以用图 2-1 来表示。

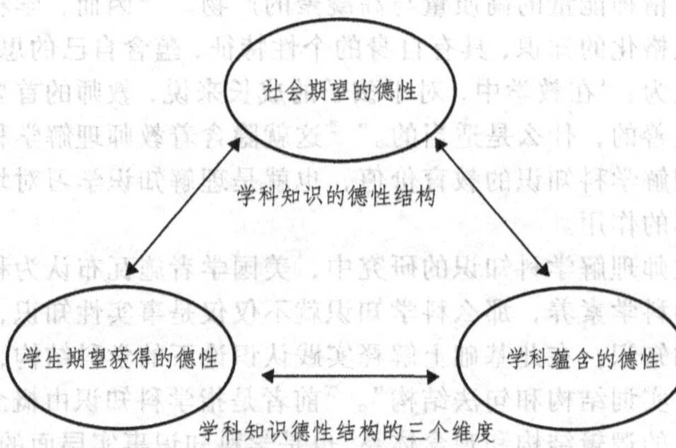

图 2-1　学科知识德性结构的三个维度

在教学实践中，教师对学科知识德性的理解应涉及两个方面：其一，教师应该思考知识学习对学生成长的意义和价值，即思考知识学习和知识学习活动有助于培育学生哪些理智德性和伦理德性。也就是说，教师必须要认识到知识学习对于学生心智、情感、道德等方面发展的作用。其二，理解培养学生这些德性所需要的教学活动。当教师在理解学科知识的育人价值时，还要探索实现这些德性相应的教学活动和教学形式。当然，教师要掌握学科知识本身的实质结构，理解实质结构应是理解学科知识德性结构的前提。因而，学科知识的德性结构实际上是教师在特定教学背景中，认识知识学习本身和知识学习所依赖的活动可以培育学生的哪些理智德性或道德德性。基于这一德性结构的理解，教师在学科知识的教育学转化中，不仅要把学科知识与学生认知兴趣整合起来，而且还要理解学科知识所含蕴的认识方式、行动方式和相应的美德，要体会到知识所蕴含的“美”和“善”，并将这种美和善整合到学习活动中。

总之，当教师对学科知识进行教育学转化时，不仅要理解学科知识本身的知识结构和心理学意义的结构，还要理解学科知识的德性结构。首先，要理解知识学习对于学生的成长意义和价值，致力培育哪些理智德性和伦理德性，并且认识到教育所期望的德性与学科共同体所形成的德性并不具有一致性，但是，它们之间又会存在某种联系。由此在分科教学的模式中，教师必须在教育期望培养的德性与学科知识蕴含的德性建立某种联系，以构想适合于特定阶段、特定教学背景的德性目标。其次，设计有利于培育这些德性的学习活动。由于德性是一种获得性品质，必须经过行动而形成。因此，教师不仅要理解和辨认学科学习要培养的理智德性或伦理德性，而且要理解培育这些德性所需要的活动特征。加拿大教育家费南（Phelan，A. M）利用个案研究，发现教师对学科知识的德性结构理解从三个方面影响到教师的教学决策①：第一，学科德性决定教师的经验取向；第二，学科德性引导教师选择哪些教育目的；第三，学科德性与教师的品质存在直接的关系。因此，教师将学科知识转为教学决策时，必须思考这一学科所蕴含的德性。例如，当今教育实践领域都提倡探究学习和合作学习，但是不同学科中“探究”的意义应该是不一样的。如政治学科的探究、数学学科的探究以及美术学科的探究，虽然这三种都属于探究，但是它们各自的探究活动所蕴含的德性是不同的。政治学科蕴含政治活动的民主审议德性，数学学科蕴含逻辑推理所需要的冷静和严密，而美术则需要美学的想象力和感受性。因此，如果要将教学构建为实践活动，教师对学科知识的理解应包含知识结构、学科教育知识结构、德性结构三个部分。

二、教学需要深度参与式学习

教学为实践时，学生学习的目的不仅是掌握知识，更重要的是在学习中形成某些德性，而德性又是一种行之而成的获得性品质，由此，学

① Phelan, A. M. The Ethical Claim of Partiality: Practical Reasoning, the Discipline, and Teacher Education[J]. Curriculum Studies, 2009, 41(1).

习需要儿童深度参与。

（一）深度参与式学习的特征

在这种参与中，学生可以自主地选择学习目的、学习内容和学习策略；在这种参与学习中，学习活动中涌现的不确定性因素被认为是学习的有利时机或资源，教师和学生要善于利用这些因素。基于这些要求，实践学习实际上是一种参与式学习。这里的“参与”是指在学习过程中，学生能够自觉地、自由地选择学习目的、学习内容和学习策略，以发现自己的发展可能性，并主动构想实现这种发展可能性的学习方式。在这种参与式学习中，教师的主要作用表现在两个方面：其一，在特定的教育背景下，帮助学生理解学习的意义和目的，以促进学生辨认适当的学习目标，并引导他们形成达成这些目标的内在学习动机。其二，教师能够反思在促进学生参与式学习中“做得如何”？学生是否能够理解和确认自己的学习目标？是否找到适合自己的学习策略？由此可见，这种参与式学习不仅是学生的“参与”，也是教师的“参与”。只有教师深入了解学生才能觉察到学生的学习状态。

（二）深度参与式学习的原则

深度参与式学习要求执行主动原则。这种参与式学习涉及自我、社会和内容三个维度，学生对学习目的和内容的选择过程是在这三个维度中寻找平衡点的过程。教师要帮助学生对学科学习的目标、社会教育目标、自我潜能发展三个方面进行权衡，然后找到最佳的平衡点，以选择和确认自己的学习目标。这一过程就意味着学生和教师要思考“为什么学？学什么？如何学？”这一类问题，然后，选择适当的学习目的和学习策略，并将这种学习转化为自觉的主动性要求。在对传统教育的批判中，杜威认为：“由于教学内容以及行为标准是从过去沿袭下来的，学生的态度总体上来说总是顺从、接受和遵守。”[①]如果要改变这种被动的接受性学习，需要从学生的内部入手，并提出：“当外部控制被抛弃时，问

① [美]杜威．经验与教育[M]．姜文闵，译．北京：人民教育出版社，1991：249.

题在于发现经验内部固有的控制因素。当外部权威遭到拒绝时，并不意味抛弃所有的权威，而需要寻找一种更为有效的权威来源。”在这里，他所指的“权威来源”实质是学生将学习转化为自愿的主动性要求，让学生成为自我学习的“权威”。这就与雅斯贝尔斯的教学观相呼应，他认为：“教学是探索真理和自我认识的途径，教育是人的灵魂的教育，而非理智知识和认识的堆积，通过教育使具有天资的人自己选择决定成为什么样的人以及自己把握安身立命之根。”[①]由此可见，参与式学习在本质上是学生自愿的主动参与的一种学习，并能够在社会需求和自身潜能之间进行评价和判断，认识并选择自己的学习目的和学习策略。

参与式学习要求尊重儿童创造性原则。参与式学习不仅仅是知识学习，也是建构意义和关系的过程。日本学者佐藤学认为学习实践应包括三个方面：“建构客观世界（教育内容）之意义和关联的认知性实践，通过认知过程构筑和修复人际关系的社会性实践，通过社会实践过程，建构自我并探究自我存在价值的伦理性实践。”[②]在他的学习模式中，这种关系可归为三个方面：其一，在自己已有知识与新的知识之间建立某种联系；其二，通过知性想象和关怀，与他人建立某种关系；其三，在过去的自我与将来的自我之间建立某种联系。在构建意义和关系的学习中，必然要重视学习过程的偶然性因素，并引导学生判断这些因素蕴含的教育意义，从而做出相应的改变，那么这种学习需要尊重学生的创造性自由。教师和学生应参与到绵延的学习行动流中，对学习活动中涌现出来的事件以及他人的奇思妙想做出适当的回应。学习不仅关注预设的程序和目的，更在于突破现有的可能性，在学习过程中不断延伸和创造可能性空间，使尚未预想到的事物涌现出来。因而，学生必须深度参与到学习中，既要关注掌握知识的理解程度，又要关注知识学习在促进自我德性形成的作用，还要关注与他人的互动中是否学会辩证地理解社会和生活问题。

---

① [德]雅斯贝尔斯．什么是教育[M]．邹进，译．北京：生活·读书·新知，1991：4.

② [日]佐藤学．学习的快乐——走向对话[M]．钟启泉，译．北京：教育科学出版社，2011：38.

参与式学习要求尊重互动原则，这种学习是获得过程与互动过程之间的相互作用的学习。其一，获得过程。获得过程的一端是学生获得由理解、认识、技能、方法等因素构成的理智德性；另一端也是学生情感、情绪、态度、价值等构成的伦理德性。获得过程中的学习主要是学生内部的个人建构式学习，需要慎思来决定接受哪些信念，扬弃哪些信念；或通过同化或顺应来建构和拓展自己的知识体系。其二，互动过程。实践学习意味着个体与环境互动的过程。学生在确立学习目标时，不是纯粹基于个人的潜能和兴趣，也不是对社会规定目标的绝对服从，而是在二者之间进行权衡和调适来辨认自己的学习目标。另外，参与式学习强调通过与他人的交往互动来学习，在“以知识学习为中介”的交往互动中，学生才能真实体验到自身的态度、情感、动机等方面的局限性，才能反观自身的观念系统以发现需要改进和完善的空间。在互动过程和获得过程的相互作用中，他们的理智德性和伦理德性才能得以形成。

教师在创设参与式学习活动时不仅要关注显性课程，还要关注隐性课程，即学习活动本身的教育性。教师对学生学习进行评价时要关注三个维度：其一，关注学生对知识的理解程度，以及理智德性的发展。其二，关注学习活动是否有助于学生的情感、态度和价值观等因素构成的伦理德性的发展。其三，在互动过程中要关注学生的实践主体性是否得到体现。由此可见，参与式学习的评价框架可以用图 2-2 来表示。

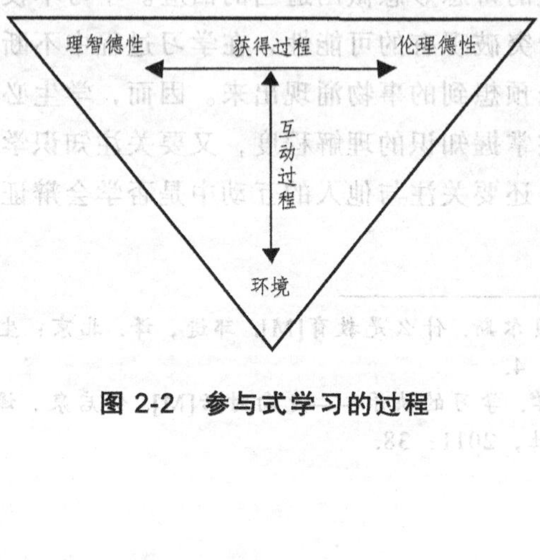

图 2-2　参与式学习的过程

以上框架作为构建参与式学习活动的评价维度,教师在教学评价时,既要关注学生对理解、认识、思维等因素构成的理智德性的发展,又要关注学生的态度、情感、价值观等因素构成的伦理德性的发展。这些德性的形成需要适宜的学习环境和伦理氛围,因而,在对学生的学习评价中,教师还要关注学习活动中学生的实践主体性是否得以体现,此外,还要关注学习共同体中的师生交往互动是否有助于学生理智德性和伦理德性的发展。

三、教学关注伦理探究

参与式学习意味着教师深度参与到学习活动中,才可能洞察有利于学生发展的教学价值、教育时机或教学秩序。由此,教师构想教学愿景和创设教学活动的探究不是科学模式的探究,而是一种伦理探究。这种伦理性探究中,需要教师具有敏锐的道德敏感性,教学技术性思考应该从属于道德判断。在教学这种专业实践中,即使教学目标在很大程度上已达成共识,但是实现这些目标的手段还需要评价性慎思。教师应将教学方法、教学手段、教学策略等方面的选择放置到道德评价框架中,才能确认其合理性和有效性。而在大多数的教学情境中,教学目的和手段都会出现多种选择,从而目的和手段的确立都需要道德判断,以确立适宜于特定教育背景和特定学生的学习目的。对此,芬斯特马赫提出:"教学实践的根本问题将教学看作是深刻的、不可回避的道德活动,在其中,教师既是道德行动者,也是道德教育者。"[①]而霍根(Hogan)则强调教学应该保持自身的独特性,强调:"教学不仅仅是一种执行更高权力机构或政党意志的活动,而是必须关注教学本身不可或缺的目标。"[②]既然教学是道德性活动,教学目的与手段的决策就具有不可回避的伦理维度,由此,教学在本质上是教师的伦理探究过程。这种伦理探究性可归因于

① Fenstermache, G. D. Some Moral Consideration on Teaching as a Profession. In J. I. Goodlad., R. Soder & K. A. Sirotnik(Eds.), The Moral Dimension of Teaching[M]. New York: Teachers College Press, 1990: 134.

② Hogan, P. Teaching and Learning as a Way of Life[J]. Journal of Philosophy of Education, 2003(27).

以下三个方面。

（一）教学目的的不确定性需要道德判断

教学目的的不确定性主要是由两个方面的因素造成的：其一，教学目的具有社会性和文化性。学生学习和发展总是发生在一定的文化环境中，几乎不存在文化无涉的学生发展观。例如，在当今的知识社会中，哈格里斯夫主张知识社会中的教学目的是“为独创性而教”[①]，学生的创造力和灵活性成为知识社会中的教学价值的关注点。中国是发展中国家，与发达国家的教育目的应该是不同的，教学中所追求的价值会存在差异。不同的教育阶段，教学目的和价值也会不同，这就需要教师根据所在背景衡量多元化的教学目标。其二，学生的个人潜能发展的不确定性。德国教育学者本纳认为教育作为实践时，教学行动和思维的第一原则是“可塑性原则”，他认为赫尔巴特界定的可塑性是道德主体的可塑性，而卢梭定义的可完善性则是意志主体的可塑性，这两类可塑性具有同质性。而在当今社会中，学生的可塑性不仅是道德主体或意志主体的可塑性，学生的可塑性呈现多个方面的特征，那么，这种可塑性具有不确定性的特征。谢弗勒则主张人的潜能并不是一个价值中立的词汇，学生潜能是否需要发展就需要进行价值评判。考虑到这两方面的不确定性，教师要持续对教学目的和教学价值进行评价和权衡，然后构建适宜于特定背景下的特定学生的教学价值序列或教学目的结构。

（二）教育理论的价值负载性需要道德判断

在教学实践中，教师需要基于原则的理论反思完全不同于自然科学和社会科学的理论反思。教育领域中的理论与其说是科学或理论反思得出的事物，还不如说是规范性或评价性反思得出的产物，所追求的是善而不是真。在教学实践中，虽然总是独立于我们意志的规律或原则，但是教育科学理论提供的证据只能作为教学决策的参考依据，在运用时还需要做出伦理判断。比如，心理学提出学生的智力差异理论（先不管这些理论是否是真的）。即使认定这些理论是真的，但是，利用这些理论来

① [美]哈格里夫斯．知识社会中的教学[M]．熊建辉，等，译．上海：华东师范大学出版社，2007：9.

考虑教学资源或机会的分配问题时，就必须将其放置于道德评价框架中。例如，根据效果论的“利益最大化”伦理原则，提倡将教学资源分配给智力高的学生，教师教学中就会关注智力高的学生。但是根据罗尔斯的“尊重弱势群体”的选择，教学资源的分配应偏向智力较差的学生。由此可见，社会科学、心理科学提供的原则或证据并不能够直接运用实践，还需要经过道德性评价。另外，教育理论本身是基于某种教学价值立场来建构的，如进步主义理论和传统主义教育理论，不同的只是教学价值立场，并不存在这种比那种更好的问题，教师可以根据情境的需求来灵活地运用不同价值立场的教育理论。

（三）教学技能价值负载性需要伦理判断

在现代社会中，由于技术理性的绝对优势，教学专业能力模型认为教学专业能力像贸易和服务业一样，过分强调理论对实践的重要性。但是，这种能力模型认为教学专长只不过是某种方法的习得而已，是基于价值中立的社会科学研究所推出的技能清单，在清单之后附加上义务、责任、态度和价值观。专业能力研究就是辨认价值中立的技能、价值或态度，以构建清单式的教学能力结构。然而，教学作为实践活动时，由于教学目的本身的冲突性和文化性，这一能力模型的教学专长就会是不合理的。教学成为实践就意味着几乎不存在价值无涉的技能，教学专业所关注的内容都是价值负载。比如，如何激发学生兴趣、设定成就标准、管理班级、设计教法等，在某种情境中被认为是合理的技能、标准、规则和方法，在另一个教学情景中可能是不合理的或有效的，因而，教师要根据情境的特征、某些教学目的来选择教学技能。这也说明，技能的运用具有情境性和伦理性，教学技能的选择和运用还需要道德判断。

总之，教师作为实践主体，教学目的必然要在社会需求和学生潜能之间进行调适，形成适当的学习目的结构。然而，不管是现代主义范式下的技术性教学，还是当前所提出的反思性教学，教学的道德概念化的方式出现理论上的错误，教学专业技能与道德维度被认为是平行对立的关系。教学的道德关注点只是与学生权利相关的一系列问题，道德责任被严格地限制在有助于专业发展的专业伦理所规定的条款中，在这一道德概念方式中，教师会认为教学理论与技能是价值无涉的。既然理论原则和技能技术是价值无涉的概念，是可以将其直接应用到任何教学实践情境中。美国社会学家萨利文在讨论道德在专业实践中的作用时，指出："各种不同的专业都面临着难以医治的犬儒主义心态，失去了公众的信任……实践者必须用不同的方式来理解专业角色，不再把道德和伦理当作是实践中的'边缘'部分。"①实际上，作为道德性实践的教学中的所有方面都是价值负载的，将其运用于教学实践时需要教师的道德判断，从而对教师来说，教学就是一个伦理性探究的过程，道德判断优先于技术理性，不仅是慎思教育目的的合理性，又要求慎思教学手段的合理性和有效性。

第四节　实践方法论下的教学活动

教学作为一种伦理探究活动，教师必须要建构目的和手段、普遍和特殊之间的合理关系。教学目的和手段的选择要经过道德判断，才能确认其有效性和合理性，教师的教学思维和行动方式也应该具有相应的特征。

一、教学需要"目的构成式"推理

尽管在实用主义和工具主义盛行的时代，一些老师错误地认为技术理性是实践理性的唯一方式，将手段—目的推理作为教学中唯一的推理形式。然而，教学成为实践活动时，教学过程中并没有固定不变的目标和事前确定的方法，也不能遵循固定的教育原则。教师必须在特定的教学语境中，推断出可追求的教育价值，并且确保获得核心价值最好的条件性支持。这样看来，教学实践推理不仅仅是手段—目的推理模式，还需要"目的构成式"推理。

（一）目的构成式推理与目的—手段的区分

教学"手段—目的"推理是"基于价值"的推理。在这种推理中，

① Sullivan. W. Preparing Professionals as Moral agents[J]. Carnegie Perspectives Retrieved, 2005, 3 from http://www. CarnegieToundation.org/perspectives.

教学价值具有确定性和普适性。因而，教学目的或目标在教学之前就可以细化出来，并且以“有效性”作为达成这些目的教学手段的评价原则。这种推理的前提假设是教学价值呈现单向度性，并且价值之间具有可通约性，实现一种教学价值，其他价值就可以自动得以实现。比如，传统主义教学理论总是认为掌握知识就能够自动地促进学生实践能力和智慧的生成，因而只需要高效地传授知识，学生的智慧和实践能力自然得到提升，因而目的就具有确定性。当教学目的成为确定性因素，面对问题情景时，教师会关注“如何教”的问题，而不会关注“为什么教”的问题。如果教学成为实践活动，那么这种推理模式适用的范围就比较有限。

教学“目的构成性”推理则是“关于价值”的推理。教学作为道德性实践，教学问题就是一个开放式的问题，没有确定的、标准的答案，解决一个问题的过程会引发新的问题或深层次的问题。因此，教学推理不是找到准确方法就能达成以确定目的的技术性推理，而是在过程中的绵延性的构成式推理。教学目标既不是事前确定的，也不是永恒不变的，总是在行动或活动过程中涌现出来，从而教师要在教学过程中不断的反思教学目的和价值的合理性，同时也要评价实现这些价值的教学策略本身的合理性和有效性。可见，目的构成式推理的判断原则是“有效性”和“合理性”的辩证统一。

这两种实践思维模式在逻辑上存在显著的差异。在手段—目的的推理模式中，手段与目的的关系是外在的、因果性的、暂时性的。教学决策只需要根据“效率原则”和“因果关系”选择最好的方法达成已确定的教学目的，从而不必考虑手段本身的合理性和合道德性。但是在实践慎思中，手段与目的的关系是内在的、合理性的、构成性的。教学决策需要根据“效率和合理”的辩证原则和“合目的性和因果性的双层关系”来思考目的和手段的关系问题。一方面，致力德性培育的教学活动中，手段与目的是相容的和不可分离的，教师决策时要根据学生实践主体性的道德原则来判断教学手段本身的合理性；另一方面，教学问题是一个绵延性的问题，在解决某个教学问题时会引发新的发展可能性，因而教师必须在过程中持续性地反思教学目的和策略的合理性，必然关注和思考教学“行动中目的”。因此，教学推理始终是一个过程性的判断，而不是终结性的判断。威金斯认为技术性活动需要的是目的—手段推理，实践活动需要的是“目的构成式”推理。

(二)教学目的构成式推理的特征

这种教学推理会呈现以下两个方面的特征：

1. 教学“目的构成式”推理是以情境为起点的教学慎思

基于对情境特征的感知和理解，构想和预测学生的发展可能性，也是教学目标的情境化思考，形成适宜“个别”的教学目标序列结构。因此，目的构成推理具有动态性和过程性。在亚氏的实践中，他明确提出“慎思不是针对目的的，而是针对通往目的的东西。”[①]这一推断促使人们误认为他是支持目的—手段推理模式，其实这是对实践智慧的狭隘理解。亚里士多德把目的从慎思活动抽离出来的原因归于两方面：其一，他已经证实人类所追求的总体的善是合乎德性的现实活动。其二，他在建构实践理论时就假定所有的善都是和谐共存的，不存在相互矛盾性。由此，目的正当性和合理性不必辩护，是一种先验性存在，只需要人们利用理性认识这种善。但是在当代社会的教学生活中，教育总体的善也是具有时代和语境的特征，并不是一个完善的结构，本身需要通过反思来修正。同时，教学实践的目的往往具有多元性、冲突性和多方面性，因此，教师必须根据情景的需要来慎思教育价值和教学目的，以确保所追求教育目标结构的正当性和适切性。另外，重视教学过程中的不确定因素的教育价值，这就需要教师对既定教学目标进行持续性的反思和调整，从而目的构成式推理会贯穿于整个教学过程，目的构成式推理具有情境性。

2.“目的构成式”是根据普遍性教学目的在特定教学情境的具体化思考

威金斯强调“人类目的通常呈现模糊的描述方式，因而必须对其目的进行适当的具体化慎思。”[②]在教育目的谱系结构中，根据目标普遍性程度的差异，通常存在教育目的、培养目标、课程目标和教学目标的层

① [希腊]亚里士多德.尼各马可伦理学[M]. 苗力田，译. 北京：中国人民大学出版社，2003: 49.

② Wiggins, D. Deliberation and Practical Reason. In A.O.Rorty(Eds), Essays on Aristotle's ethics. Berkeley: University of California Press, 1980: 225.

级结构。教师既要清晰地认识和理解教学目标层次结构，还要领悟它们所体现的教育价值和精神实质，并且内化为自己的教育价值承诺。在实际情境中，根据学生知识结构、成长背景、学习风格等方面的差异，教师以普遍性目标为前提和基础，以学生的发展可能性为指向，勾画出清晰的个性化的目标图景。

3. 教学“目的构成式”需要均衡冲突性目标，形成个性化教学价值序列

在课程改革或理论研究中，设计教育目标的研究者总认为各种目标之间不存在相互冲突的问题，从而远离现实构建理想的教学目的结构。实际上情况并非如此，这些目的是不相冲突的，但是这些目标的实现过程往往是冲突丛生的境况，当努力追求某些目标时，必然会削弱其他目标达成的努力。教师经常面对的是目的多元化且相互冲突的场景，如学习的内在价值与外在价值，群体目标和个人目标，长远利益和短期利益，社会、地方、学生的教学期望之间的冲突。教师推理重要的任务就是洞察情景的特征，构建合理性的教学目的序列结构，并且要确认教学行动是否保证了核心目标获得最重要的条件性支持。因此，目的构成式推理“不仅体现了选择有效手段达成一个‘好目标’的能力，而且能够辨别最初追求的目的是一个值得持续追求的目标。”[①]用海德格尔的话来说，对目的的筹划有助于创建清晰的视域，情境将以特定方式展现在实践者的眼前。

二、教学需要理论与实践的双向互构

理论与实践的关系一直是一个争论不断的问题，技术性实践中的理想是用整齐、有序的、雅致的理论逻辑来简化实践的复杂性，从而将人们从实践混乱和模糊的境地中解脱出来。然而，这一理想给人们带来种种困境。学者在批判这种模式时，有可能走向另一种实践形态，即过度延伸的任意性实践。这种实践模式中假设既然理论与实践不是“直接运用”的关系，那么理论对于实践没有价值，因而实践不需要普遍性理论。

① Broadie,S. Ethics with Aristotle [M]. Oxford UK: Oxford University Press,1991: 240.

实际上，在不同的专业实践背景中，理论与实践的关系应是不同的。就教学领域来言，教育理论与教学实践既不可能是直接运用的关系，也不可能是互相独立的关系，而是一种双向互构的关系。

1. 教育理论具有价值单向度性

教育在本质上是道德性活动，那么教育领域中的理论和技能与自然科学的理论具有不同的性质。如前所述，教育理论和技能本身就是伦理问题。教育理论总是基于某种教学价值立场，通过因果逻辑的自洽性而构建的观念体系，并在此基础上创设了实践操作策略。徐长福研究人文社科的理论特征时认为："任何学说必然揭示某种"是"、确立某种"应该"的立场或设计了某个"做"而言，在思想上是有所建树的；只是明确限定其"是"的论域、应该的"立场"或"做"的情境，以及相互关联的条件。"[①]因而，教育理论总是基于某一价值立场来构建的理论，具有价值单向度性，在设想实现这一价值的观念建构中，主要依靠因果的逻辑自洽性来创设理论体系，从这一点来说，教育理论又具有逻辑同质性的特点。

当教学简化为技术性实践中，理论研究中存在以下四个方面的假设：第一，在教学中存在只是数量上不同的某种教学价值，这一价值对于所有的价值都具有通约性，教师只需使用单向度的价值来衡量所有其他的教学选择。第二，教学评价中存在一个同样性质的衡量度，用这一衡量度可以制定标准化考试。第三，教学决策就是选择实现这一价值的最有效的教育手段。第四，教学评价的原则将会是单向度的价值和单一的衡量度结合而成的"效果最大化"原则。如传统教育中，客观知识的理解和掌握成为重要的价值项，从而标准化测试成绩成为唯一的衡量度。两者结合起来，获得最好的考试成绩成为教学决策的伦理原则。而进步主义教育中，儿童的快乐成长被视为重要的价值项，而儿童的实际能力的发展作为评价衡量度。实际上，传统教育理论和进步主义教育理论本身并没有真与假，好与坏之分，所存在问题是每一种理论中的衡量标准单一性和价值的单向度性。前面也提到，以教育实践为研究对象得出的理

① 徐长福. 走向实践智慧：探寻实践哲学的新进路[M]. 北京：社会科学文献出版社，2008:65.

论必然是价值负载的，总是基于某种价值立场建立的，具有价值单向度性，这就决定不可能将其直接运用于复杂的实践。

2. 教学实践具有价值多元性

教学实践中总是个性迥然不同的学生之间的交往，教学活动的每一个成员都蕴含自身的信念、性格、潜能等方面构成的独具一格的个性，从而他们对学习具有不同的期望和需求。由此看来，教学实际上就是一个价值冲突的场景，并且这些价值之间可能具有不可通约性。当缺少某一项教学价值时，学生的发展就可能具有不完整性，并且不可能通过其他教学价值的实现来弥补这种不完整性。例如，新课程标准中的三维目标中，知识与技能的获得具有可教性的逻辑同质性，但是过程与方法，则是习得的逻辑同质性，而情感态度和价值主要是通过体验而获得，具有“行之而成”的逻辑同质性。在教学活动中，只关注学生的知识和技能这一价值项的实现或最大化，并不能保证过程与方法构成的实践能力这一价值项的实现，也不能保证学生形成正确的情感、态度和价值观。因此，在教学实践中需要教师的权衡和整合的艺术，重在思考构建什么样的教学活动，才能有助于学生自己主动地寻找整合三维目标的最佳策略，使这三种教育价值项在适宜的活动中得以共同发展。

教育理论总是倾向于价值单向度的和价值可通约性，而教学实践却是价值多元性并且不可通约。这就决定教育理论与教学实践的冲突是一种固有的、常态性的存在。正是这种矛盾冲突引发的张力空间，使教师教学智慧得以生成。尤其是在课堂教学中，帕尔默非常鲜明地提出课堂教学悖论观①，认为教和学的活动总是二元对立矛盾引发的悖论空间，正是这一悖论空间使教师具有创造和获得自身完整的机会，也是教师教学智慧发挥的空间。由此可见，教育理论与教学实践不可能是“线性应用”的关系，也不可能是“相互独立”的关系，他们之间是一种非线性的系统关系。

3. 理论“直接应用”逻辑所引发的实践简单化

起源于柏拉图的理智主义传统，理性选择就倾向于通过单向度的价

① [美]帕尔默. 教学勇气：漫步教师心灵[M]. 吴国珍，等，译. 上海：华东师范大学出版社，2005:74 .

值标准来衡量实践中的多元价值，从而使实践便于操作。无论是在他那个时代还是现在，用理论逻辑来同一实践逻辑的设想都是受简化实践的欲望所驱动的，使得实践中的各种困惑问题易于处理。就如柏拉图所言："当人们面对具体的选择情境时，面对形形色色的价值以及不确定性时，只有通过科学，才能把人类从难以忍受的模糊困境中解脱出来。"[①]在这种"简化欲望"的驱动下，人们用"直接运用"标准来衡量教育理论与教育实践的关系。

很多学者对理论"直接运用"于实践的行动范式做出深入的批判性反思。在教育学术界中，学者从不同的视角分析这一模式存在的问题，根据搜集到的文献，可以将理论实践化模式中存在的问题归纳以下五个方面：第一，轻视或贬低教师所依赖的推理形式或实践知识，实践中需要的是教师对理论的顺从和遵守，而不是教师的自由决策和判断。[②]第二，将专业能力理解为解决技术性问题的能力而不是解决道德性问题的能力，从而技术理性具有绝对的优先性。[③]第三，假设专业能力能够脱离情境而产生，从而忽视实践共同体共享的社会结构对专业实践能力形成和转化的影响。[④]第四，它所宣称的控制、距离和客观性使师生的关系呈现彼此隔离的状态。在这种认识模式中，真理只能从专家传授给业余者，而业余者只是接受知识的人，这促使教师感觉到是一个冒名顶替者，而学生感觉到未授权，使得他们彼此之间相互隔离。[⑤]第五，教学和教师教育中，用理论与实践的"应用相关性程度"来衡量和选择理论，就会遗失许多提升教师理智反思能力的理论资源。英国教育家卡尔认为："用理论对课堂教学的直接'应用'程度来衡量理论与实践的相关性，我

① Nussbaum, M.C. The Discernment of Perception: An Aristotelian Conception of Private and Public Rationality. In Love's Knowledge: Essays on the Philosophy and Literature New York: Oxford University Press, 1990:56.

② Kemmis, S. Prologue: Theorizing Educational Practice. In W. Carr(eds), For Education: Towards critical Educational Inquiry. Buckingham, England: Open University Press, 1995: 75.

③ [美]舍恩. 培养反映的实践者[M]. 北京：教育科学出版社，2008：13.

④ Carr, W. introduction: Understanding Quality in Teaching. In W. Carr(eds), Quality in Teaching: Argument for a Reflective profession. London:Falmer, 1989: 99.

⑤ [美]帕尔默.教学勇气：漫步教师心灵[M]. 吴国珍，等译. 上海：华东师范大学出版社，2005:107.

们就会摒弃哲学、历史、社会学等学科。”[①]而这些学科的理论与教学实践不可能是直接地运用，而是学习这些理论是帮助教师对人性、社会和生活的理解。当今的教师教育的课程体系中放弃历史学、教育社会学、哲学等学科，而选择了工具性学科，如管理、教学法和课程研究等与课堂教学直接相关的学科。在批判理论与实践的“直接应用”关系造成的困境和危机时，出现另一种实践模式——独立于理论或者反理论的实践倾向。

反理论或“实践独立于理论”的教学实践中，教师的个人实践知识获得绝对优先的地位。在这种倾向中，理论对实践的价值还是定位于“直接运用”，根据这一衡量标准，与课堂教学没有直接相关性的理论都认为是没有用的，从而可以丢弃掉。这种轻视理论的实践对教师提出更高的要求，教师应该深度理解对于学生、学校和学科教学来说哪些教育价值是最重要的。这就需要教师形成宽阔的教育视野，就像古代教师一样承担对人类发展和幸福生活的哲学反思，他才能够洞察到教育教学中的“必要性”，在遭遇到教学困境时做出明智的选择。要是教师不具备这样的理智思考的能力，教师可能过度沉浸于情景，只关注教学中个人的、表面的、当下的问题，忽视普遍性的、系统性的、长远的问题，就存在迷失教学方向的风险。然而，当代教师教育和培训中，选择理论还是采用“直接应用”标准。并且这种观念渗透到教师行动研究中，通过行动研究试图把专业教育研究者的创生理论的责任转移到专业实践者。但是这种行动研究却还是借助于科学研究模式，对自我产生的理论和假设通过实践来检验它们的有效性，然后将行动研究得来的结论运用到其他的教学情境，这可能导致教师的专业发展出现固化现象。

总之，如果将教育理论与教学实践关系限制于“直接应用”概念框架中，教学实践就会走向两个极端，要么走向实践成为理论的求证模式，要么走向“反理论或轻视理论”的实践模式。这两种模式中，教师的理智反思范畴将被缩小而不是拓展。在前一种倾向中教师理性反思关注如何控制和消减实践的复杂性，使实践与理论具有对应性的关系。在后一

① Carr, D. Professionalism and ethics in Teaching[M]. London: Routledge, 2000: 65.

种倾向中，教学专长被简化为一系列的实践技能，教师的反思可能局限在当下的、情景的、表面上的实践事务，却忽视了反思普遍性的、背景化的、深层次的教育问题。造成这两种倾向的根本原因是理解教育理论对实践的作用和功能时出现了偏差。

4. 教育理论与教学实践的双向建构

由于教育理论与教育实践之间的固有差异，导致理论与实践的关系既不可能是直接应用的关系，也不可能是相互独立的关系。他们之间固有的冲突性给教师提供发挥实践主体性的空间。由此，教师既要理解某种理论的价值立场、观念体系、操作技能，还要理解理论所需要的条件限制。同时又要洞察教学实践中的多种特征和价值序列结构，然后才能在两者之间进行权衡和整合。教师在整合普遍性理论与教师个人理论中，需要一种不同于科学理论以“求真”为指向的理论思维方式，即以“求善”为指向的实践理论思维方式——评价性慎思。不仅要对教学情境中的实践结构进行慎思，同时还要理解理论的深层结构，这样才能在理论与实践之间建立恰当的联系。由此，在教育实践中，理论与实践并不存在哪个优先的问题，理论与实践双方都会在反思的过程中不断地修改和完善，而实现这一双向互构的前提条件则是教师的实践智慧。

这种实践智慧既不是用科学理论原则和技术性应用的经验来表达的，也不是用直觉性的、非概念性和非慎思性的经验来表达的，而是通过个体的洞察力、慎思力和道德品质等因素构成的性情倾向系统来表达的。在实践中，教师必须承担基于普遍性教学原则和宽阔的教育视野以审视特定背景的教学现象或教学问题的责任。在此基础上，选择与教学情景相关的普遍性原则或方法，通过修改和整合来解决教学实践问题。因而，教育理论对实践的作用不仅仅是为教师提供可操作性的方法或程序，更重要的功能是深化教师对教育本质的理解，不断拓展自己的教育视野，敏锐洞察有助于学生发展的教育时机。伽达默尔在研究理论兴趣和实践行动之间的关系，就认为：“伦理学仅仅是一桩理论事业，当我们将有关正确的生活方式的理论描绘具体运用于人类的生活经验时，他并不会对后者提供多少帮助，然而在那些具体的洞察力成为决定性因素的地方，这种普遍知识渴望依旧不会终止。因此在我看来，正如哲学解释学与人们自己的自我理解之间的关系一样，对理解经验的高度理论化与理解实践也同样不可分割的。”[①]那么，在教学实践领域，理论对实践的作用不是提供“直接运用”的操作技能或技术，而是提升教师的理智反思能力。

史密斯在重构实践判断中普遍性规则的作用时，认为：“实践判断功能在于两个方面：一方面需要实践判断来决定是否有案例适合于这种程序的运用，如果我们想认识规则、程序与实践是否是相关的，那么敏锐的道德感受性是不可或缺的；另一方面，实践判断本身涉及评价规则或习俗的合理性，当特定案例中显示这些规则和程序的不足时，就需要修改或重组。”[②]由此可见，教学成为实践活动时，既要了解理论提供的原则和技能，又要洞察理论背后的价值结构和限制性条件，从而确定理论如何运用和修改。同时还要对教学情景和经验进行理论上的解释，对自身实践经验中的前提假设、理论基础和道德立场进行批判性反思。这就需要教师具有广阔的教育视野，才能合理地整合普遍性理论知识和教师个人实践知识，使教师的个人理论沿着合理的方向发展。

---

① 伽达默尔. 科学时代的理性[M]. 薛华，等，译. 北京：国际文化出版公司，1988:99.

② Smith, R. Paths of Judgment:the Revival of Practical Wisdom [J]. Educational Philosophy and Theory, 1999 13(3).

第三章　教学智慧的应然分析

当教师认为教学应是执中求和的实践时，教学评价的关注点不是测试中获得优异成绩这样的外在价值，而是关注所创设的教学活动是否有助于学生的理智德性或伦理德性的发展。而教学智慧就是构想和组织这种实践活动所需要的教学判断，由此看来，教学智慧在本质上是实践智慧。基于这一思路，要想解释教师教学智慧的应然含义，先要探索实践智慧，在确定不同实践智慧的共同性的基础上，从教学内在规定性出发来解释教师教学智慧的独特性。

第一节　实践智慧的内涵剖析

在前理论时期，实践智慧是人们日常生活中常用的词汇，具有多种意义，并且在不同文化背景中，实践智慧的意义也不同。由此，需要多方面的比较来寻找实践智慧的分析维度，下文将从三个方面来理清实践智慧的概念框架。

一、基于文字学与词源学的实践智慧内涵

从文字学与词源学的角度来考察，“智”最早出现在殷商时期的甲骨文“”，其中，“”是指作战的木制武器，“”与矢相通，是指弓箭之类的武器，“口”表示讨论或是谈论。智的本意是指在战争之中，通过讨论来谋划战略的智谋。晚期金文中演变成“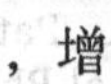”，增添了““，

加强了“说”的意思，强调讨论在谋划中的作用。到了战国时期，兵器中很少使用木质武器，出自那一时期的隶书把“[illegible]”部分省略了，变成今日的“智”，将行军作战的谋略称为智。“慧”拆分为“彗”和“心”的合成，篆文“[illegible]”中“[illegible]”表示生长于土地的植物，“[illegible]”则表示手持或拿着的意思，彗的意思是手里拿着树枝做的笤帚正在清扫，“[illegible]”则表示心中的欲念。可见，“慧”是指在清扫自己心中的偏见和杂念，以便明心净性，向内发展自知的品性，更新自我的观念，进而形成广阔的视野和深刻的洞察力，向外探究宇宙万事万物的运转规律。象形文字总是试图将内在概念与外在事物之间建立关联，智与慧是智慧两个侧面。智是智慧的外侧，指处理事物的筹划智谋；慧则是智慧的内侧，向外通晓万事万物的事理，向内明心净性以形成相应的道德立场和德性修养。

二、儒家实践智慧的三维结构：知、权、诚

在儒家道德体系发展中，智德是重要的德性。在春秋末期，孔子在前人对仁、义、礼的零散描述的基础上，构建“仁义礼”的道德体系；在战国中期，孟子则把智德加入到道德体系，构成了“仁义礼智”四位一体的道德结构；西汉董仲舒向汉武帝提出“仁义礼智信”五常的道德规范体系。在这些体系中，希望人们要达至三种伦理境界：即“智者不惑，仁者不忧，勇者不惧”。[1]其中，智慧是达到其他德性的运行机制，清代唐甄提出：“三德之修，皆从智入；三德之功，皆从智出。”[2]在这一论说中，强调了智慧在道德认知和行动中的价值。纵观儒家的智慧理论，要达到“智者不惑”的境界，需要“知、权、诚”三位一体的共同作用。

1. 智德形成的前提是“知”

儒家“知”的前提假设是万事万物都在发展和变化，不同时期或阶段的社会存在某种必然的秩序或规律，人们要认识这种秩序和规律就可以建立社会应有的道德规范和伦理准则，人们形成智德的必要条件是掌

① 杨伯峻. 论语注释[M]. 北京：中华书局，2009:94.

② 唐甄. 潜书·性才[M]. 成都：四川人民出版社，1981:47

握和领悟这些知识。这些知识涉及“知仁义礼、知人、知已、知天命和道。”具有智慧的人们不仅要认识自已和他人，还要认识在特定社会的仁义礼，进而认识天命和道，在此基础上人们才能够正确地行权。在知和权的关系讨论中，孔子主张：“可与共学，未可与适道，可与适道，未可与立，可与立，未可与权。”[①]他认为通过学习来理解“道”，通过践行来顺应“道”，从而树立稳定的道德立场和人格修养，在此基础上才有能力行权。黄氏《后案》中也强调：“立必先不惑，而言不惑与立之后何也？夫子曰：可与立，未可与权。立，守经也，不惑，达权也。”[①]这里强调只有智者通过认识形成较为稳定的立场，才能在原则相冲突的情境中正确地行权。

2. 智德的形成机制是知权和达权

“智者不惑”的“不惑”境界并不意味着没有困惑，而是指智者基于对天道、人道的深刻理解，形成道德实践的坚定信念，并积累了灵活地处理问题的经验。当仁、义、礼之间的冲突引发困境时，人们可以通过权变艺术来化解这些困境。而智慧是人们在深刻领悟仁、义、礼的精神实质之后，在实践中走出困境的权衡艺术。这种权衡的评判标准是 “中庸之道”。孔子从方法论的视角将“中道”作为化解困惑的思维方法。中道是指对不同类型的道德原则相冲突时进行价值权衡，重构适宜于情境的价值序列。就如孟子所言：“权，然后知轻重，度，然后知长短。”孟子的“权”实质上就是在具体的情境中建立适当的价值序列。“杨子取为我，拔一毛而利天下，不为也。墨子兼爱，摩顶放踵利天下，为之。子莫执中，执中为近之。执中无权，犹执一也。”[②]孟子在这里主张人们不能基于不变的道德立场来行权，选择哪种道德立场作为判断的原则要而依据情况而定。而后来的子思将从本体论的层面来阐释“中庸”之道，主张：“喜怒哀乐之未发，谓之中，发之皆中节，谓之和，中也者，天下知大本也，和也者，天下知达道也。”[③]，“中”指向人们内在情感欲望的平和境界；而“和”指的是在情境中做出适应性调节，从而使环境和自身构成的系统进入和谐状态。

---

① 杨伯峻.论语注释[M]. 北京：中华书局，2009：94.

② 杨伯峻. 孟子译注[M]. 北京：中华书局，2011:156.

③ 曾参，子思. 大学 中庸[M]. 呼和浩特：远方出版社，2007:86.

3. 智慧所需要的伦理德性是“诚”

诚是贯彻中庸之道的道德品质。而诚与知则是一种循环关系。子思在《中庸》中认为：“自诚明，谓之性，自明诚，谓之教，诚则明矣，明则诚矣”。只有至诚之人才能够知人性和知天道，并将这些精神内化自身的品性，顺道而行。反之亦然，只有明晓“道和理”的人才能够内心真诚。并且，作为道德践行的社会品格“诚”被提升为一种化天地万物的本源力量，也将人类生活需要的心理品质转化为人、社会和世界的终极本体。“诚者，非自成己而已也，所以成物也。成己，仁也；成物，知也。性之德也，合内外之道也，故时措之宜也。”由此，诚在本质上是中庸境界的品性要求，也是人们行权需要的德性修养。

在儒家智德的逻辑体系中，智慧生成的前提条件是对自己、他人以及社会的深层认识；智慧的运行机制是权衡的艺术，而权衡的判断依据则是中庸之道；这种权衡需要的伦理德性是人们发自内心的真诚。虽然儒家的道德智慧体现了封建社会的意识形态和伦理规范，但是这种智慧的概念框架对本研究具有借鉴意义。

三、西方实践智慧的二重结构：明智德性与伦理德性

有关实践智慧的理论解释中存在两个取向：一种轻视实践智慧的价值，从柏拉图到康德的理论分析中，强调理论智慧的价值，而贬低了实践智慧的价值。另一种则尊重实践的独特性，肯定实践智慧的价值，实践智慧的价值日益受到重视。

亚里士多德通过区分人类三种活动的差异来解释实践智慧。他根据人类探究目的和对象的不同将人类活动划分为三个领域，即理论活动、实践和创制，而这些活动需要的德性是不同的。将人类理智德性分为三类：、理论智慧、明智和技艺。在理论活动中，需要“努斯”把握科学理论的前提之真，需要科学把握推论之真，两者结合构成理论智慧。而在伦理、政治活动中，则需要明智和道德德性的相互协作来解决实际问题，以追求“合乎德性”的幸福生活，可见，实践智慧是由明智和道德德性构成的二重结构。他们三者之间的具体区分如表 3.1 所示：

表 3.1 实践智慧、理论智慧和技艺的区分

	实践智慧	理论智慧	技艺
活动领域	伦理政治	理论科学	创制
思维	慎思	沉思	目的—手段推理
研究对象	实用的，可改变的事物、情境依赖性	不可改变、必然的和永恒的事，情境独立性	可改变和可制作的事物，情境依赖
目的	以合符德性的行动为目的	以理论知识为目的	以产品为目的
理性特征	实践价值理性	分析理性	实践工具理性
德性要求	感知、明智和道德德性	努斯、科学	

根据表 3.1 的区分，作为解决实践问题的实践智慧是由感知、明智和道德德性构成的概念框架。

首先，感知是智慧行动的逻辑生长点。在实践中，个别事物比起普遍性原则更具有优先性，因而，对个别事物的感知则是实践智慧的逻辑基点，就像理论智慧中的“努斯”一样，“努斯”的作用是把握理论推论中大前提，而感知的作用就是引发实践推理的大前提，即在纷繁复杂的情境中洞察到值得采取行动的特征。然而，感知与“努斯”是存在差异的，感知不仅需要理性，还涉及情感、想象、直觉等非理性因素。可见，实践智慧中的感知不仅需要理性认知的能力，而且还需要人们的情感体验能力。

其次，处理实践事务需要明智和道德德性的相互作用。亚里士多德很巧妙地论述了伦理德性与明智在应对实践事务的动态关系。伦理德性能够确定具体行为的正确目的。明智则具有两种任务：其一，以生活的总体良善为依据，思虑达成具体目标的手段。缺少伦理德性，则可能使有效的手段被错误目标引导，而缺少明智，则伦理德性的良善因为缺乏正确手段而无法实现。其二，认识人类群体或整体生活的终极目的，构建美好的生活概念，引导伦理德性的形成。

最后，实践智慧的判断标准是把握“中道”的情感体验，这是亚里士多德的德性伦理学缺少道德原则的关键原因。人们的德性行动与情感体验息息相关，人们理解情境依赖于情感的体验，他在评论情感时指出：“要在应当的时机，指向应当的目的，针对应当的人们，具有适当的动机，用应当的方式来体验情感，就是符合中道的，也是最好的，也是德性的特征。”[①]他的中道精神在于恰当的情感体验，只有我们具有正确的情感才能正确解读特定情境的意义。比如，面对极为不公正情境的愤慨就是辨认不公正的准则。德性伦理学与实用伦理学、义务伦理学之间的区分是：从实用伦理学的视角来看，人们在解决实践问题是思考“怎样才能使效果最大化”；从义务伦理学的视角来看，人们在解决实践问题时思考“什么是我的责任”；而在德性伦理学中，人们在进行实践判断时依赖于“我应该怎样做”的情感体验，合理的行动是由人们对“善”的喜爱所驱动的，而不是由责任、义务的外在规范来驱动的。

如果说亚里士多德的重点在于将理论、实践和技艺进行区分，那么阿奎那的创新之举在于探究这三者之间的关系，将实践智慧看成“联结伦理德性与理智德性的枢纽”。伯恩斯坦在对伽达默尔实践智慧观的分析和反思的基础上，肯定普遍性知识或规则在实践中的作用，他将实践智慧理解为：“是理性和知识的一种形式，他包含了普遍和特殊之间的独特的中介过程，这一中介过程并不求诸任何（笛卡尔意义上的）技术规则和方法来完成，后者将是实现给定的普遍附着在一个特殊的个案之上。”[②]伯恩斯坦强调实践智慧是在普遍性原则与实践特殊性之间建立联系的关键要素。

尽管东方和西方存在巨大的文化差异，基于不同价值立场来论述实践智慧，但是实践智慧的概念框架却存在相通的地方，将实践智慧理解为在各种价值冲突中的权衡艺术。要使权衡之后得出的决策是合理而有效的，就需要三个生成性条件：第一，对实践的深度理解，形成好的生活概念和正确的道德立场，为实践中的决策提供正确的判断依据。第二，敏锐的感知力和明智的慎思力。既能够在模糊混沌的实践情境中觉察到重要特征，并通过权衡和慎思，构建具体情境下的正确的价值结构，并创设实现这些价值需要的教学活动。第三，伦理德性。由于这种权衡涉及对普遍性原则的挑战和质疑，也关系到对个人的习惯、信念、价值观

---

① [希腊]亚里士多德. 尼各马可伦理学[M]. 苗力田，译. 北京：中国人民大学出版社，2010:34，1106b.

② [德]伯恩斯坦. 超越客观主义和相对主义[M]. 郭小平，等，译.北京：光明日报出版社，1992:184.

等构成的观念体系的批判性反思，并做出适应性的改变，因而需要某些德性支持，当然这些德性随着实践领域不同而不同。

以上对实践智慧的分析给本研究提供了教学智慧内涵分析的概念框架。教学智慧生成的前提条件是正确的理解教学实践，这也是上一章阐释教学实践的意蕴的原因。下面要根据教学实践的内在规定性，来解释教师教学智慧的含义。

第二节 教学智慧的内涵探析

从实践智慧的概念框架中，教师表现出合理有效的权衡艺术的前提是正确地认识教学实践，并将“学生成为实践主体”作为教学判断的基本道德标准，为教学权衡提供正确的教学立场。沿着这一思路，下面要深入分析教学智慧的含义，为教师教学智慧的实然透视提供分析框架。

一、教学实践智慧、教师教育智慧、教学智慧的比较分析

教育领域中，会出现教育智慧、教师实践智慧、教学实践智慧等等。虽然这些概念的侧重点是不同的，但其共同的论点是：技术理性控制下的教学活动中，教师形成的理智德性和道德德性，已经不适合解释中小学教师在教学中解决复杂问题的表现，于是从不同的视角来分析和诠释教师智慧的特性。不过，这些不同名词的称谓中，表面上看是学者的研究视角不同造成的，但实际上，是缘于对教师智慧属性的认识不同和定位不同。

1. 教学实践智慧内涵分析

有学者使用教学实践智慧来指代教师教学智慧。认为教学实践智慧生成的客观条件是：“当教师被‘抛’入特定的教学情境之中，他必然采取一定的行动，要么是积极的，要么是消极的。但从一般意义（或统计

学意义）上看，采取积极行动的教师居多，这是由起码的职业道德决定的。积极的教学行为意味着面对新的教学情况或困难，抱着‘办法总比困难多’的思想，千方百计地寻找化解问题的办法，这就生成了教学实践智慧。”①此类学者着重强调教师教学是一个动态生成的、具体的、复杂的实践领域中，教学实践智慧主要是解决生成性问题所需要的能力和素养。但是，没有强调教师对生成问题的所依赖的教学价值立场和道德结构的反思。在这种思路之下，教学实践智慧是作为教学理论智慧的平行关系来进行概念化的，教师的理论智慧就可能出现教学实践智慧的范畴之外。但两者又可以相互转化的关系。这就意味着，在教学实践智慧中，教师没有必要去审视特定背景下的教学价值或地方性的教学问题，只是关注教学即时问题，教学实践智慧就可能等同于教学机智，这种理解与本研究中界定的教学智慧是不同的。

2. 教师教育智慧的内涵分析

有学者使用教师教育智慧来强调教师在教育活动中所需要的智慧。这种教育智慧是教师要达到某种教育境界需要的品质和素养。熊川武教授认为:“教师教育智慧是一种特殊智慧，即合理认识与解决教育理论与实践问题的才智。②此类学者着重强调教师在学校教育情景中，教师在应对教育问题所表现出来品质或性情倾向。“它既包含了基于整体感知、直觉把握形成的知性智慧，基于理论思考、规律认识形成的理性智慧，基于职业感、道德感、人际交往、师爱形成的情感智慧，也包含了基于个体经验积累、实践感悟、教学反思形成的实践智慧。教育智慧是教师整体素质的核心构成，它内在地决定着教师教学工作的状态、质量，进而深刻地影响着人才培养的质量。”③此类教师教育智慧概念中，教育智慧是解决学生的教育问题需要的智慧，强调教师在教育活动中追求“合理”的维度，相对而言不太重视教育的“效率”维度。从教育智慧的内涵分析来看，教师的教育智慧更重视分析解决“教育问题”中教师所需要的能力、品质和情感。针对教育问题的智慧概念中，教师的情感和道德品质在教育智慧尤为重要。教学智慧与教育智慧成为一种双向循环的

① 席梅红. 教学实践智慧发展论[D]. 上海：华东师范大学，2009.
② 熊川武. 论教师教育智慧发展的策略[J]. 贵州社会科学，2008（4）.
③ 田慧生. 时代呼唤教育智慧及智慧型教师[J]. 教育研教育，2005(2).

关系，也是相互包含和渗透的关系。只是研究中关注点不同，教学智慧必然要关注学生的认知领域，解决学生的认知问题；而教育智慧则侧重于学生的非认知领域，重视学生的道德、情感、精神方面的成长。由此可见教学智慧应是教育智慧中的一种特殊性形式。

3. 三者的比较

许多学者采用教师实践智慧的术语，但是其内涵存在很大的差异，已有的教师实践智慧的含义可以分为三类：其一，教师实践智慧与教师教学智慧的内涵基本相同，有学者认为："教师实践智慧是指主体在具体教学实践过程中产生的、源于教学活动自身的真与善相统一的体验，它是人类生存过程中的自觉追求，是生命力与向善力的和谐统一。"①这一类概念中，教师实践智慧的研究范围就是教师的教学实践，因而与教师教学智慧的研究范畴存在很大的重叠性，可以看作是含义基本相同而称谓不同的术语。其二，教师实践智慧与教师教育智慧的内涵基本相同，例如，有学者认为："教师实践智慧就是指教师对教育合理性的追求，对当下教育情景的感知、辨别与顿悟以及对教育道德品性的彰显。"②伯明翰的认为："教师实践智慧应该成为教师在教育活动的反思模式。"这一类概念强调教育活动的道德维度应该具有优先性，教师在教育中应该追求的合理的教育手段，实现教育目的。教师实践智慧与教师教育智慧具有相似的内涵，也可以看作是含义基本相同而称谓不同的概念。其三，从教师专业发展的视角来研究教师实践智慧。国外研究常采用这一类概念，教师实践智慧往往作为教师专业发展的认识论基础。并将这一认识论基础演绎到教育中不同的领域。如课程领域、教学领域、学科知识理解领域等，在此基础上提出不同的认识或思维方式。可见。此类概念的教师实践智慧是一个包容性非常大的概念，涵括了教师在教育实践领域中的各种活动和决策。由此，教师教学智慧是教师实践智慧的一种特殊形式，关注点是以知识学习为中介的教学问题。

虽然学者们使用不同的称谓，但实际上指称的内容存在很大的相似性，只是强调的侧重点不同。对比上述教学实践智慧、教师教育智慧、

① 刘冬岩．实践智慧：一种可能的教学价值[M]．南京：南京师范大学出版社，2009.

② 邓友超，李小红．论教师实践智慧[J]．教育研究，2003（9）．

教师实践智慧等称谓，笔者认为：教师教学智慧在本质上是一种实践智慧，但是与已有的教学实践智慧存在些差异。同时，教学智慧也是教育智慧的一种形式，具有自身的独特性。这样理解的理由有三：其一，由于教学中不可或缺的教育性，使得教学本身就是道德性实践，从而作为创建这一活动的教学智慧就是实践智慧。其二，教师的实践智慧与理论智慧不是对立平行的关系，教师理论智慧是实践智慧的关键构成部分。如果教师不能够深度理解教学实践的本质，那么教学智慧生成的源头就出现问题。因而，教学智慧不仅仅要解决即时的教学问题，还需要批判性反思自身的教学立场的合理性。其三，教学智慧是教育智慧的一种特殊形式。教学是以知识为中介的教育活动。因而，教学智慧必然包含教师对学科知识以及学科学习活动的教育学理解，关注教学的“合理”维度，与此同时，教学智慧必然还要关注知识学习中的“效率”维度。

二、教学智慧的概念界定

根据以上的概念辨析，教师教学智慧是以解决教学实践问题为中心的一种实践智慧形式，也是以知识为中介发展学生素质的一种教育智慧。对于教学智慧的界定，学术界并没有提出一个明确的、统一的概念，而是显示教学智慧的多本质性。根据已搜集的资料，将教学智慧作为学术概念来系统论述并不多见。对“教育智慧”进行系统论述的是美国教育学者范梅南，他使用的英文是“pedagogical thoughtfulness”，是从现象学视角来解释教育智慧和教学机智的。其中，“thoughtfulness”来自海德格尔的“思的事情”，也就是存在之思”[①]，他认为“thought”很可能是来自别人的思想，自己的观念系统可能是别人的跑马场，而自身并没有正在思考（thinking），因而他选择 thoughtfulness 是为了强调思考的在场性和本然的我属性。教育之“思”旨在对教育意义的沉思，而意义沉思中会自动导出行动意向，从而进入知行合一的状态。可见，他的教育智慧更加强调通过直觉之知、感受之知和体验之知获得的理解，在这种情境性、当下性、亲身在场性的意义体验隐含了行动意向，就会引发教师

① 将开君．范梅南现象学教育学思想研究[D]．北京：首都师范大学．2011：46.

的教学机智，从而构建教育智慧和教学机智的内外关系。

然而，在存在之“思”中，教育学意义常常是由行动来揭示的，因而，逻辑化的理性认识在教育活动中就不再具有任何意义上的优越性。教育智慧勉励而为的是教育存在意义得以澄明的思维和行动方式。朱光明比较康纳利和范梅南的叙事研究，也认为：“现象学的叙事研究能够在日常生活中发现不平常的意义。”[①]这种教育智慧关注点是“体验”当下情景的教育意义，而不关注思考如何改变这一教学情景，因而，也就不可能引出自觉地深思熟虑意义上的实践智慧。也可以这样推断，他的教育智慧重在于解释教育，而不是改变教育，那么，这种教育智慧可能远离了真正的教学实践问题。这主要归因以下两个方面：

一方面，在利用教育智慧来体验教育意义的过程中，他不太关注儿童认知领域中的智力问题，而是强调非认知领域中的心灵或精神的意义。张华在比较达克沃斯和范梅南的“意义”的含义时，认为：“达科沃斯的‘意义’总体上是‘认知性意义’，属于经验范畴；而范梅南的‘意义’总体上是属于‘非认知性意义’，属于超验范畴。”[②]然而，在知识教学中，教师必然要分析和慎思学生在知识学习中遇到的困难或障碍、理解程度、运用知识等方面的问题，这些问题恐怕不是理解学生的精神需求和存在意义就可以解决的，还需要教师运用理性来探讨和分析学生知识学习中所存在的问题。

另一方面，在教学实践中，应该存在知识学习与素质培养、社会教育需求和学生个体潜能发展、教学结构与个人能动之间的二元对立现象。吉登斯对社会现象学或社会解释学进行反思时，认为：“社会解释学是强行动弱结构，它们把人看作是有目的的能动者，有很多理由解释他们所做的一切，但是他们几乎没有方法来应对功能主义或结构主义面临的大量问题——强制性问题、权利问题和大规模社会问题。”基于这一分析思路。现象学视角的教育智慧研究也会出现这一倾向。强调教师个人的主观能动性，将教育行动看作是教师的“教育意向性的行动”，将教师行动描绘为教师个人对孩子的生长和成长的理解，从而可以自由地确定教育

① 朱光明，陈向明．教育叙事研究与现象学研究之比较——以康纳利的叙事研究与范梅南的现象学为例[J]．北京大学教育评论，2008（1）

② 张华．教学即研究：达克沃斯教学思想探论[J]．全球教育展望，2006（12）．

目的。在这一能动倾向中，教育可能就是教师个人的决策、行动和认识中所涌现的活动，这就无法说明教师的这些策略所要维系的或是要加以挑战的那些自然而客观的教学结构。教师决策中不可避免要遇到社会对教育的合法的强制性要求，可能通过教育政策或制度的方式表现出来，也可能通过文化和环境的传统表现出来，因此，教师的决策必然要在自我教育意向与社会教育需求之间进行权衡和调适，进而教学智慧应是在教育结构与个人能动之间的循环关系的中介。这两个问题是教学实践中不可回避的冲突性问题，而范梅南的教育智慧中却微妙地避开了这些问题。

本文根据教学实践问题的性质，重视教学智慧在各种矛盾冲突的教学情景中权变衡量的一面。教学智慧就是教师在教学情境中优化解决教学实践问题的能动性。这种能动性的目的是在多种矛盾冲突的张力空间，通过创造性的调适和权衡，使整个教学系统进入到和谐状态。教师总是处在社会教育需求和个人潜能、知识学习和人格塑造、教师行动与教学结构、理论与实践等多种的二元论的情况下，教师必须经过调适和权衡使教学系统达到和谐的状态。因而，教学智慧的本质属性就是均衡性，而这种均衡性来自教学实践问题的特殊性。

三、教学智慧中的均衡性

均衡性是由教学实践问题的性质所引发的，下面将从两个方面来分析教学实践问题的特性：

1. 教学实践的矛盾冲突性决定教学智慧中的均衡性

教学情境就是一个价值冲突的场所，主要可以归纳为两对矛盾冲突：其一，教学中存在社会教育需求和学生个体潜能之间的冲突，与之相关联的是，教学中固有的强制性与学生的学习兴趣之间的矛盾。在这种二元论的现象中，教师要基于不同的教育背景中在两者之间进行调适和权衡，以找到某个平衡点，将社会要求转化为教学上合理的影响。德国教育家本纳认为教育实践一大原则就是调适性原则，他是这样解释：“社会的条件和要求决不能从其单方面要求教育互动对其绝对服从出发来推导自己的教育性，而是只能通过表明自己可以转化为教育合理性的条件和要求，才能获得教育性。”[①]由此，当教师遇到“由上至下”的教育改革时，必须基于教学情景的特征和学生的发展潜能，将社会需求和学生的发展潜能整合起来，转化为合理的教学目的，并通过思考何种教学活动可以实现这些目标，将外在的教学要求转化为学生自愿的主动性要求。其二，从学生个体来看，教学中还存在教学的内在价值与外在价值之间的矛盾，与这一矛盾相关联的是，素质教育与知识学习之间的矛盾。教学中这两种价值并不具有可通约性。例如，在教学实践中掌握某些知识或在测试中获得优异的成绩并不意味他会成为一个优秀的人，但是，成为一个优秀的人是需要丰富的知识。掌握知识是成为优秀的人的一个必要条件，而不是一个充分条件。教学智慧的独特性表现为教师对课程知识转化为学科教育学知识的艺术，也表现为筹划适宜的教学活动使学生的德性形成和知识学习相互融通。这些矛盾都是教学本身所固有的，要使教学系统和谐发展，教师的权衡和调适能力尤为重要。

2. 教学实践问题的二重性决定教学智慧的均衡性

教学活动中的教育性决定教学实践问题在本质上是道德问题，作为道德问题就会具有二重性或二重结构。这种二重性表现为教师已形成的教学道德立场即有可能促进教师在教学情境中的能动行为，也可能阻碍教师的能动行为。因而，教师在解决即时教学问题的同时，需要对引导这一行动的教学立场进行批判性反思，从而促进两者形成互动循环的关系。一方面，教师面对即时的教学困境时要思考应该如何做。英国教育学者邓恩认为：“在教学实践中，关键在于教学情景中辨认问题是什么，与其说是一个问题，还不如说是一个困境或难题。[②]在教学情境中，学生学习目的和价值会存在很大的差异，像不同线路交织而成的密密麻麻的网。试图解开其中一股可能会加剧其他线路之间的纠缠。在这种情境中，教师要评价各种因素，辨明影响学生学习的关键因素，构建最佳行动方略，优化解决这些即时问题。另一方面，教师如何才能如此复杂的

① [德]底特里希·本纳. 普通教育学[M]. 彭正梅，等，译. 上海：华东师范大学出版社， 2006：80.

② Dunne, J & Pendlebury, S . Practical Reason. In N, Blake(Eds.)The Blackwell Guide to philosophy of education. Blackwell Publishing Ltd, 2003: 199.

教学情境中正确地辨明教学问题并且优化解决问题。这就关系到教师所依赖的教学价值立场本身的合理性。教师在解决即时问题的同时，还需要慎思自身在教学情景中判断所依赖的教学立场。美国学者科克斯（Kekes）认为：在实践智慧中，合理判断需要从更广阔的生活视角来评价何为真实、何为正确？什么是美好的生活？因而，首先要对这些问题有一个整体立场，才能更好地在具体实践情境中判断应该如何做？因而，"如何做"实际上包含两个"应该"。[①]但是，在教学情景中的即时问题与教师的教学价值承诺或教学立场并不总是一致的。如果坚持普适性的教学立场，可能忽视情境中出现的影响学生发展的重要因素，从而使学生的实践主体得不到尊重。如果随意放弃自己的教学立场，其他学生的主体性得不到尊重，或偏离核心教育价值。因而，教师一方面要洞察情境的重要特征，另一方面要反思洞察这一情境所依赖的教学立场本身的合理性，在这种慎思的过程，两者都不断地改变和修正，才能是整个教学系统和谐共生。

教师对社会教育需求和学生个人潜能进行调适，形成与学生相适切的教学价值立场。基于这一价值立场，才可能在杂乱无章的情境中辨认出实现长远教学目标的关键特征，综合各种因素构建多种可能的行动方案，选择既合理又有效的决策。通过解决教学问题，反过来会促使教师持续性反思教学决策背后的教学立场或理论原则的合理性，以促进双方得以发展。

四、教学智慧的判断标准是合理、有效、创新

教学智慧的均衡性在于教师既要帮助学生高效率地掌握知识，又要关注学生作为实践主体的全面发展，追求教育的合理性。因而，教学智慧的判断标准是由"合理、效率和创新"三个维度构成的优化判断标准。教学智慧的评价问题一直是模糊的概念，已有研究强调教学智慧的"创新"维度，认为教学智慧就是教师临场发挥的艺术形态。但是，如果从功利主义的角度重视学生学习的一时的"快乐"或只是满足学生暂时的

① Kekes, J. Moral Wisdom and Good Lives [M]. Ithaca, NY: Cornell University Press, 1995: 4-5.

需求，可能只是权宜之计，也可能是不道德的，也可能偏离核心教学价值，因而，创新只是教学智慧一个维度。范梅南认为教育智慧的判断原则是："不是由无私地、真正地指向他人的"他者性"和利益所驱动的机智不可能是真正的机智。"[①]他的教育智慧过分强调了孩子个人方面的利益和需求，忽视教育的社会属性，可能难以将社会需求转化为相应的教育影响，因而基于个人的发展可能偏离某个时代或社会的核心教育价值，他的教育智慧判断中从孩子的个人利益维度强调教育的"合理性"。在已有教学智慧研究的文献中，都避免使用"效率"的概念。实际上，在知识社会背景下的教学，高效率的掌握知识是教学不可回避的维度，因此，对教学智慧的判断中应该有"效率"这一维度。

教学智慧作为教学专长之一，可以参照专长的评价研究。在教学专长研究中，施瓦茨（Schwartz）区分了常规性专长和适应性专长。常规性专长是以"效率为导向"，积累一套核心程序性知识和行为序列，使之运用起来越来越熟练。追求高效率往往会导致这类专家通过无数次经验的反复验证，积累了高效率的程序性知识或行为模式，然后将这些程序性知识用于其他的情景，所改变只是效率上的提升。他在研究中还发现另一类适应性专家，适应性专长强调行动情境中新情况的出现，因而适应性专长的评价具有两个维度：即"效率和创新"，片面追求高效率通常是"常规专家"的发展路径，片面性追求创新会导致"挫败的新手"。而适应性专家却是在平衡"效率"与"革新"上发挥出色，走出了一条"最佳适应性走廊"[②]（optimal adaptivity corridor，OAC）。克罗夫德（Crawford）在研究中发现适应性专家在完成任务时在"知识创建"和"效率"[③]两个维度上的表现都很突出。然而，适应性专长模型中，道德仅仅是背景中的一个因素，只是保证活动中最低的行为标准，目的侧重点

① 范梅南. 教学机智：教育智慧的意蕴[M]. 李树英，译. 北京：教育科学出版社，2001:181.

② Schwartz, D.L., Bransford, J.D., &Sears, D . Efficiency and Innovation in Transfer. In J.Mestre(Ed.), Transfer of learning: research and Perspectives. Greenwich, CT: Information Age Publishing Ine, 2005: 69.

③ Crawford, V.M. Adaptive Expertise Acknowledge Building in Science Teachers' Problem Solvin. In Proceedings of the Second European Cognitive Science Society(EuroCogSci07). 2007 (23-27) Delphi Greece.

是教学任务的有效完成，而不是活动的合理性，因而，可能造成偏离实践中“以自身为目的”的教学道德原则。

教学智慧作为一种教学专长，不能仅仅考虑创新和效率，这两个维度必然放置到合理性的道德评价框架中，它们才会具有意义。教学领域中的创新、能力等概念往往是基于目的论的评价原则和基于效果论的评价原则的辩证关系来构建的。一方面，教学“合理性”是基于目的论评价原则，根据更上位层次或是更持久的目的，在亚里士多德的话语中，基于终极目标理解和评价教学，这种终极目标关注“培养什么样的人”或关注“受过教育的人”应该是什么样。另一方面，教学“效率”是基于效果论原则来衡量的，借助于已确定的目标，通过因果关联中量化和统计方式来，根据“利益最大化原则”来理解和评价教学。在当今基础教育阶段中，效率应是教学应该追求的不可或缺的目标，这也是与道德实践一种显著的区分，因此“效率”也是教学智慧必要的一个维度。在合理和效率的权衡中，必然会引出第三个维度。为了追求教学的合理性，就必然重视不确定因素的教育价值，这样教师总会遇到已有经验、习惯、制度等因素已经无法解决的新的教学问题，解决这些问题需要新的方式或方法，因而，教师在追求教学实践的合理性和有效性时，必然会引出教学智慧的“创新”维度。

由此看来，教学智慧的判断原则应该是“合理、效率、创新”三个维度所生成的优化状态。其中，基于有效性原则的教学技术性思考完全从属于基于合理性原则的道德慎思，即教学目的、教学活动、教学策略、教学评价等方面的反思和筹划时，要思考这些活动是否有助于学生的实践主体性的发挥，是否有助于学生的创造力，想象力和民主德性的培育。因而，教师要持续性反思引导创新、高效率的教学行动的道德立场或者价值结构，以创设最佳的智慧性空间。

第三节 教学实践的能动倾向

教师必须在这种二元对立所引发的空间展示自己的均衡艺术，以展示自己的能动性。但是，并不是所有的均衡都是教学智慧所指向的主观能动性。不管哪一种教学活动，教师都会展现某种程度上或某种倾向的能动性。关键的问题是教学智慧会呈现哪种能动倾向？[①]下文将分析教师在不同实践形态中的能动倾向，经过比较来确定教学智慧所表现的能动倾向。美国伦理学家娜斯鲍姆（Nussbaum）将人们在实践中表现的能动倾向分为两种：即原则驱动的反思性均衡（reflective equilibrium）和感知引发的感知性平衡（perceptive equilibrium）。[②]本文根据实践的三种形态，将教师权衡中表现的能动特征划分为三类：感知性自发、反思性平衡和感知性平衡。其中，感知性自发是任意性实践需要的能动倾向，而反思性平衡则是技术性实践所需要的能动倾向，感知性平衡则是道德性实践所需要的能动倾向。这三种能动倾向中，感知性平衡才是教学智慧所需要的能动倾向。

一、沉醉于情境的情景自发能动性

当教师基于感知性自发的能动倾向来创设教学活动时，这种教学将呈现过度延伸的任意性实践，教师可能像艺术家那样，关注教学互动情境中的特殊性，而轻视普遍性原则的指导和引领作用。这种能动立场的教师必然具有丰富的想象力、敏感的情感体验，表达能力和创造力，并完全沉浸于情境之中，对学生故事中出现的各种因素做出即时、情感上的积极回应。因而，为了追求那种天马行空的想象和创造的乐趣，可能会忽视特定社会背景下的普遍性教学目标和价值。教师在教学过程要么情感激昂慷慨的爆发，抑或是海阔天空的漫谈，可能远离或是偏离教学活动应该完成的使命和任务。彭德尔伯里认为：“这样的教师具有丰富的想象力、创造性和卓越的移情能力，因而，面对混沌世界中的嘈杂声时，

---

① 注释：“能动倾向”这一概念常常与个人稳定而又持久的品行或价值历程密切相关，因而个人的理性“能动倾向”的实质是个人的性格特征的呈现。因此，本文运用“能动倾向”来表现实践者的比较稳定的权衡特征，而没有选用“能动特征”或“能动性”这类术语。

② Nussbaum, M. Love's knowledge: Essays on Philosophy and Literature [M]. Perceptive Equilibrium: Literary Theory and Ethical Theory New York: Oxford University Press, 1990: 185.

能够做出即兴的回应。”[①]但是他们过度沉浸于此时此刻的情境之中，有可能缺乏道德判断意识和对持久目标进行慎思的意识，从而漠视教学固有的伦理维度，忽视教学活动必须促进学生的心智、道德、情感等方面沿着正确的方向发展。

在基于感知性自发的能动倾向中，教师的教学决策和判断中强调“创新”这一维度，非常重视活动中涌现的新的信息，强调活动的新颖性、创造性和引人入胜的参与性。这种教学活动与教师的个性和性格特征存在密切的联系，需要教师具有很强的感受力、敏感性和洞察力。他们展示这一能动倾向的原因有二：其一，他们怀疑普遍性原则的作用，不会有意识地形成比较恒定的长远教育目的和教学立场，偏重于当下的教学目标。其二，他们不愿意反思支持和引导他们的教学决策和判断的教学立场或教学道德结构，或难以判断自身的教育价值观的合理性，由此出现随情境而动的能动性。这种现象也经常会出现在课堂教学中，从表面上看，教学活动呈现生气勃勃的、光鲜华丽的一面，但是，冷静思考时，教学活动中为了追求一时的愉悦可能远离了教学应该达成目的。比如，化学教师可以采用一个令人惊讶的化学反应来激发学生一时的热情和好奇。物理老师会讨论棒球运动中所涉及的物理学原则，却兴致勃勃地谈论起棒球比赛。现在小学或幼儿园的常见的教学方法中，为了引起孩子们的兴趣，把糖果、玩具作为奖品来激励孩子的学习，在这种教学方式中，学生有可能只是为了这种外在的诱惑来学习，而不是在教学互动中让学生发现学习的内在乐趣或内在价值。教师教学过程中可能不会反思持久的教学承诺是否正确，也可能忽视帮助学生理解重要的学科概念，也可能忽视帮助学生认识学习的内在目的。由此可见，这种能动倾向最初有可能使学生着迷，但代价可能偏离了学生发展的长远目的，不利于促进学生的道德、心智和情感等方面的健康成长。如英国学者卡尔所言：“让学生一时入迷的富有魅力的教学风格可能具有一种使人堕落的潜在可能性，引人注意的个人风格或性格对于目的性非常强的教学活动是一种阻碍作用，而不是一种促进作用。”[②]

---

① Pendlebury, S. Practical Reasoning and Situation Appreciation in Teaching [J]. Educational Theory, 1990(55).

② Carr, D. Professionalism and Ethics in Teaching [M]. London: Routledge, 2000：9.

在感知性自发的能动倾向中，教师的典型特征是具有丰富的想象力、创造力和敏感性。沉浸于教学情境之中，要么以自己习惯的行动程序来教学，要么随情境而变化，教学决策和评价中重视“创新”原则。这一类能动倾向可能适应于一些艺术性的活动。对于教学领域来所，这一能动倾向所存在问题是过度沉浸于情景之中，可能偏离教学应该完成的核心教育价值和教育使命。

二、原则驱动的反思能动倾向

这一能动特征经常体现教师追求简化的技术性实践，主要通过各种手段来控制教学实践的易变性、矛盾冲突性和复杂性，从而使教学变得有序和整齐。反思性平衡概念来自罗尔斯的《正义论》，他认为要使道德原则和道德判断之间达到和谐状态就需要行动者的反思性平衡的能动性，他是这样界定反思性平衡：“有时修改契约的环境条件，有时撤销我们的判断使之符合原则……它即表达了合理的条件，也适合于我们所考虑的并及时修正调整的判断。这就是反思性平衡。”[①]它是一种平衡，因为我们的原则与我们的判断达到了和谐；它又是反思的，因为我们知道我们的判断符合什么样的原则和是在什么前提下符合的。这里的反思性平衡中的“反思”概念是理性主义视角下的原则驱动的反思，而不是基于情景的“行动中反思”。虽然反思的概念发生变化，但是本文还是援用这一已达成共识的概念。反思性平衡的能动倾向具有以下两个基本特征：

第一，反思性平衡的能动性以普遍性原则为教学决策和行动的逻辑起点，主要通过对个别事务的独特性的修改或消除，使之适应于普遍性原则。教师的能动性表现为选择什么样的规则、原则或程式，或者如何控制或者消除对课堂教学与这些原则不一致的因素，从而使教学变成程序性活动。教师的教学任务只需要探寻达成普遍化目标的最有效的教学方法。美国教育学者斯特赖克认为教学决策中，需要道德直觉、理性和道德理论的发展。道德理论与直觉存在一种相互作用。其中的技巧就在我们的道德直觉和道德理论之间达成一种反思性平衡。所谓的反思性平

① [美]罗尔斯．正义论[M]．何怀宏，等，译.北京：中国社会科学出版社，1988：64.

衡"就是我们的思维达到了这样的境界，在这一阶段，我们感觉自己的道德直觉和解释这些道德直觉的理论达到了令人满意的一致，或者我们所做出的决定以及我们所采取的行动都是被我们的道德理论视为正当可取的。"①反思性平衡的倾向于追求教学实践的确定性目标，促使教师形成消减情境中不确定因素的简化意识，从而妨碍教师对特定细节的关注和判断。因此，教师的反思聚焦于如何设计和探索有效教学方法和教学原则，来实现已确定的普遍性教学价值。

第二，反思性平衡中忽视教学情境的独特性。教师常常远离教学情境，来进行教学决策。彭德尔伯里认为："在技术性实践中，教师的思维和行动常常由普遍性、普适性的原则来引导。"②在这种情况下，教师总是远离教学情境来理解教学，想象和情感受到某种程度的轻视，并且学生个人的独特性的"故事"排除在教师的教学决策框架之外。由于他们具有坚定不移履行某些教学普遍性原则的使命感，他们在教学中显得非常确定、自信和冷静。这种课堂教学模式的典型特征是一种井然有序的秩序感和冷漠的权威感。从一开始，通过教师的言行和行动，学生就知道学习中需要他们做什么，这种需求并不意味着教师会是沉闷或是枯燥的，或是陷入某种常规中。由于这些教师全心全意沉浸在普遍性的价值承诺和使命中，因而他们会经常着手更新他们的教学材料或理论，了解最新的理论和有效方法。他们对于新的理论或方法的接受不是为追求时尚，而是经过权衡，如果有必要的话，会对普遍性理论做出适当的更改和拓展。

在反思性平衡中，教师的显著特征是理性的、自律的、有序的，并且致力理论的直接运用。因而，教学的教学判断和决策中强调"效率"的维度。这一类能动倾向唯一的缺陷是：漠视或者轻视情境中的不确定因素，同时也忽视教学情境中的矛盾冲突性。在这种行动倾向下，教师只是根据普遍性的教学价值承诺，应该重视哪些价值和目标，应该忽视哪些价值和目标，并且为实现普遍性目标构想适当的教学策略。在感知性自发的能动倾向中，教师会重视教学情景中的不确定因素，但是会忽

① [美]斯特赖克，索尔蒂斯．教学论理[M]．洪成文，等，译．北京：教育科学出版社，2007:118.

② Pendlebury, S. Practical Reasoning and Situation Appreciation in Teaching [J]. Educational Theory, 1990(55).

视具有普适性的教学目标、教学原则以及持久教学价值。而习惯于反思性平衡教学的老师，会漠视特定时刻、特定人物、特定背景下构成的情境中的具体细节构成的复杂图景。尽管这两种的行动方式中都有自己的优势，但是这两种路径对于特殊性优先的道德实践来说，是一种有缺陷的能动倾向。实践所需要的能动倾向是整合多种因素达到教学系统的整体和谐状态，从而需要感知性平衡的能动倾向。

三、重视普遍与特殊整合的均衡能动倾向

感知性平衡的概念来自娜斯鲍姆对罗尔斯的反思性平衡的批判。她认为反思性平衡忽视人的情感和想象等非理性因素，从而忽视实践中的伦理维度。因此，实践活动需要的能动性是感知性平衡。感知性平衡与反思性平衡的不同之处在于：教学行动的逻辑基点不同，前者是对情景的感知来引发实践推理，因而个别事务具有优先性。而后者是由原则驱动的，普遍性具有优先性。与感知自发的能动性所不同的是：感知性平衡即重视个别事物，又显示对普遍性原则的尊重，而在感知性自发中，个别事物具有绝对的优先地位。感知性平衡的主要特征是：

第一，教学行动的逻辑基点是对个别情境特征的感知。在教学中，教师深入参与到情境中，倾听学生的故事，在纷繁复杂的教学情境中，能够辨认重要的有助于学生发展的关键信息。这种能动性既不是拥有足够的理论知识、原则和长期价值承诺，也不是无依据的、非反思性的、被情境所淹没的即兴发挥。邓恩认为："确切地说，实践智慧是处在一般和特殊之间的整合之中，展现在两者的张力中，也展现他们关系的丰富性。这即需要个体阅读情境的感知能力，又需要运用普遍性知识的灵活性。"[①]感知性平衡的能动倾向中，实践推理中仍然关注坚守自己的价值承诺的责任和使命感，同时能够敏锐地感知学生的需求，以及理解那些看似妨碍实践顺利进行的意料之外或是不便因素的教育意义。因而，教师能否达到这一能动倾向的关键因素是教师的情景洞察力。

第二，在各种二元对立的状态中进行调适和权衡。在感知性平衡中，

① Dunne, J. & Pengdlebury, S. Practical Reason. In N.Blake. P. Smeyers. (Eds.)The Blackwell Guide to the Philosophy of Education, Malden, MA: Blackwell, 2003: 198.

既重视个别情景的独特性，又尊重普遍性原则的作用。这就要求教师在普遍性原则和个别特殊之间的调适和权衡，使两者和谐共存。因而，感知性平衡中人们总是能在普遍原则和个别事物之间建立恰当的联系。琼森区分科学推理与实践推理时，认为理论推论是证据之链，其中，结论是由某些命题之链构成的，而实践推理是解决实际问题的方法，为了解决实践困境必须考虑各个方面。当参与到实践推理时，普遍性与特殊性的关系反过来了，实践推理的核心不是行为应该遵循的规则，而是对当下情景的尊重，根据情景的特殊性来理解和选择普遍性规则。在教学实践中，教师决策是基于对特定教学情景的感知和洞察，普遍性原则既不是作为感知的规定性，也不是对选评价教学的最终权威。因而，在感知性平衡中，行为和决策不是对特定规则的无条件顺从，而是基于情景的独特性来对普遍性原则的深刻理解和批判性反思，从而普遍性原则和个别事物之间建立适切的联系。

在教学活动中，教师形成具有普适意义的教学价值承诺，这一价值承诺会引导他们对具体教学情景特征的选择。但是教学承诺所反映的普遍性原则的作用不是“命令式”的，而是“提示性”。因此，教师总是做好适应性改变的准备，非常明智地和富有想象力地对课堂教学中发生的故事或事件给予恰当地回应。在教学中，教师不仅仅重视通过行动达成预期目的，而且还重视过程中生成的教学事件。具有教学智慧的教师把这些新的问题情境看作学习的机会，即修正或更新的持久的教学价值承诺和普遍性原则，甚至质疑普遍性理论，从而创造新的教学理论、教学方法、教学模式。如果将能动倾向比喻成乐队，那么，反思性平衡可能是军乐团演奏的准确而又铿锵有力的进行曲。感知性均衡就像爵士乐团，与观众互动来演奏每首乐曲，每一次演奏都需要重新诠释这一乐曲。

第三，情感和想象是感知性平衡中的不可或缺的要素。娜斯鲍姆根据亚里士多德的实践概念中的情感和想象的作用，认为罗尔斯的反思性平衡中的“反思”的前提条件是抽离了强有力的情感和想象这些关键因素，而显示对普遍性原则的浓厚兴趣，从而可以远离情境进行理性思考，这与亚里士多德的实践智慧是截然不同的。既然感知是引导实践推理的源头，也是实践的大前提的关键因素，那么在实践行动中情感和想象是必不可少的因素，由此，纳斯鲍姆就认为实践需要的能动性是“感知性平衡”。①在教学实践中，情感和想象就理性认知一样的重要。情感的作用表现为两个方面：其一，情感有助于我们将自己放在他人位置，帮助我们认识他们，理解什么对学生会造成伤害，什么对他们的学习有帮助。如果教师不能从学生的观念出发来体验生活，那就难以深入理解他们，就不可能发现学生真正的需求和兴趣。其二，情感是构建教学实践活动的心智力量。实际上，“知道什么是正确的”和“真心渴望做正确的事情”是不同的，前者只是认识上的信念，而后者则需要情感和意志构成的驱动力，使自己具有实现特定教学价值的使命感和责任心，因此，感知性平衡实质上理性和感性的辩证统一。

呈现感知性平衡的能动倾向的教师就是具有教学智慧的教师，教师的基本特征是道德敏感性、慎思性和适应性改变，致力于教学系统的整体和谐。教师的教学决策和判断重视“合理、效率和创新”构成的优化原则。在他们的教学权衡中，即重视教学情境的独特性，又尊重普遍性的教学原则或目的。因而，会利用自己的想象将教学情境放置更大的教学背景来进行教学决策，并在它们之间建立恰切的关系，使学生的实践主体性得以发展。

① Nussbaum, M. Love's knowledge: Essays on Philosophy and Literature [M]. Perceptive Equilibrium: Literary Theory and Ethical Theory New York: Oxford University Press, 1990: 175.

第四章　教师教学智慧的实然透视

在新课程改革中，教师应基于教学智慧来组织教学活动。在新课程改革十三年之后的教学中，教师会表现为哪种能动倾向？这就需要研究者深入到教学实践中去调查和分析。美国教育学者史密斯提出："对于理论研究者来说，在教育领域中呼唤实践智慧的回归是一回事，要到现场去洞察实践智慧又是另一回事。"①前面章节已从理论上解释教学实践和教学智慧的含义。这一章要深入到教师实践领域，通过分析教师的能动倾向，可判断教师是基于技术理性还是基于教学智慧来创建教学活动。为了这一研究目的，可分为五个部分：第一部分分析观察教学智慧的困难，在此基础上，设计探索教师教学智慧的研究过程和方法。第二部分描述教师的课堂教学，解释教学行动蕴含的教学信念，可以初步判断他们所创设的教学活动是哪一种实践形式。第三部分描述教师如何界定教学问题和如何解决问题的过程。第四部分分析教师的教学价值承诺。第五部分根据前面获得数据来分析教师的能动倾向，并将其作为判断教师是否具有教学智慧的标志性特征。

第一节　研究设计

要设计观察教师教学智慧的研究过程与方法，先要分析观察教师教学智慧将遇到的困难,然后根据这些分析来设计与之相适切的观察方案。

① Smith, R. Paths of Judgement: Revival of Practical Wisdom Educational Philosophy and Theory [J]. Educational Philosophy and Theory, 1999 (31).

一、观察教师教学智慧的挑战性

德国作家赫尔曼黑塞（Hesse，H）在他的小说《悉达多》中描写了追求人生智慧的流浪汉，他写道："知识可以交流，但智慧不能。"他似乎在表明探索教师教学智慧将遭遇到的困难。科学、创制和实践活动的区分不仅是认识方面的差异，而且它们的交流和分享的方式也不同。科学知识可以通过文本来传递，技能可以通过程式化的训练或通过模仿来传授；而教学智慧只能通过行动来表达，而行动意义既与行动情境直接相关，又与人们的态度、情感、道德品质密切相关。伽达默尔曾认为："实践智慧是一种道德知识，而道德知识是一种关于人应当怎样成就他自己的知识。"①这也说明，要洞察这种道德知识显然对研究者提出更高的要求。

首先，观察教师教学智慧必须关注教师对教学价值的理性思考，而这种理性思考必然与个别情景交织在一起。这也是教学智慧研究与教学专长研究存在的差异。在教学专长研究中，价值只是背景中一个确定因素，专家主要是从确定的价值立场来寻找解决问题的方法。教学智慧研究要重点关注教师如何在各种教学价值冲突的情况下进行权衡，可见，教师的教学价值慎思成为解决问题的重要部分。弗莱博格主张实践智慧的个案研究主要聚焦于教师的教学价值如何在情境中得到表达和体现，同时，基于特定的道德立场，教师又是如何权衡实践的内在价值与外在价值，以形成合理的价值序列结构。他研究实践智慧时发现："重视小事件可以让我们观察行动者在特定背景中如何思考价值的问题，观察他们在行动过程对优先性价值的再评价。并且实践智慧的个案研究应该先观察人们所为，后聚焦于他们所说。"②这隐含洞察教学智慧的思路，先要分析教师的价值取向，再通过分析"小事件"来调查他们的能动倾向。然而，通过行动来洞察教师的价值理性思考本身就是一件困难的事情。

其次，教学智慧是依赖教师个体而存在的能动倾向，又与行动产生

① [德]伽达默尔．真理与方法：哲学诠释学的基本特征[M]．洪汉鼎，译．上海：上译文出版社，1999:402.

② Flyvbjerg, B. Making Social Science Matter: Why Social Inquiry Fails and How It Can Succeed Again [M]. Oxfoxd, U.K: Cambridge University Press, 2001: 134.

的背景密切相关。对于这一点，布迪厄认为："引导智慧性实践的推理和逻辑在行动中已用完，因而，必然是隐性的。要呈现和清晰阐释实践智慧，必然是一件困难的事业。"①虽然教学智慧是通过行动来表达，但是通过特定行动来推断其意义还是不够充分的。如果将行动从背景中抽离出来，那么行动的动机和价值判断就会失去可靠的依据，研究者就可能趋向于推测和想象。由此可见，只有将行动放置于行动发生的背景之中，才能真实地探索教师教学智慧。

教学智慧的情境依赖性和行动表达性隐含了研究的困难，这也对研究者本人提出更高的要求。即使通过调查发现了教师的价值承诺，研究者还必须判断他们的价值承诺的合理性，因此，研究者本人必须深刻理解教学智慧。美国学者索齐斯塔德（Saugstad）通过田野考察来研究实践智慧时，认为："只有那些形成正确的实践观、价值观和道德品质的人们，才能够判断这种活动是否是一个实践智慧的案例。"②这也是本研究并没有采取纯粹的叙事研究，而是在叙事研究之前阐释了教学实践和教学智慧的含义的原因，那是为研究者透视教师教学智慧做准备。

教学智慧研究需要展示教师的价值序列结构，而这种价值序列结构又随语境而变化。因此，布鲁纳认为只有叙事研究才能展开实践中的关键特征，解释行动者的价值权衡过程，展现具体情境的价值序列结构，这样才可以观察到行动者复杂的实践推理。本研究循着这一路径来探索教师教学智慧，采用厚描性叙事研究，来展现教师的日常教学模式。选择厚描法的原因有两个：一个是采用厚描法能够展现行动依存的文化背景；另一个是叙事研究有助于解释行动的意义，也有利于体验行动中蕴含的情感、态度和价值观。虽然厚描性叙事会呈现一片混乱和模糊的行动情景，但是，通过厚描法才能够详细地描述教师的教学特征，为分析教师能动倾向提供充分的数据来源。基于以上分析设计以下研究路径和方法。

---

① Bourdieu, P. The Logic of Practice[M] London: Cambridge press, 1990: 198.

② Saugestad, T. Educational Theory and Practice in an Aristotelian Perspective [J]. Journal of Education Research, 2002(46).

二、观察教师教学智慧的两条路径

1. 从“行动中信念”来观察教师的教学观

教学智慧作为创设教学实践活动的认识和行动的方式，可以通过分析教师教学行动中体现的“使用信念”，得出他们的学习观、知识观和教学观。这一路径需要研究者观察教师的课堂教学，根据教学行动中学生和教师表现出来的实践主体特征，剖析教学行动所隐含的知识观、教学观和学习观，以判断他们所建构的课堂教学活动呈现哪一种实践形式，作为判断教师教学智慧的一种方式。然而，特定课堂教学所展示是教师教学智慧的外在表现，也可能只是展示教师在特定时间的能动倾向，还不足以透视教师教学智慧生成的内在原理，已不足以反映教师的整体教学状态。因此，还需要另一条路径来探索教师教学智慧，即从教师走出教学困境来分析教师的能动倾向。

2. 从教学困境来分析教师的能动倾向

在我国文化传统中，孟子纵览历代具有智慧的人，认为：“人之有德慧术知者，恒存乎疢疾。”[①]苏轼也提出：“凡人，智生于忧患而愚生于安逸。”[②]在这些言说中表明“忧患”是智慧生成的土壤。对此，杜威也主张：“控制社会的力量最终有三股——习惯、强制或暴力、以及智慧指导的行动。在完全正常时期，习惯和风俗的力量是最大的。”[③]根据智慧生于忧患这一特点，哈尔沃森也认为标志专业实践特征的困境能够作为洞察教师实践智慧的“透视镜”。根据这一思路，本文将从教师走出教学困境的能动特征来洞察教师教学智慧。

首先，观察教师如何界定教学问题。通过观察教师将教学情境设定为“技术性问题”还是“实践性问题”，可以初步判断教师是基于何种能动倾向来设计教学。舍恩认为问题设定（problem-setting）是解决问题的关键部分。对此，彭德尔伯里做出详细的解释：“对于亚里士多德来说，实践推论的大前提关注的是某种善，而小前提关注的是可能性。因此，

① 杨伯峻. 孟子译注[M]. 北京：中华书局，2011:239.

② 苏轼. 东坡易传[M]. 龙吟点评. 长春：吉林文史出版社，2002: 246.

③ Dewey, J. The Social Significance of Academic Freedom [J].The Social Frontier, 1923 2(6).

我认为明智的人不仅要深度理解实践目的和要追求的善，而且在不同情境中能够感知'什么是可能的'和'什么是恰当的'。"[①]研究者本人必须深入到情境中去，探讨教师如何选择教学情景中的关键信息，又是如何解释这些信息隐含的教育意义，分析他们界定问题的性质。

其次，观察教师如何解决问题。当教学实践问题简化为技术问题时，教师的任务就是设计最好的手段来达成事前确定的目标，"效率"成为教学评价的基本原则，并会倾向于选择普遍性原则来控制实践的复杂性和模糊性。当教师将教学情境界定为实践问题时，非常重视情境中的不确定性因素，基于情景的特征会慎思教学价值和目标，以构建合理的教学价值承诺，并探索实现这一价值的有效而合理的手段。这一过程展现教师权衡的能动特征，分析他们所呈现的能动倾向，可以判断教师是否具有教学智慧。

总之，要利用教师走出教学困境的案例来洞察教师教学智慧，要关注两个方面：一方面，要调查他们面对教学困境时，在教学价值冲突的情境中，如何权衡来构建合理的教学价值承诺；另一方面，通过分析教师走出教学困境的能动倾向来判断教师是否具有教学智慧。

三、个案选择

本研究在选择个案时考虑如下三个方面的因素：高中阶段、学科背景、特级教师。首先，尽管新课程改革已到深化阶段，基础教育发生很大的变化，但是在标准化考试的文化语境中，一线教师的教学认识是否发生根本性变化还有待于进一步的调查。在基础教育阶段中，高中教师是承受高考压力最大的群体，教师更需要在素质教育和标准化考试之间进行调适和权衡。因而他们本身就处在矛盾冲突的教学背景中，这种冲突性正是本研究选择高中阶段作为洞察教师教学智慧的原因之一。

其次，调查教学智慧要考虑教师的学科背景。因为学科之间存在很大的差异，这种差异"不仅表现在价值、行动和认识上，而且表现在学

① Pendlebury, S. Reason and Story in Wise Practice. In H. McEwan & K.Egan(eds.)Narrative in Teaching, Learning and Research. New York: Teachers College Press, 2005: 223.

科中的教学和学习方式上"。[①]宾格兰（Biglan）构建了检测学科差异的行之有效的模型。他认为学科差异分为三个方面[②]：主题内容和研究方法的某种共识（如硬科学、软科学），实际应用的程度（纯粹科学或应用科学），与生命的关涉度（具有生命或是非生命）。并且认为归属于软科学的学科教学中，教师通常会构建"以学生为中心"的教学活动，并关注学生的学习参与度；而归属于硬科学的学科教学中，教师常会构建"以知识为中心"的教学活动，并关注学科知识结构和学生对知识的掌握。但是，实际教学会是这样吗？基于这一疑问，根据硬科学和软科学的学科之分，选择不同学科背景的教师，通过比较来研究学科的差异是否影响教师教学能动倾向。

最后，选择特级教师作为研究对象。目前一些理论研究者提出教师缺少教学智慧的结论，笔者虽然对这一结论表示怀疑，但是不免担心，如果选择一般教师，他们可能没有深厚的教学智慧，要是那样，本研究就会失去意义。因此，还是选择教师专业发展最优秀的群体——特级教师。本研究最初选择五位特级教师作为研究对象，其中，具有硬科学背景的三位教师，他们分别从事生物、化学和物理的教学工作；具有软科学背景的语文教师和政治教师。选择特级教师的个人条件是：第一，他们是在 21 世纪后被评为特级教师的。第二，他们不断进行教学创新，并且组建了教学改革团队或实践共同体。第三，学校和学生对其评价很高。最后，进入叙事研究的只有三位教师，研究者选择了两门与生活息息相关的学科——生物和化学；选择一个与学生道德教育具有直接关系的学科——政治；这样有助于在两种学科之间进行比较，分析学科背景与教师教学智慧之间的关系。

四、资料搜集过程与方法

数据收集主要集中于三个来源，即半结构访谈、课堂观察和阅读教学材料。研究既是三种方式是相互交替进行的过程，也是研究者与教师

---

① Becher, T. The Significance of Disciplinary Difference[J]. Studies in Higher Education, 1994(19).

② Biglan, A. The Characteristics of Subject Matter in Different Academic Areas[J]. Journal of Applied Psychology, 1973(37).

一起解释经验的过程。

首先，阅读教师的有关资料。数据资源包括不同类型的文件资料，根据研究中所需要的信息特征，收集的资料有：教学大纲和教学设计的复印资料，这一年度学生对教师的评价数据，教师的教学日志和教学论文。通过阅读这些资料，了解他们的专业发展概况。

其次，课堂观察。由于要分析教师的使用信念，研究者必须观察教师的日常教学行动。笔者参与了他们的教学设计，教学互动以及教学后反思的三个阶段的活动。由于他们采取集体备课的形式，笔者具有机会倾听他们的教学分析，真实洞察教师的教学观和教学思维；同时深入课堂，观察教师如何处理不确定因素；课后的反思是通过访谈来倾听教师自己对教学的评价。通过这三个阶段来揭示教师的"使用理论"。阿吉里斯认为："使用理论总是涵括在行动中，并且只能够在特定语境中的实践行动推断出来。"[①]因此，在 2012 年的上学期和下学期中，聆听了每位教师 4 节课堂教学，并且每一节课都录制下来。在听课的过程中做了详细的研究日记，并且整理成文打印出来。为了使我的观察聚焦，我将利用哈尔维森的观察方案，通过问题链的设计来洞察教师的信念和价值观。根据课堂事件的录像回放来探测教师如何理解特定情境的教育意义。

最后，在课堂教学之后进行访谈，访谈目的之一是了解教师的教学价值承诺。二是观察他们如何界定教学困境，又是如何走出困境的。笔者访谈每位教师两次，每次访谈时间大约是一个半到两个小时。在第一次访谈中，主要聚焦于他们对学科教育目的、当前课程学习目的、班级共同体、优秀教师等方面的理解，分析他们的教学价值承诺。在教师允许的情况下，录制了每次访谈的内容，然后经过编码后整理为文字材料，返回到教师那里得到他们的反馈和补充，力求真实地反映他们的教学承诺。在这一过程中记下他们描述的教学困境。第二次访谈是在听课之后，记下他们"课堂教学事件"，通过录像回放，探寻教师的思维过程。课堂观察的田野笔记都是直接与参与者一同分享，引发他们解释和澄清处理课堂事件或走出教学困境的实践推理。

---

① Argyris, & Schon, D. Theory in Practice: Increasing Professional Effective[M]. San Francisco: Jossey-Bass, 1974: 109.

五、数据整理和分析

本研究中的数据分析贯彻于整个研究过程之中，使用定性研究中的数据分析工具 Atlas.Ti 4（Muhr & Friese，2004）来分析文本资料，这一工具可以包含图片、录像、文字等构成的数据。当我利用实证数据来讨论研究问题时，可以利用这个软件进行各种不同的编码系统，使数据的选择和排列变得容易。同时，数据分析和教师的解释材料都是有规律的记载在分析的备忘录上，这就有助于对二手数据的校对、评论和再解释。尽管本研究涉及五位教师，但是由于叙事研究中涉及它的描述性效度和解释性效度，这就意味着个案的陈述比较烦琐，因此，在这里只是呈现了三位教师的个案。

所呈现的案例是按照下列顺序来安排的，首先呈现每一个教师的基本概况，包括专业发展，学校概况和教学特色。然后是详尽描述每位教师常态的课堂教学，解释他们的学习观、知识观和教学观，分析他们教学活动的性质。在访谈的过程中，描述教师走出教学困境的过程。根据访谈的资料，分析教师的教学价值承诺。利用以上的数据来分析教师的能动倾向。

六、研究的信度和效度说明

教学情境总是存在三种状态："行动者所处的实际情境，行动者本人所理解的情境，以及研究者所理解的情境。"[①]叙事研究者既要了解实际所示的情境，又要了解教师本身如何解释情境的，尽量使研究者所解释的情境接近于行动者所解释的情境。由此，叙事研究要致力提升其解释性效度和描述性效度。这两种效度与布鲁纳（Bruner）在叙事研究中所提出的保真度和逼真度存在相似之处。他认为叙事研究在本质上是一个对话性研究，研究的质量取决于叙事中的保真度（fidelity）和逼真度（verisimilitude）。[②]保真度是指诠释者所描述的情境与行动者所理解情境的一致性程度，类似于马克斯维尔（Maxwell）在质的研究提出的解释

① 刘森林. 实践的逻辑[M]. 北京：社会科学文献出版社，2009:20.

② Bruner, J.S. Actual Minds, possible Worlds[M]. Cambridge, MA: Harvard University Press. 1986: 87.

性效度，这要求“研究者站在被研究者的角度，从他们的表现中找出他们看待世界的方法”。[①]逼真度是指叙事的可信度，对现象和事物的描述与实际情景的准确度，处在相似情境的实践者在多大程度上认为这是真实的，逼真度则类似于马克斯维尔所界定的描述性效度。

为了提升研究的解释性效度，本研究设计了与教学行动相关的一系列问题，力求真实地反映被研究者的教学认识和教学价值取向。叙事研究不仅需要对实践者的经验进行不断的诠释，而且还需要教师本人解释自己的经验，并且与研究者共同关注个案所展示数据的准确性。奥尔斯达（Altheide，D.L）在人类学研究中提供了关于叙事研究方法论上的真实检测理论。他认为：“人类学叙事研究目的不在于捕捉行动者的声音，而在于解释隐含某种背景下的活动经验。”[②]这说明教学生活片段会给研究者和教师提供共同反思性讨论的基础，既需要教师解释他们的实践推理，还需要研究者同他们一起来核实叙事是否真实地反映他们的经验结构。为了提升解释性效度，本论文创建了激发教师诠释经验的问题链，经对这一系列问题的回答，它们可以澄清教师当时是如何进行教学实践推理的。

通过一系列问题的设计也可以提升研究的描述性效度。哈尔维森认为：“实践智慧叙事研究中的描述性效度表现为：它在多大程度为实践者在反思中提供具有参考价值的机会。”[③]教学智慧研究的一个重要因素是如何引发教师对实践经验的反思，为教师提供驻足回望的机会。只有这样，研究者才能洞察到实践者解决问题的能动倾向。研究者将他们解决困境的经验转为各种问题，要通过一系列问题的回答来解释经验。默赛特在数学教学的个案研究中认为：“各种不同个案研究能够达成三个目的：展示示范性实践；提供机会来分析情境的不利方面；有助于实践者反思。[④]本研究的问题化设计就是促进叙事研究实现这三个目标。

---

① 陈向明．社会科学研究中的定性研究方法[J]．中国社会科学，1996（6）．

② Altheide, D.L.& Johnson, J.M., Criteria for Assessing Interpretive Validity in Qualitative ResearchHang. In L.Denzin, Y.S. Guba(Eds.)Handbook of Qualitative Research. Thousand oaks, CA, Sage, 2000: 491.

③ Halverson, R. Accessing, Document and Communication Practical Wisdom [J]. The American Journal of Education, 2004(8).

④ Merseth, K.K. Case Studies in Educatuinal Administration [M]. New York: Longman, 1997: 67.

第二节 个案研究（一）

本研究是采用“先观察，后访谈”的顺序来进行调查的，通过观察来分析教师行动折射出来的使用信念，在访谈中要关注教师如何反思使用理论与信奉理论的关系，从而可以分析教师在现实与理想之间的权衡和调适特征。笔者观察几位教师的日常课堂教学方式，进而解释教学行动蕴含的教学信念，从而洞察特级教师的教学认识方式。

一、申老师简介

专业发展概况。1980 年毕业于邵阳师专生物系，就职于某县第八中学，从事高中生物学科教学期间，带领学校科技创新小组的活动，初次萌生创新教育的观念，尝试改变传统教学方式。1987 年进入某县第四中学，重视培养学生创新品质，其创新教育进入实验阶段。1993 年进入湖南教育学院本科班脱产学习，在这期间他有幸结识对他专业发展具有重要影响的教授，在其指导下将创新教学思想系统化，并正式申报了创新教育课题，组建了创新教育的教学团队。这一时期，将创新教育的经验进行理论上的升华，相继在有关刊物上发表论文，并编辑了创新教育文集，形成较系统的创新教育思想，2004 年被评为生物学科特级教师。

学校背景。他的专业发展高峰期在四中——一所普通全日制农村高中。由于高中招生的等级化制度，经过初中升学考试的筛选，处在中考的第二个层级的学生进入四中。另外少部分未达到分数线的学生通过缴纳一定费用进入四中。因而，学生在学业成绩、学习动机、学习期望等方面都存在很大的差异。申老师认为他的教学问题之一是如何照顾学生的这种差异，使创新教学面向全体学生。第四中学的领导倡导教师进行教学改革，以形成四中独特的教学风格。对愿意进行教学改革的教师给予制度上、时间和资源上的支持。但是，教师创新的前提是更有效地帮助学生在高考中获得优异的成绩。

教学特色。创新素质成为他的核心教学价值。其制定的教育教学目标比较详细，这里只能摘抄目标中的关键部分，具体如下：

“本学期教学目标分为四个部分：（1）掌握本学期的学科知识，并能够灵活地应用和解释生物世界的现象。（2）训练学生的创新思维，主要培养学生运用联想思维、发散思维、系统思维、侧向思维等来解决问题的能力。（3）培养学生的创新意识，促进学生创造性学习知识，敢于表达自己能够想得到的各种观点。（4）激发学生的探究兴趣，培养学生的探究精神。”

可见在他的教学目的体系中，创新思维、创新意识和创新精神是核心的教学目标，教师的重要任务是寻找激发学生探究兴趣的“探究点”或“创新点”，基于探究点的性质来创设所需要的教学活动形式。关于“探究点”，他是这样解释的：“教师根据知识结构的特征，学生需要自主探究才能掌握的重点内容而设置的学习点，这是课堂教学的重头戏，具有神秘性和诱惑性，注重激发学生的好奇心和探究欲望。”

从他对探究点的解释来看，设置探究点的核心目的是激发学生的内在学习动机和自主探究兴趣。在探究点的设置中，教师不仅要考虑学生的认知结构，还要考虑学生的认知兴趣，更重要的是激发学生的创造力和想象力。他这样定义探究点的前提假设是：他相信在人的天性中就有探寻奥秘的兴趣，而教学就是帮助学生保持这份兴趣。

二、申老师的小组合作课堂教学叙事

1.“生态系统的结构”课堂教学（2012-04-27，下午第五节，某中学，高二八班）

（1）课堂教学前的教学设计。他认为这一节课是“概念学习”，但概念理解难度不大。教学重点是让学生认识生态系统的复杂性，要让学生学会利用系统思维来分析生态系统。通过与学生一起备课，将教学目标设定为：① 根据你对生态系统结构的理解，能够举例说明生态系统的各种成分。② 尝试运用系统分析法来建构某个生态系统的结构模型。③ 经过生物与环境是统一整体的概念理解，开始认识生态系统是一个开放的、整体的系统。联想到人类社会中的系统结构，形成生态学意识，学会用系统思维来看待世界、人类与自然的关系。

学习活动定位于合作探究学习，以学生“讲解”为主，通过“说”的形式来学习。这一节课的重点被确定为通过知识学习，初步培养学生的系统思维。根据这个班级的学生思维活跃，善于表达，并且已掌握生态系统的基本知识，理解这一章节的概念和结构并不难。由此，他决定这一节课由学生分组来讲解，更有利于他们的系统思维和系统意识的训练。教师在学生学习中担任评价、诊断和引导的角色。经过与学生共同备课，设立三个探究点：第一，生物系统最关键的判断依据（划分标准和成分的理解）。第二，各种成分之间关系。第三，通过实例构建一个生态系统结构模型。围绕这三个探究点，学习小组承担一个探究点的分析。学生准备学习材料，选择最能体现生物结构的画面，以及生物系统结构模型制作组要的纸张和绘图笔，分组完成各自的任务。

（2）教学互动过程。走进教室可感觉到浓厚的学习氛围，学生已经分成八个小组，每一组 6~7 名学生，分别围坐在桌子四周，正在低声讨论本节课的内容。前后黑板上已经画出几个栏目，每个栏目上都有一些图片和文字。教师提出了“生态系统的内容你知多少？”的问题。老师突出“知多少”的问题，解释知识学习中的“多”“奇”“异”的含义。他强调“多”的意思是知识的丰富性，扩展自己的知识面；“奇”意味着对知识进行大胆的想象，提出自己的奇思妙想；“异”意味着基于知识形成自己的独特理解，敢于提出与众不同的观点。因此这一节课，依据三个标准来观察你们关于生态系统的知识“知多少”。同时，对这一节课的性质进行说明：“这一节课主要是概念理解，概念学习的基本点是什么，学生回答：“概念学习注重概念内在的独特性。”

讲解生态系统的构成部分。每一组负责一个成分的解释，其他的组员倾听和提问。第一组学生讲解生态系统中的构成成分以及非生物的物质和能量。学生利用事先板书在黑板上的文字图介绍非生物环境。学生讲完后，其他学生提问，但是学生没有问题。教师提出下列问题：“阳光为什么成为能量源泉？”“蛋白质、糖类、脂类属于什么？”第一个问题，其他组的学生利用光合作用解释能量源泉。第二个问题由讲解组的学生回答，强调联系生物和非生物成分的有机物质也属于非生物成分。另一组讲述生产者的概念和功能。学生已经学习要点写在黑板上，并且用红笔突出易混淆的概念。讲完后，教师向其他组提出问题：“通过他们的讲解，除了绿色植物外，你们还能联想到哪些生物？”下一组同学讲解的是消费者，黑板上已经用中括号的结构板书重点内容。学生紧扣“异养”这一概念，利用生活中的异样现象非常风趣地说明这一概念。另一命题是消费者的级别，紧扣“食性的特征”为标准的分类，用红笔标食性的不同。紧接着下一组的学生讲解分解者的概念和功能，学生会强调“分解”在生物学上的意义，突出他的功能，这时，其他组的学生提出一个问题：“蚯蚓是属于哪一类？”主讲这一组的学生回答不出来，教师给出了提示：“蚯蚓的食物是什么”，学生沿着这一思路解答这一问题。

后面两组主讲“生产者、消费者和分解者之间的系统关系，学生在黑板上已经画好三者之间的系统图，并用双向箭头表示相互的功能。接着一个学生利用农田生态系统为例再一次说明生态系统的结构。讲完以后，教师再次提出问题：“要使生物系统长期存在，除了非生物的物质和能量的提供，至少必须包含哪几个成分？”学生之间出现了争议：一些学生认为三种成分都需要，缺一不可；另一些学生认为只要生产者和分解者。这时教师提出一个植被生态环境的例子，突出“至少”两个字，马上就有学生站起来解释只需要生产者和消费者的理由。讲完以后，教师在屏幕演示了一个动态的生态系统结构图。接下来另外两组同学讲解食物链和食物网。利用“金字塔的方式”展现了营养级的解说，并且利用池塘生态系统为例解说食物链和食物网。

教师听完后，抛出两个问题供学生思考：“同种生物具有的营养级别相同吗？”在食物网中，同种生物可以同时占有“几个营养级”。要求每一组讨论和得出结论。然后教师提出“螳螂捕蝉黄雀在后”这一成语中隐含的食物链和这一链中的营养级共有几个。在农田生态系统中的自然生物链中，如果大量捕杀青蛙，在短期内对该系统的影响是什么。这一环节要求学生独立思考，但是没有把握的学生仍然在低声议论。

（3）教学后的反思。学生对概念的理解程度超出意料，学生学会紧扣概念的关键方面，掌握概念的内核，这一点使我感到非常欣慰。但是在理论联系实际的问题分析中，还趋向于较简单的线性思维，不太擅长于采用多条食物链和食物网的系统思维来分析，这方面刚刚起步有待于学生的发展，这也是创新教学要探索的地方。

根据学校每学期学生对教师的评价，在二十五项课堂教学标准的评价中，学生选择的前面五项是：98%学生认为生物课非常有趣，学习起来比较轻松；95%学生认为老师具有丰富的生物学知识；94%的学生选择“我喜欢”老师的课堂教学方式；92%的学生认为教师具有幽默感，使课堂轻松；88%学生认为教师对于我们各方面的发展都非常关心。学生在对生物课获得最大收获的15项中，处在前三位的是，95%的学生认为他们最大的收获是“学习更加有趣”；94%的学生认为“扩展我的知识面”；94%的学生认为“提升自己的表达能力”。

三、申老师的教学行动信念

这一堂课的教学活动是“学生主讲，教师评价”的教学模式。通过学生以“说”方式来学习，让学生在“说的过程”中经历系统思维的训练，充分体现了学生的实践主体性。下面具体分析教师的学科知识观、学习观和教学观。

1. 学科知识观

从课堂教学来看，学科知识的学习成为培养学生系统思维的重要中介。他认为生物知识本身蕴含着“探究兴趣”，学生学习时要让学生体验到这一探究兴趣。这一知识观在他的课堂教学中得到充分的体现。他强调知识学习的三个维度——“多”“奇”“异”。“多”意味着学生掌握丰富的知识，并能在知识之间建立联系。从学生呈现知识的过程来看，学生学习内容远远超出教材知识，在讲解过程利用了不同学科的材料来帮助理解本节课的概念；呈现知识的方式也多样化，可以看出学生知识学习中对“多”的追求。“奇”意味着大胆想象，提出自己的奇思妙想。学生讲解知识时所构建的知识表达方式，就体现学生的创造性构思。教师临时提问的目的是引发学生的求异思维，这些问题并不是简单就可运用刚学过的知识就能解决，还需要联系其他的知识。“异”意味着学生能在知识建构中提出自己的独特观点，培养学生敢于质疑的探究意识。在学生聆听他人讲解的过程，学生会提出奇特的自然界现象，来质疑生态系统结构的问题。他将知识学习确定为“多”“奇”“异”的三个维度的构思源自对培养学生创新素质这一教育价值的思考。他认为生物学科知识是科学爱好者经过大胆猜测、仔细观察和反复实验得出来的，那么，学生学习知识的主要目的是习得这种思维、方法、意识和精神。要实现这种目的，学生的共同探究和合作应该是最好的方式。在本节课的教学中，他将教学聚焦于训练学生系统思维。思维训练的最好方式就是让学生运用这种思维来讲课，因而，选择“说”的方式作为本节课的主要教学活动。

从他对知识学习的理解可以看出，他不仅精通高中阶段生物学科的知识结构，而且对学科知识进行转化的过程中，关注的是学生借助这些知识学习可以训练哪些思维、培养哪些意识，领会哪些精神。可见，他深度理解学科知识所蕴含的理智德性和道德德性。

2. 学生学习观

学习活动体现学生参与式学习的特征。首先，他构建的学习活动体现学生的实践自由性。学生可以选择不同的方式来呈现知识，也可以选择不同的学习内容。其次，他的知识学习要求“多”“奇”“异”三个维度，实际上就涉及参与性学习的三个维度：第一，掌握知识，选择“说”的方式更加有利于学生对知识的深刻理解和系统思维的运用。第二，发展自我，学生的创新品质的培养不仅表现在生物学科知识的创新上，还表现为表达知识的形式上，充分展示了学生的想象力和创造力。第三，构建与他人的关系，通过学生小组主讲的方式来学习，使小组成员之间的密切配合，这种活动有助于培养学生的尊重、关爱、敢于自我否定的勇气和信任。最后，学习中也展现获得过程与互动过程的相互作用，在教师与学生都必须深入到教学情境中。在学习过程中，很多问题都不是预设的，而是在过程中随着学生理解而产生，因此，这样学习不仅是学生获得自我理解和方法的过程，也是学生和教师的互动过程。在互动过程中，教师和学生可能提出新的观点或新的问题。在这一环节展示了申老师是善于利用互动生成的问题促进学生的学习。

他认为学生学习概念时，不仅要掌握概念本身的知识，而且需要掌握概念的学习方法和表达概念的方法，选择了“说”的方式让学生体会概念蕴含的思维。他是这样解释为何选择通过“说”的方式：

“听”和“说”的学习方式是不一样的，“说”是为了让别人听懂，因而需要更加透彻地理解，才能够转化为自己的语言，有助于他们理清自己的思路。而“听”的学习方式中，学生关注是如何更快的理解知识和记忆知识，在这一过程思路可能是比较模糊，也不会关注如何表达自己的观点。

基于这一思考，在概念不是非常抽象和难理解的条件下，会选择“说”的方式来学习，并且认为这种“说”的方式应该在合作讨论中表现得更好，学生既要聆听他人的意见，又要表达自己的观点。

根据学生在课堂教学的表现以及他设计教学的思路来看，尊重学生的创造性自由，并极力将生物学科的学习转化为学生的自愿的主动性要求，这种学习是在学生互动、学生与教学互动、学生与社会互动的过程中进行的，要求学生的深度参与，也要求教师的深度参与，在这一过程学生的实践主体性得以体现，由此可见，他已经形成了参与式学习观。

3. 教学观

教学是帮助学生学习的活动，也是洞察学生理解的过程。申老师的课堂教学中，教师是学生学习的“欣赏者、评价者和导航者”。学生在讲解过程中，申老师以欣赏的态度来洞察学生表现出来的亮点，进行适当的表扬和中肯的评价。当学生出现理解偏差的时候，没有直接纠正学生的错误，而是利用问题和事例引发学生的发散性思维，提供线索让学生重新思考，但始终引领着学生对知识的理解方向。当教师从讲授任务中脱离出来时，有更多的精力观察学生的学习策略和方式，从而容易发现学生学习中遇到的问题，并且及时找到解决问题的方式。在访谈中，他经常提道：“学习成绩特别好的学生实际上都是自己学习。”因此，他在教学中的关注点就是如何促进学生学会学习。在教学互动环节会关注不同层面学生的发展，通过适宜的评价，鼓励学生找到适合于自己的学习方式。由此可见，他的教学就是一个伦理探究。以学生“学会学习”为核心目的，培养学生的创新品质为长远目标，来思考教学活动的性质，为学生的创造性学习提供良好的伦理氛围，使学生敢于表达自己的观点，也敢于质疑他人的观点的正确性。

总体来说，他的教学设计就为教学互动中的不确定因素留下了空间。教师的主要任务是对学生在学习中涌现的观念和理解进行及时的评价，激发学生新的思考，发展学生的想象能力和创造新知的能力，这就表明教师采用“目的构成式”推理，利用了教学互动中的不确定因素的教育价值。并创建了民主的教学氛围，学生敢于表达自己的观点，体现参与式学习的特征。根据教师行动中体现的知识观、学习观和教学观来看，他的教学活动呈现道德性实践，充分发挥学生的实践主体性。

第三节　个案研究（二）

一、陈老师简介

专业发展。1983年毕业于娄底师范中等专科学校，就职于××四中。一方面承担政治学科的教学工作，另一方面兼任团支部书记。1988年进入湖南教育学院脱产本科学习，这一期间学习的理论对他后来的政治学科教学改革起到很大的引领作用。1994年调入××一中，提升为主管德育工作的常务副校长。因而，他的专业发展分为两条路径：其一，有关学生德育教育和管理方面的专业发展。他的德育教育具有“严抓”和“活抓”相结合的特色。“严抓”主要制定适合于本校的道德规范和学生守则，实行德育教育的分层管理的制度；“活抓”表现为构建多种实践活动，让学生通过实际行动来体验道德教育。现阶段在一中构建了“十大经典活动”德育实践课程。××一中也成为湖南省的示范学校，这一方面展现他的教育智慧。其二，政治学科教学方面的专业发展。他的教学创新来源之一是德育管理过程中学生所存在的道德问题，促使他思考学生的道德发展与知识学习之间的关系。因为教学上的优异表现，被选为该县政治学会理事长，该县首届高中学科带头人，引领着该县政治学科教学的发展方向。2003年进入湖南师范大学攻读教育硕士学位，提高自身的理论修养和研究能力，以更加宽广的视野来引领政治学科的教研活动。同时，将经验转化为理论知识，发表一些学术论文。2008年，被评为政治学科特级教师，并连续三年被选为湖南省政治学科高考命题组成员。

学校和学生概况。××一中是湖南省重点中学，在初中升高中的考试中处在第一层级的学生才能进入××一中。这些学生不仅具有较好的知识基础和强烈的学习动机，而且也具有为考上好大学而拼搏的信念和意志。但也有一部分学生是未达到该学校招考的分数线通过缴纳费用进入的。相对而言，这部分学生的知识基础较差，但是他们满怀希望进入这一所学校，具有较高的学习动机。该校部分教师总是关注学业成绩好的学生，而成绩较差的学生并没有得到所期望的教学关注。当这一部分学生的学习期望落空时，会通过各种方式表示自己的不满，道德教育成为××一中的难题。因此，作为主管学校德育工作的副校长和政治学科的教师，必须解决两极分化造成的“后进生”的道德教育问题。

教学特色。培养“君子风范的公民”是陈老师制定的长远的教学目标。他提倡“受过教育的人”应该成为具有“君子风范的公民”，这一目标已成为一中的校训。他认为“君子风范的公民”应该具备七个条件：（1）健康生活者。具有强健的体魄、顽强的意志、健康的审美情趣、独立生活的能力。（2）生涯管理者。学会管理自己的情绪、时间、目标和行动，对自己未来的生活保持一种前瞻性的向往。（3）知识丰富者。广泛涉猎自然、社会和人类的知识，初步形成科学、历史、道德、美学等多样化的视角。（4）独立思考者。能够理解和尊重他人，欣赏自己与他人的杰出表现，具有质疑的勇气和思维能力。（5）勇于负责者。能够热诚、专注地竭力完成任务，表现出自律、敢于承担风险和超越自我的能力，信奉“天道酬勤、行胜于言。”（6）乐于合作者。礼貌、正直、忠诚，遵守集体和社会规则，乐于分享，并具有共赢的竞争意识，在各种活动中表现自信，有能力表达自己，能与他人有效愉快地合作。（7）胸怀天下者，具有“大我”情怀和君子气质。

为了实现这一目标，基于对苏格拉底的“产婆术”和孔子的对话教学理论的反思和理解，提出“启发生疑—鼓励质疑—创造性解疑”的教学模式。他的教学重点在于培养学生的“觉悟”能力。目前他提出的“以学生为中心”的“导学制”，已成为一中教学改革的一道靓丽风景，每个学科都在进行“导学制”的教学改革。导学制的教学模式由“预习案—质疑探究—拓展提升”三部分构成。教师的任务之一是设计激发学生思考和觉悟的“疑点”，任务之二是“解疑”，这种“解疑”对教师提出巨大的挑战，教师不仅要学识渊博而且还必须具备辩证对话的能力。

二、辩论式课堂教学

1.“思想道德修养与科学文化修养”课堂教学（2012-12-02下午第六节，某中学，高二七班）

（1）课堂教学前的教学设计。教学设计分为两个部分：一部分是学校教研组同一年段的教师集体备课，分析学习内容、教学目标和教学策略。另一部分，各位教师根据本班级的学生特征设计具体的教学活动。教学目的如下：“第一，明确产生思想道德冲突的原因，并寻求解决途径；第二，了解科学文化修养与思想道德修养的含义，理解二者之间的关系；第三，认识到追求更高的思想道德目标是一个永无止境的过程，学会利用正确途径切实提高自身思想道德修养。”

陈老师认为高二七班学生具有“好问、质疑，乐于辩论”的特点，与学生一起设计教学过程。具体设计可以归为四个方面：第一，确定学习活动形式。让学生设定学习的基本问题，学生认为关于文化建设和道德建设之间关系，可能存在分歧的观点，需要“辩论方式”来学习。第二，同质性分组。关于科学文化修养和思想道德建设的观点和主张具有一致性观念学生为一组。第三，确定共同探究的社会问题，教师选取现阶段的实际问题的材料，由学生经过讨论然后确定要分析的社会问题。第四，联系实际问题的合作探究，采取小组讨论的方式来面对自身道德修养提升的原因和途径探究，提升他们的体悟能力。

（2）教学互动过程。高二七班是高二文科重点班级，学生人数64人，分为八个小组围桌而坐，80%学生是因为上学期成绩优异进入本班。还有20%学生来自其他渠道，基础相对差一些，走进课堂就感觉到一种浓厚的学习氛围。

导入部分，教师通过道德“两难问题”的讨论开始。“某医院急救室同时迎来一位受伤生命垂危的年轻人和一位同样状况的老人，但只有一个手术室，医生该如何选择”题引入了新课，学生非常踊跃地表达自己的观点，教师没有评论出谁对谁错，而是强调一点：“不同结论来自不同的生命价值观。”接着提问“对于价值观、人生观、世界观正在形成阶段的我们来说，主要哪些因素会影响我们。”学生分组罗列答案，教师提出科学文化知识与道德修养的主题。

第二个环节检查学生所预习的知识，学生来陈述科学文化知识和思想道德修养的含义、内容和要素，学生陈述比较清楚。教师只是强调几个部分。然后运用知识进行辩论的学习活动。由四个大的辩论组构成，最后将辩论得出的结论和理由呈现出来。教师通过巡视各个小组的辩论。学生在热烈的讨论中举出各种例子来论证自己的观点，似乎难以达成共识。在这种情境中，教师引入大家比较熟悉的“钱学森故事”作为分析材料。简单介绍钱学森的人生阶段，特别是以钱学森放弃优越的条件回到祖国这一事例为讨论点。学生开始分析钱学森的科学文化修养和思想道德修养的相互作用的过程，各抒己见，但是基本上达成某种程度上的共识，学生得出科学文化修养和思想道德修养的循环关系。

第三个环节，理论联系实践的分组探究。每一组由组长负责这一组组员的配合问题。探讨教学设计中提出的两个问题，给出五分钟的准备。学生分别将自己组的答案写在前后的黑板上。教师根据各组的答案做出综合的归纳和评价，理出一个框架写在黑板上。其中，一个学生在回答候选人提高修养的问题时，突出理论学习的重要性，学生认为“要想提高自身的修养，必须提高自己的理论水平，才能够以更广阔的视野来思考自己管辖区的问题。”教师给予这一学生很高的评价。学生都自发地鼓掌表示赞赏。

第四环节，学生独立思考环节，结合自身的实际问题来阐释如何提升自己的思想道德修养并提供两条路径。学生内省自己目前的人生观、价值观和世界观，寻求最佳方式来提升自身思想道德修养的途径，学生开始笔答。教师强调某个学生的观点：“加强自身的科学文化修养，理由是只有良好的科学文化修养，才能使我们更准确和深刻地认识社会、认识世界和认识自我，才能拥有更广阔的胸怀和视野，来处理实际问题，否则只是井底之蛙。

（3）教学后的反思。教师认为这一节课比较成功，他所担心的是，一部分学生已经习惯于接受式的学习活动，还有部分学生们不擅长言语表达，还不适应这种学习方式。部分学生能够充分利用合作学习的机会，展现自身的个性化理解，但是，小部分学生可能被热烈的气氛中所淹没，他们反而得不到很好的学习机会。因而，还需要关注这一批学生的学习转型，促进他们善于表达自己的真实愿望和观点。

学生对教师的评价。根据学校和学生的评价，100%的学生选择了“非常喜欢或喜欢”。在 25 项课堂教学标准评价中，前面 5 项，96%的学生认为教师具有丰富的知识基础；95%的学生认为通过教学，我觉得政治学科学习起来比较轻松和有趣；92%的学生赞同教学方式灵活，经常期待上政治课；88%的学生认为对我们的身体、心理和精神等方面都非常关心。学生在对政治课获得最大收获的 15 项中，处在前三位的，98%的学生认为他们最大的收获是“更好的理解世界、社会和他人”；95%的学生认为提升自己与他人交流的能力；94%的学生认为提高我的考试成绩。

三、陈老师的教学行动信念

基于课堂教学的设计环节和互动环节，陈老师的教学活动所体现的“使用信念”如下：

1. 学科知识观

政治学科知识不同自然学科的知识，政治学科知识本身具有“觉悟性”和“论辩性”，需要学生的自身认同和觉悟，经过价值判断之后决定选择接受哪些信念或观点。他这一节课也充分体现了学生学习知识的论辩性和觉悟性。学习不仅是掌握知识和提高解题能力，而且提升自我的觉悟能力，而这种觉悟能力强调与他人的商讨和对话中，既要了解和评价他人的观点，又要反思自身的观念体系，引导学生改变或拓展自己的观念系统，以树立正确的道德观、价值观、人生观和世界观。因此，他将政治学习目标设定为 “知识、能力和觉悟”的三维结构。觉悟这一维度主要是通过与学生实际生活联系起来，根据所学的理论来体悟和内省自身的观念。他的课堂教学总是将政治学科的概念、命题和原理与实际的生活问题、社会问题紧密联系起来，通过与他人的交流和辩论，引发学生真实的思考，促进学生观念系统的改变，使其形成正确的是非判断力。因而，他认为政治学科知识本身具有“论辩性和觉悟性”，学生学习政治学科知识就是一个价值判断的过程，经过觉悟和慎思后，选择哪些观念，放弃哪些观念。由此可以看出，他充分理解了学科知识的育人价值，理解政治学科知识所蕴含的“论辩性和觉悟性”的德性结构。

2. 学习观

学习是学生交流和论辩的活动，也是学生存疑、质疑和解疑的活动，并且通过与同学的讨论、辩论来反思和澄明自身的观念，引发学生对自身已有的假设、价值观、人生观、道德观的反思性判断。他认为政治学科知识是一种文化负载的知识，学生的质疑、生疑和辩论等活动可以使学生深度理解概念、命题或原则。教师的基本任务是设计问题诱发学生的思考和辩论。他认为很多学生能够理解和记忆政治学科的理论，但是，他们内心深处并不一定认同和接受。要使他们将普遍性道德原则和个人道德理念之间建立适当的联系，先要引发学生学会澄明他们内心真实的想法，其次要深度理解普遍性的道德原则。要达到这种目的，选择小组合作和辩论的教学方式，使学生意识到看待社会问题的不同视角的优势和局限性。在论辩之后，留下时间让学生独立思考，并且通过笔答的方式引发学生深度反思自己的观念，提升他们的“觉悟”能力。他的这种学习方式更需要学生的深度参与，一方面为解释某些观点提供充足的理由，同时又要倾听他人的观点，并且对他们的观点做出适当的评价和回应。教师在这一过程中，要评价学生在辩论中提出的独特观点，并善于利用这些机会，引导学生的价值观和道德观的发展方向。由此可见，他的课堂教学需要学生基于自愿的主动性参与，也需要学生的创造性自由，才能够评价别人的观点，并提出自己的观点，并且是在互动过程来完成的。这种学习需要教师的深度参与，才洞悉学生的观念发展的状态，在过程抓住教育时机。可见，他的课堂教学体现了参与式学习观。

3. 教学观

教学是建构联系的活动，也是促进学生观念改变的过程。一方面，学生之间建立对话的关系，在课堂教学的辩论中，学生小组成员之间的配合显示合作学习的优势。在辩论中提出理由和事例已远远超越了教材的内容，学生在学习过程中要对概念、命题或他人的观点进行评价，也要为自己观点的合理性进行辩护，这样的学习本身成为伦理探究活动。另一方面，教师与学生建立对话关系，让学生参与他的教学设计过程，从学生对知识学习活动的设计中，洞察学生现有的理解水平和理解中存在的问题。他将自己定位于“敬而亲之”的教师角色。他认为高中阶段的学生处在道德观念发展的“过渡”时期，学生开始对社会具有一定的批判能力和认识能力，已经不是“人云亦云”的阶段；但是没有形成比较稳定的道德立场和价值观。学生是处在过渡阶段，学生的人生观、价值观和世界观逐渐明朗，教师有责任引导他们形成正确的观念。如果要当学生的“引路人”，学生先要从内心深处认可这位教师，认为教师是值得尊敬和钦佩的人。同时，只有教师变得亲和，学生才会向你倾吐他们内心真实的想法，进而找到适当的教育时机。

总体来说，他的教学就是引导学生反思自身观念，并做出相应的改变以形成合理的观念体系。达到这一目标的最好方式通过与他人的对话和自己的觉悟。因而，他的教学过程就是学生展开想象和创造新知的过程，这些学习活动需要学生的深度参与，充分地展示了教学的实践性。

第四节　个案研究（三）

一、宁老师简介

专业发展概况。1976 年高中毕业后，在××井田中学任教。1978 年到邵阳师专化学系进修，毕业后分配到××第九中学教书。1987 年调入××第四中学，加入申老师引领的创新教育实践共同体，尝试将创新教育思想运用于化学学科的教学。1994 年，参加湘潭师院函授本科班进行学习，提升自己的理论水平，开始将自己的经验进行理论化，陆续将自己的研究成果发表在期刊上。于 2008 年评为特级教师，由于宁老师与申老师在同一所学校，他们所在学习的概况基本相似，这里就不再介绍。

教学特色。他的教学特色是对化学知识的精湛讲解艺术，教学关注点是提升学生解决学业问题的能力。与申老师同在一所学校，成为创新教学团队中的一员，秉承了这一实践共同体的教学理念，提出了“以创新思维为主体，创造教育为原则，创新教学方法为主线的”的三维立体教学模式。根据化学学科的特征，构建“生活引入—课堂积累—社会实践”的教学过程模式，认为化学教学是整合“课本资源、生活资源、社会资源”来构建的学习活动。设定了“自主学习、提出问题、实验探究、归纳总结、巩固提高”的五步教学法，并将从实践中得来的经验升华为理论，相继发表了八篇论文。

宁老师的化学学科教学大纲上也没有明晰写出本学科的教学目的，只是教案上根据新课程的三维目标的格式写出教学目标，除了知识目标上有所变化，在不同的章节的教学计划中，可以看到相同的能力和情感目标。如“通过学习，培养学生自主学习、积极探究、合作创造的能力，学生在自护学习、合作实验、共同探究中养成勇于探索的科学精神和协作精神。”实际上，他的教学主要定位于知识目标。

二、“氢氧化亚铁的制取”课堂教学（2012-11-16 上午第三节，高一五班）

（1）教学设计。宁老师将这一堂课设定为实验教学。他根据三维目标结构来拟定学习目标，具体目标如下：“知识目标：掌握氢氧化铁、氢氧化亚铁的性质和制法。能力目标：通过实验，培养学生观察能力、动手能力、实验设计能力，培养合作学习、实验探究、合作创新的能力。情感目标：学生在自主学习、合作实验、共同探究中养成勇于探索的科学精神和协作精神。”教学方法主要以实验为基础的合作探究学习，学生通过试验来推断化学反应的方程式，并理解氢氧化亚铁的制取原理。并在实验员的帮助下，准备所有的实验器材和原料。根据座位的就近原则，组成实验小组，每组由 4 或 5 个学生组成。学生在做实验之前，必须预习实验氢氧化亚铁的性质和实验的操作流程。

（2）教学互动中。学生分为 12 个实验小组，围绕在准备好材料和器材的实验桌旁，静静等待着教师的到来。第一环节是引入新课。展示学生关于铁元素在人体的作用的调查结果，只有几个同学进行了调查，其他的学生并没有调查。然后是阅读教材，掌握氢氧化物的性质。与学生一起回忆 $Al(OH)_3$、$Mg(OH)_2$ 的制取过程，了解氢氧化铁和氢氧化亚铁所需要的材料、容器和装置，详细介绍实验步骤，并且通过大屏幕展示这一实验过程，让学生熟悉实验的操作程序。

第二环节是学生分组实验。根据教师所规定的操作程序进行实验，每组做实验的只有一人，其他成员等待着实验的结果。当每组学生操作完毕，试管中出现红褐色的沉淀，教师就此现象提出问题：“$Fe(OH)_2$ 应该为白色的沉淀，为什么我们观察到的是红褐色，能不能得到白色沉淀？”学生似乎用不着讨论就得出结论。然后学生根据这一程序进行试验操作，两个学生用不同的方式进行试验，其他学生对现象进行比较，发现滴管放置在 $FeSO_4$ 的溶液之外，与防止溶液之内的现象进行比较。教师在屏幕上打出探究的问题：“在两个试验中，反应物相同而操作方法略有不同，为什么会产生不同的现象？为什么要强调用新制的 $FeSO_4$ 溶液，用久制的溶液会怎样。”学生不用讨论直接得出结论，并且每一组的答案基本一致。然后教师请两个学生读出这次化学实验的反应方程式。

第三个环节是思考阶段。教师提出了“制取白色的 $Fe(OH)_2$ 的实验成功的关键是什么的问题？当教师刚说完时，个别学生做出了正确的回答。接下来教师在大屏幕上展示第二个深入思考的问题：“通过以上方法，氢氧化亚铁存在的时间非常的短暂，白色沉淀迅速氧化为灰绿色的，最后转成红褐色，我们怎样做才能较长时间来保存生成的氢氧化亚铁？请你设计合理的实验方案。学生提出方案非常相似，教师在黑板上提出六种方案，然后对以上方案进行评价。学生认为六种方案都具有可行性，要求学生选择其中可行的方案进行实验。又在屏幕显示实验所需要的材料和操作的示意图，将前面六种方案综合起来的示意图，最后学生根据这一示意图来进行实验。教师在学生做实验时巡视各组，各组所利用的操作程序是一样的，一半以上的学生基本是观看者，没有争论或是讨论。教师小结，在黑板上写出了实验结论，在排除了溶液和空气中的干扰后，白色的氢氧化亚铁就可较长时间存在。教师设疑：“除了这种方法，你是否还有其他的方法可制得白色的氢氧化亚铁呢。只有前面回答问题的同学继续回答这一问题。

第四个环节是拓展延伸，通过大屏幕展示一个在密闭的综合装置中制取白色氢氧化亚铁的实验装置，要求学生观摩实验。教师开始讲解以及发生反应的原理。部分学生认真做笔记，还有一部分学生静静地坐在那儿，什么也没做。最后，屏幕展示的所学知识的巩固联系。在屏幕上展示了另一个关于制取白色的氢氧化亚铁的实验装置和材料，要求学生写下三种制取的方法，以及制取原理以及其性质。

（3）教学后反思。这一节课学生发挥正常，学生预习比较充分，学生的动手操作能力提高了，也轻松地掌握了氢氧化亚铁的性质和制作原理，成绩较差的学生在组员的带领下参与到实验中来。

二、宁老师的教学行动信念

虽然宁老师将这一堂课设计为实验探究课，但是学生所展示的是程序化操作过程，并且一部分学生没有参与到学习中来。这与他设计的教学目的似乎不一致。课堂教学行动所体现的教学信念分析如下：

1. 学科知识观

化学知识是事实性知识，需要学生准确的理解，因而，大量的练习有助于学生记忆和理解。他是这样分析化学学科的知识，“化学是自然学科知识，经过若干次实验得出来的，学生要掌握这门学科的知识就需要透彻地理解化学物质的性质和结构，并理解化学物质之间的关联，这就需要大量的练习来加深学生对知识的理解和记忆。”实验教学本身是促进学生通过实验来发现某种知识，但是他的课堂教学没有完成这一任务，而变成学生对已学知识的验证过程。只有掌握这些知识的学生可以参与其中，没有具备这些知识基础的学生只能是“旁观者”。从他对化学知识的解释以及课堂教学来看，他对学科知识理解中强调教师掌握化学知识的实质结构，也强调教师如何讲解有助于学生理解和记忆知识，几乎没有思考化学知识学习有利于培养学生哪些德性。

2. 学习观

学习目的是掌握知识和提升解题能力。虽然他的实验课称为探究性学习，但是从教学互动来看，学生之间并没有展示真实的探究过程，学生完全是按照教师设计的操作程序来进行实验。虽然名为小组合作学习，但是，小组成员之间没有真正的合作，学生之间几乎没有交流和协商，操作过程始终是由部分学生来做的，另一部分学生几乎就是观看者。由于他的课堂教学是以班级成绩较好的同学来设计的，因而需要一定的化学知识基础和理解能力，学业成绩较差的学生显然不可能参与到这种学习活动之中，班级上课中出现部分学生保持沉默或者做其他事情。他的教学活动之前是设计了结构严谨的教学程序，在教学互动中严格按照这一程序进行，使不确定性因素最小化。教学呈现“以教师为中心”的模式，强调学生对客观知识的正确认识，不太关注学生创造新知识。实验教学的实质是要求对已学知识的验证过程，学生是在教师设计的实验操作程序来进行的，他们的学习不是基于自己的主动要求，而是教师强制下的要求。没有一定知识基础的学习不可能参与其中的学习，但教师也不关注这一部分学生。基于这几点宁老师所构建的学习活动是一种接受式学习，而不是参与式学习。

3. 教学观

教学是促进学生快速掌握知识的认识活动，教师是知识传授者。教学的重要任务是如何通过精辟地讲课，使学生高效率地接受知识和提升解题能力。在课堂教学中，教学关注对象是成绩较好的学生。他对这一部分学生设定较高的教学期望，希望他们能够快速地掌握知识，并且能够灵活地运用知识解决学业问题。在互动中，他能敏锐感知这些学生的学习理解程度，并对他们学习中存在的问题进行及时反馈。然而，课堂教学还存在另一种现象，部分学生似乎是安静的“旁观者”，没有参与到学习中，但教师没有注意这一问题。

总体来看，他的教学就是一个程序化的教学设计过程。教学目的强调掌握知识和提升解题的能力维度，从而轻视化学知识的育人价值的思考。在效率原则的驱动下，选择关注部分学生，并以这一部分学生为关注对象进行教学决策，使得另一部分学生不可能参与这种学习活动，从而忽视学习活动本身具有的教育学意义，将教学实践问题简化为技术性问题。

第五节 个案研究中三位教师走出教学困境的能动性比较

观察教师的课堂教学和使用信念的分析，初步可以判断他们的教学呈现哪种实践形式。但是，这也可能是教师一时的表现，难以判断他们的比较稳定的能动倾向。因而，还需要观察教师如何走出教学困境。在访谈中，他们会提到引发他们进行教学改革的教学困境，并详细解释自己化解这些困境的思考过程。下面就是描述他们界定问题和解决问题的过程。

一、三位教师的教学困境

虽然三位特级教师能够熟练化解教学中的问题，但是由于学生具有个体差异性，也会遇到各种教学困境。

（一）申老师的教学困境

申老师的专业发展实际上是他的创新教育思想的发展过程。在访谈中。他会经常提到引发他进行教学改革的教学困境。在20世纪90年代初，生物学科曾被划出高考的考试范围，不论是学校还是学生都不重视这一学科的学习，因此，大多数生物教师也是随意对待这一学科的教学。但是，他开始思索如何在这种困境中成为一个优秀教师，实现生物学科应有的教育价值。

首先，他理清生物学知识对学生发展的价值。他认为生物学知识与学生的生活、大自然以及学生身体密切相关，孩子的天性中应该有理解自身和自然的需求和兴趣。当生物学科的学习失去高考这一外在价值的驱动时，就需要从学生的内在学习兴趣着手。关键在于通过“什么样的教学方式”激发他们的兴趣？根据他的生物专业学习和研究的经历，以及观察生物学科共同体中科学家的研究活动，他发现不管在多么艰苦和困难的条件下，学者们孜孜以求地执着于探究的根本原因是他们从探究中所获得乐趣和成就感。如果学生具有这种内在的学习探究兴趣，那么学习就不是“苦差事”，因此，他认为教学最重要的目的是激发孩子的内在探究兴趣，并且萌生了创新教育思想。同时，他分析了中国改革开放初期对高素质人才的需求，发现社会最重要的人才素质是创新素质。他的创新教育①始于20世纪80年代中期，当时正是中国社会发展转型时期，他通过观察发现：不论哪一行业，只要比较灵活的人就有发展的机会，因而，他觉察到中国市场尤其需要敢于创新的人才，这种思考使他确认了创新教育的可行性和必要性。

其次，随着这一教学价值结构的确定，接着“什么样的教学才能激发学生的内在探究兴趣”成为教学思考的关注点。他分析了高中阶段的

① 注释：20世纪80年代的教育政策和教育制度还没有明确地提出创新教育，直到1999年6月，《中共中央、国务院关于深化教育改革全面推进素质教育》中说明创新教育和素质教育的关系，同年10月20日的《中国教育报》在头版的位置报道了创新教育课题，正式提出：创新是实施素质教育的关键。而申老师的创新教育思想源自20世80年代中期，主要是对社会人才需求的敏感。

生物学科的知识特点，生物学科知识本身是科学家探究发现的，生物学科知识具有“探究性”，因此，生物学科知识的学习应该具有“探究性”，那么这一学科知识结构中存在激发学生求知欲望的“探究点”，设置激发学生的内在探究兴趣的“探究点”是创新教学的前提条件。由于当时学校环境的原因，申老师只能在小范围内开始进行创新教学的试验，创新教学分别在两种活动中进行：一个是创新教学思想贯彻在科技创新小组的活动中，另一个在自己所教的一个比较差的班级进行实验。教师的任务是分析知识结构、设立探究点、准备必要的材料。课堂教学以“探究点”为中心，根据探究点与学生的特征设定各种各样的教学活动。

另一个教学困境是创新教育与提升高考应试能力之间的困境。1994年后，生物又成为高考必考的科目，创新教学的有效性必然经过高考标准化考试的验证。面对许多学生、家长和学校领导的期望，许多教师都坚持传统教学模式，以避免教学变革给高考带来风险。如果创新教学要想得到各个方面的认同，只有经过高考的检验才具有说服力。面对高考与创新素质培育是否具有一致性的质疑时，他根据观察学生的学习，更加坚定了自己的教学价值承诺。坚信只要学生的创新素质得到了培养，学生应该在高考中有更好的表现。但是，他的创新教学遭到少部分学生的抵制，他讲述了一个女孩拒绝参加创新教学的故事。

“一个女学生性格比较内向，但是思维非常活跃，总是默默坐在那儿倾听。有一天她找到我，请求退出创新学习活动，她更愿意选择独自阅读教材的方式。原因是她认为那样学习效率会更高。她说：‘通过探究获得的知识，我一看课本就知道答案了，不如将这些时间用来做练习。我更喜欢教师详细地讲解，那样学知识又快又多。’我当时好像被浇了一盆冷水，一时不知如何答复学生提出的要求。”

申老师没有马上给学生答复，而是冷静下来思考学生这样做的原因，并将这一问题作为实践共同体探讨的问题。最后一致认为学生不愿意参加创新教学存在以下几个方面的原因：其一，学生对学习目的理解过于狭窄了。这位学生的观念中，学习目的是掌握知识以获得优异成绩，而忽视其他能力的发展。同时，他们肯定这位学生探索自身学习策略的态度和勇气，并通过与学生“关于学习目的”的认识进行沟通，让学生明白创新教学的真实目的，也使他们相信只要创新素质得到提升，他们的学业成绩肯定得到提升。与学生一起分析她性格中的优点和缺陷，使学生认识到学习目的不仅仅是掌握知识和应付考试，更重要的是，学会交往和协商，创造属于自己的知识，使她意识到学习活动对她的性格和能力的培育作用。经过与学生的坦诚地交流，最后，学生决定积极地参与这种学习活动。其二，创新教学本身存在的缺陷。创新教学可能成为部分学生发挥的舞台，很多学生已经习惯传统的学习方式，不会与他人交流，并担心被别人嘲笑，不敢表达自己心中的创意。在这种探究式学习中，表现优秀的总是一小部分同学，其他的同学仅仅是“观众”。他开始思考何种学习方式可以促进全体学生的参与。

基于这些分析，他将创新教学的目标结构和教学活动形式进行根本性的改变。改变之一是教学目的结构，将“创造新知”增添为教学目的。生物学科回归到高考范围，学生掌握知识和提高解题能力就成为创新教学的不可避免的学习目的，并且分析创新教学可以使学生在高考中获得优异的成绩，根据这一思考，将创造新知增添到创新教学的教学价值结构中。改变之二是创新教学活动形式。将不同活动培养不同创新素质的分离教学模式,改为同一个教学活动培养学生创新素质的整合教学模式，并且将民主性原则作为教学的第一原则。

（二）陈老师的教学困境

教学困境之一是政治学科知识学习中，学生理解知识是一回事，但是学生是否接受这些知识并内化为自己的行动原则是另一回事。陈老师在德育工作中发现了普遍性的学生道德问题。当学生违反基本的道德规范和伦理原则时，在为自己的行为进行辩护时提出的理由竟然与政治学科所提供的原则相背离，但是他们自认为这些理由是“非常合理”的，形成“利我主义”的道德立场。这种现象使他思考下列问题：在高中阶段，学生的思想道德建设处在一个关键时期，如何提高学生的思想道德水平、增强学生的自律能力？如何使学生反思自身的道德观念？面对这些实际问题，他开始思索政治理论学习与学生行动之间是什么关系？为何学生为自身的不道德行为进行辩护时，会提供大量的自认为“合理”的理由？如何将理论知识转化为学生的践行观念？教师在其中充当什么角色？

基于这些问题的思索，他重新认识政治学科的教学价值，也重构教学活动的概念。他认为教学要培养的人应该是“君子风范的公民”。君子第一个特点是形成正确的道德观、人生观和价值观。他认为学生理解政治学科的知识并不困难，困难的是学生对这些观念的认同和判断。只有学生认同这些观念，学生观念体系才可能改变，学生才能够真正学会“做人”，学会学习。由此，将教学活动改为“解疑”教学。他所指的“疑惑”不仅是学生在知识领域上的疑惑，而且是学生在价值领域中的疑惑。解决这种“疑惑”，需要学生的觉悟能力，因而，他将政治学科的学习目的设定为“知识、能力、觉悟”的三个维度。

第二个困境是学生差异与高考标准化考试之间的困境。在中国的高中阶段教学背景下，家长、学生和学校对学生高考表现寄予很高的期望。因此，高中教师承担很大的教学压力。面对学生的差异，教师应该如何维持教学公平以促进学生个性发展？也就是教师的教学决策应该以哪一部分学生作为教学设计的关注对象？陈老师所教的班级是重点班，但是学生的两极分化现象非常严重，教学以谁为对象来思考教学目标和设计教学策略是一个两难问题。在访谈中，他提到令他重新认识教学的一个故事。

在临近高考前两个月，一个成绩中等偏上的高三学生决定辍学，并且拒绝参加高考。在其他教师和家长都劝说无效的情况下，陈老师说服了这个学生。陈老师与该学生进行深入的交谈，学生说出了坚持的原因：一次的考试成绩就决定我们进入不同的大学，这是不公平的。按照现在的成绩，我肯定考不上理想的大学，不如早放弃，不要经历那份希望落空的煎熬。陈老师敏锐感知到这只是一种外在的原因，引发学生这种想法还有他不肯言说的内在原因。陈老师根据自己承担高考政治命题经验，将他们在出政治试题时如何想办法体现“公平”的思路告诉学生，使学生理解高考对所有学生来说具有相对的公平性。在打消这些顾虑之后，学生说出自己回避高考的真实原因是厌倦学校的学习方式，这种厌倦令他否认高考的意义。在与家长和其他教师的商量之后，学校的教学策略不可能为他一个人而改变，因而鼓励学生自己选择学习策略。学生选择在家里自己复习，有问题再到学校求助于教师。最后学生参加高考而且高考成绩比较优异。

这些事件令他反思当前学校的教学模式所存在的问题。一方面是他意识到学生对社会问题的偏执看法，如何才能促进学生形成辩证的思维方式看待自身发展和社会问题，这应该是政治这一学科应有的教学任务。

每年在高考前，部分学生出现心理上的问题。很大部分原因是对现有学习方式的厌倦。基于这些思考，他开始构思“导学制”的教学模式，将政治学科的学习确立为“引发学生生疑—促进学生质疑—激发他们创造性解疑”的活动。他这样教学决策的理由之一是政治学科知识具有时代性的，是某个时代规范出来的概念、命题和原则。只要学生具有一般的认知能力和思维能力都能理解。关键的问题在于他们对这些理论知识进行价值判断后，选择可以认同和内化的知识。理由之二是这些道德规范和原则的学习中，通过同伴之间的不同观念的碰撞和交流，学生更加容易接受彼此的观点，同时反思自己的观念体系。

由此，陈老师重构了教学活动的概念，教学互动是学生学习和反思的活动。教学设计改成学案设计。在学案设计中，教学重点是在于学生如何对已学知识的综合运用，通过“课堂讨论”的方式来探讨实践问题。在讨论中，学生会对理论提出质疑，在学习中学生会发现单独一种理论往往难以解释复杂的实践情境。学生自己尝试从不同的理论视角来解释社会问题。他的教学大多数采用小组合作方式，并且学习小组的成员随着不同的学习内容做出调整。教师的重要任务是设计引发学生生疑的社会问题或理论问题。在这种教学中，教师面临最大的挑战是为学生解疑，学生所提出的问题往往是教师意料之外的问题。

（三）宁老师的教学困境

宁老师的最大难题是学生的差异性太大引发的教学困境。他在教学中经常思考：“教学中应该关注哪些学生？”这一困境与所在学校的学生特征有关，这所学校所招收是中考成绩处在第二个水平段的学生，这一部分学生大约占 60%；另外还有 40%学生没有达到该校的录取线，根据当地教育政策，允许他们缴纳一定的费用进入到四中来学习。从而出现两个对照的学生群体，一部分学生经过中考的筛选不得已进入到四中学习，本身就觉得委屈，迫切希望教师能够帮助他们，这些学生不仅具备较好的知识基础和学习策略，并且还形成强烈的学习动机、也具备为高考而拼搏的学习意志。而另一部分学生由于初中阶段存在学习问题，基础薄弱，他们进入高中阶段学习，主要是迫于家长强烈要求，进校时对学习已经失去了兴趣，来到高中学习只打算混过三年的时光，具有较低的学习动机。这造成了班级的两极分化现象，以哪些学生为对象设定教学目标，选择教学内容、设计教学活动和相应的教学评价方式，就成为伦理两难的问题。

在地方教育制度和教育政策的管理和规定下，高考成绩关系到教师的福利和学校声誉，甚至关涉到这所学校的生存状态。如果学校某年度的高考成绩较好时，下半年高一招收所设定的中考成绩分数段就会高一些，学生自愿选择这所学校的人数也会多一些，择校生也会多一些，从而学校的收入就会好一些。在这种制度下，高中教学是处在高风险的状态。该所中学的大部分教师选择关注成绩优异的学生群体，宁老师也是其中一员，将学生在高考测试中获得优异成绩作为第一教学目标。教学和管理活动的设计中都偏向于成绩较好的学生，而成绩差的学生就任其自然发展。

宁老师的第二个教学困境是传统教育与素质教育之间的冲突。在当前素质教育改革的浪潮中，大力提倡合作、探究和创新等新的教学方式。但是，他认为对于化学学科这样的知识，物质的化学性质都是通过研究者多次反复的实验得出来的结果。要求学生沿着他们路径来研究，那样学习会非常地缓慢，这样反而不利于学生的学业成绩的提升。同时，教师通过化学知识的精辟讲解来学习，比起学生自身探究要快得多，并且理解更加深透。经过几种方式比较发现，在探究学习之后，教师还需要对知识进行梳理和讲解。大部分学生进行探究式学习时，只是觉得好玩，根本不会思考其中的原理和方法。因而经过学生的民意测验，还是希望用传统的方式上化学课。在他的课堂教学观察中，绝大部分用"以教师为中心"的教学模式。

根据上面描述的课堂教学情况，即使是实验探究课，也是根据已经设计好的试验程序来进行，实验目的是验证书本上的知识，学生根据屏幕上的实验装置来模仿实验过程，验证了自己已经明白的知识。课堂教学各环节环环相扣，没有出现任何意外。

二、三位教师的教学价值取向

本文没有用教学价值取向和教学价值观的术语，而是使用教学价值承诺，是为了强调教师不仅认识和理解教学价值形成某种价值取向，而且还有实现这些价值的动机和使命感。要了解教师的教学价值承诺必须厘清从哪些方面可以观察教师的教学价值承诺，然后通过数据的整理和分析，梳理出他们的教学价值取向。

（一）教师教学价值取向的维度划分

根据前面的分析，教学实践活动最根本的标志是以“自身为目的”的活动。麦金泰尔也认为判断人类活动是否具有实践性，就看他们是否实现这种活动的内在利益。因而，本研究要调查教师的教学内在价值与外在价值的序列结构。

美国学者希金斯（Higgins，C）将善和终极目标用这种方式联系起来：“善是我们认为值得拥有的、值得追求的事物，因此，善是提供我们行动的理由。换句话说，善是行动的终极目的。”①麦金泰尔区分了活动中的“内在利益”（internal goods）和“外在利益”（external goods）②，并且认为只有活动中获得内在利益，活动才具有实践性。麦克朗宁在评价“外在利益”时，认为，“外在利益可以在行动之前具体划分出来，具有竞争的特征，在其中，必定出现失败者和胜利者”。③而具有实践智慧的人们总是重视实践中的内在利益。内在利益经常呈现两个方面的特征：一方面，它只能在行动或者活动的过程中获得，这种德性是一种获得性品质，也是一个永无止境的完善过程。另一方面，这种内在利益经常是难以言说和表达的，是一种默会的知识，因此，这种内在利益的体验和评价只能依赖于实践者本人。当教师为了追求教学的内在价值，教师就要延伸或拓展自己的专业能力，深化对教育目的和教育善的理解。

要调查教师的教学价值取向，先要分析教师的教学价值取向在哪几个方面。本文根据教学的几个要素，认为教师的教学价值取向体现四个

---

① Higins, C & MacIntyre's Moral Theory and the Possibility the Aretaic Ethics of Teaching [J]. Journal of Philosophy of Education, 2003(37).

② [德]麦金泰尔．德性之后[M]．龚群，等，译．北京：中国社会科学出版社出版，1995：241.

③ Mclaughlin, T.H. Teaching as a Practice and a Community of Practice: The Limits of Commonality and the Demands of Diversity [J]. Journal of Philosophy of Education, 2003(37).

方面：首先是学科教育价值，就是教师希望学生成为一个“什么样的人”，重视学生哪些素质的培养；其次，现阶段学科教学的具体目标，观察教师教学目的结构可观察到教师的价值取向；再次，为了实现这些目的，应该设定哪些学习活动，构建什么性质的班级学习共同体；最后，教师认为优秀教师需要哪些素质，或者把自己隐喻或比喻为哪种类型的教师。这四个方面既有独特的一面，同时又是相互联系的。

在半结构访谈和平时的交流中，笔者会提出下列的问题：“你理想中的课堂教学应该是什么样？通过学科教学，你尽力实现的教育价值和教学目的是什么？你觉得在教学可以培养学生哪些品质？优秀教师应该具备哪些素质？你希望构建什么样的班级集体？你是如何理解有效教学？”将这些访谈资料转化为数据，并将这些数据返回到教师那里，经过教师对这些数据的修正之后，输入到系统中，利用部分关键词的交替使用来分析他们的教学价值取向。主要的关键词是“价值、目的、教学承诺、教学关注点、道德考虑、终极目标和教学原则、优秀教师、有效教学”。下面将从学科教育目的、当前学科教学目的、学习共同体和优秀教师观四个方面来展示教师的教学价值承诺。

（二）教师教学价值取向比较

教师的教学价值承诺不是采取罗列的方式来进行，而整合成四个维度来解释。

1. 学科教育目的

在分科教学的模式中，教师的价值承诺首先体现在教师如何理解不同学科的教育目的。因为不同学科具有自身的理智传统，这种理智传统是学术共同体成员在研究和学习这一门学科的活动中所形成的，也就是说，每位教师或多或少形成这一学科的理智德性或者伦理德性。当教师思考“我应该如何教学”这一类问题时，不仅仅是一般意义上的优秀教师，而且是作为某一学科的优秀教师。教学价值的优先性思考应受到每一学科的教学传统的影响，而且还会受到这一学科所归属的知识性质的影响，如自然学科与人文学科所蕴含的理智传统是不同，因而不同学科背景的老师可能用不同的视角来认识和理解教学。

如果按照学科来划分，申老师和宁老师所教学科应归属于硬科学，而陈老师所教政治属于软科学。他们的学科教学目的存在相同之处，也存在明显的差异。具体教育目的如表 4.1 所示：

表 4.1 三位教师学科教育目的比较

	相同之处	不同之处
申老师	系统地、有效地掌握好学科内容知识，并能够灵活运用知识，提升学生的解题能力	在探究性学习中，获得相应的创新思维和方法，形成创新活动中需要的品质和意志，领悟创新的精神，并且能够创造性提出自己的观点，成为一个具有创新素质的人
宁老师		学生能够有效地掌握知识，提升他们的解题能力，培养他们严谨的分析能力
陈老师		在解疑学习中，通过政治知识的学习来反思自身的信念体系，提升学生的觉悟能力，不断完善自己的观念体系，成为一个具有君子风范的公民

从上面数据来看，三位教师相同之处是促进学生有效地掌握学科知识，提升学习成绩。但是实现这一目标的途径是存在巨大的差异。申老师将教学看作是构建探究活动的过程，在活动中，体验科学家曾经经历的学习和探究的理智传统和伦理品质，发展自己的创新素质。而宁老师则主张精致的讲解是提高学生掌握知识的最佳方式，重在于培养他们分析和综合的能力。而陈老师掌握知识的途径是通过解疑的方式，促进学生认识道德规范，同时反观自身的观念系统，扩展自我的视野，提升道德情怀，使自己成为具有君子风范的公民。

2. 三位教师的学科教学期望

教师教学价值承诺的调查另一个维度是了解教师在现阶段的具体教学目的。在现阶段的学习中，教师对学生持有哪些期望？在笔者调查的时期，这三位教师从事高中一年或二年级的学科教学。面对高考的甄选功能，一方面必须考虑是学生如何有效地掌握课程知识，并能够灵活运用知识解决学业上的问题。另一方面要思考学科教学有助于学生哪些素质得到发展，这些素质培养是否有助于学生掌握知识？他们的教学价值所不同之处是价值序列结构，即高考中获得优异成绩这一外在价值和培养某些素质的内在价值的优先顺序不同。教学价值结构的不同也导致他们构想不同的教学策略。

（1）创新素质优先：申老师的教学目标结构。

申老师在确定教学目标时坚信创新素质应作为教学的核心目标，随着创新素质的培育，掌握学科知识就是“水到渠成”的事。他对创新教学中的“创新”含义解释如下：

“课堂教学中‘创新’不同于其他领域的意义，创新是利用创造性思维改进原有事物的制作方法或是运用方法，使其成为新的方法、新的事物。那么，课堂创新教学就是在知识的传授过程中，利用创造性原理，渗透创造教育思想，激发人的潜能，培养学生的创造性思维，提高学生创造素质的课堂教学。其目的在于开发学生的创新思维、培养创新意识和创新精神，为成为创造性人才做好准备，而不是培养学生去创造发明一个什么新的产品。”

他的“创新”概念实质是学生在原有观念或者学习策略等方面的突破性和跳跃性的进展。创新不仅表现在对知识的深刻理解以及知识灵活运用上，而且表现对学习态度、习惯和方法等因素的反思和超越，不断发现自身的发展空间。他将创造性人才具有的素质归纳为：“流畅敏捷的创新思维，异想天开的创新意识、锲而不舍的创新精神，造福人类的创新品格。”在他的创新教学中，主要以创新思维为核心，结合学生和知识的特征设计培养学生不同思维的探究点，并以探究点为中心设计各种各样的教学探究活动。他认为通过这些学习活动，学生即会体验探究所需要的意志和情感，也会体验探究之后的成就感。在这一过程中，学生会发现如何学习，并感受学习乐趣以形成学习动机。并且在与同伴的交流和合作中，增强自己探究的信心，从而学生的创新意识、创新精神、以及创新品格会在潜移默化中得到培育。他的这一理念在他的课堂教学中得到充分的体现，学生在对知识的理解和解释过程中，不仅深度理解知识，还创设各种方法来呈现知识。在这一过程中，教师经过教学诊断之后及时提出问题激发学生思考，在学生的精彩地方总是给予中肯的评价和欣赏，在学生不合理的地方以鼓励的语气帮助他们分析错误的源头，指导他们自己认识到自己的知识结构存在的问题，并自己学会修正自己的知识结构。

显而易见，申老师的教学目标序列化结构中，学生的创新素质具有绝对的优先性。只有通过学生的创新素质培养，学生的主体性才能够得以体现，学生运用知识解决实际问题的整体能力得到提升。并且创新素质将伴随学生的一生，而不是终止于学校学习结束时，因此，创新素质是值得追求的长远教育目的。

（2）觉悟能力优先：陈老师的教学目标结构。

陈老师对新课程改革的三维目标的理解和反思中，认为知识、能力是可以学习的，但是态度、情感和价值观的形成，则需要学生本人的觉悟能力的提升，否则这个维度的目标难以达成，由此，将政治学科的目标改为“知识、能力和觉悟”的三维结构。在访谈中，他是这样解释“觉悟”的意义：

“觉悟就是孔子所说的悟性，思想政治这一学科知识所提的道德规范、原理或原则，理解它的字面意义是比较简单。难的是学生对这些道德规范和原则的认同，并内化为自己行动的指导性原则，培养他们的自律能力。因而，学生自身的觉悟能力非常重要，只有学生本身觉悟到自身的人生观、价值观和世界观需要改变时，才可能更改自己的观念体系，提升自己的是非判断能力。”

从他对觉悟的解释来看，他认为政治学科知识是培养学生这种觉悟能力的中介和资源库。学生觉悟能力实际上就是孔子所设定君子“一日三省吾身”的精神。他比较认同孔子的“君子不器”的精神，他这样解释“君子不器”的含义：

“君子不器的实质，就是君子不像一个工具或器皿那样呆板，任由他人来使用。而具有博大的胸怀、远大的理想，在实际情景中，能够灵活地应对各种困境。君子的觉悟能力是达到这一境界的必要条件”

政治学科知识学习应体现君子的反思精神，即学生必须对所学习的知识和观念进行反思性判断，然后自主的选择和判断哪些观念是值得自己相信的，并内化为自身的观念系统。在他的课堂教学中经常显示这一倾向，当学生学习政治课程知识所提供的原理、原则和规范，采用学生辩论或者讨论的方式，让学生质疑、反对或者认同某些观点时必须提供充分的理由。他认为只有当学生对概念进行评价性慎思时，他们才会反身性思考自己的观念体系，才能自觉地选择相信哪些信念，不相信哪些信念。这种学习本身是一个价值判断的过程，也是促进学生的觉悟能力提升的过程。当学生觉悟能力得到提升时，学生才能利用知识学习来拓展自己的视域和提升自身修养。同时体验与同伴深入共同探讨新知的乐趣，形成学习的内在动机，学生在应对高考时会寻找适合于自己的学习策略。

陈老师的教学目标结构中，君子风范的公民素质具有优先地位，学生觉悟能力作为教学的核心目标。知识学习是为了提高学生的觉悟能力，与此同时，当学生的觉悟能力得到提升时，会促进他们更好地掌握知识。

（3）知识掌握优先：宁老师的教学目标结构。

在宁老师的访谈中，经常强调高考对学生的重要性。在提到素质教育和知识学习的关系时，他是这样解释的：学生素质培育并不一定是在高中化学课的学习中，素质培养涉及学生整个生活。高中阶段的化学学习的主要任务是学生快速地掌握知识，提高他们的解题能力，在高考中获得优异的成绩，为他们进入更好的大学做好准备，也为学生今后的发展奠定更高的平台。

由此来看，他的教学价值序列结构中，核心目标是学生快速高效地掌握化学知识，并能够灵活运用知识来解决化学学业问题，在高考中获得优异成绩。在他的课堂教学中也显示这一教学价值取向。基于这一价值取向，教学的关注对象是学业成绩好的学生群体，对这一群体设定较高的期望，而忽视学业成绩不好的学生群体，对他们设定较低的期望。在教学设计和教学管理都是以成绩好的学生群体对象来筹划的。如在教学策略的选择中，比较自己的讲授模式和现阶段提倡的合作探究教学模式的教学效果。最后认定高中阶段的教学，讲授模式为最好的，可以让学生在较短时间内学习更多的知识。

从他的目标中来看，“掌握知识”是将化学知识作为事实性知识来记忆和理解，如何有效传递着这些知识是他的主要教学任务；“运用知识”是指运用化学知识解决化学学科的学业问题；素质培育是指在这一过程中学生解决学业问题的分析能力和综合能力的培养。总之，在他的教学价值序列中，掌握知识和提升学生的解题能力成为教学的核心目标，学生素质发展则是知识学习的伴生物。

三、三位教师的学习共同体建设比较

教师教学价值承诺还体现教师如何建构学习共同体。佐藤学根据课堂的人际关系的特征将课堂社会分成三种形态①：其一，对班集体的直接归属意识与对课堂规范的无意识结合而成的原始共同体社会，这一特征表现为每一个儿童埋没于群体之中，其意识与行为同化为班级规范，并且学生发展呈现均质化的取向，具有划一主义和排他主义的倾向。其二，可探讨权利义务的契约关系与制度性的角色关系所构成的群集性社会。这种社会是以个人自主为前提的群体。在这种人际关系的课堂之中，个体摆脱了束缚，走向自由的志向，但人们之间的关系被地位、约束、角色所消解，因此削弱了人际亲和关系的纽带，助长了围绕成绩排序和竞争意识，诱发个体孤独这一存在危机。其三，意识到上面两种人际关系加以变革的实践中形成的学习共同体。靠语言和伦理的共同拥有所产生的课堂亲和力和知性想象这一纽带所结成的自觉化的共同体。在这一共同体中，每一个儿童在自主的个人世界中生活，同时也通过同他人的沟通和交流，在学习共同体中形成亲和力。每位成员既有自己的个人见解，同时与他人达成某种程度上的共识性理解。基于这一思路，可以观察教师构建的班级群体的特征。

1. 探究共同体：申老师的班级群体建设

申老师认为民主的学习生活才能够促进学生创新素质的培养。只有在民主学习的氛围中，学生才能够大胆地想象，敢于质疑已有的观念，提出自己心中的奇思妙想。因而，他将民主性原则作为创新教学的主要原则。他是这样来解释班级的氛围：

“创设民主、和谐的学习环境是激发创造欲望的基础。只有在民主和谐的学习环境下，学生的创造思维才能活跃，毫无顾忌地大胆想象，创造精神就能充分得到发挥。在民主氛围之下，学生的主动性和自主性才有生长的土壤，只有学生的主动积极性得到发挥，学生就会成为学习的主人。”

他将课堂学习共同体定位于学生的民主性参与的学习活动，只有在

① [日]佐藤学．课程与教师[M]．钟启泉，译．北京：教育科学出版社，2008：143.

这种学习氛围中，学生的创新意识、创新精神、创新品格和创新思维才能真正得到发展。他的民主教学强调激励性的评价策略，在他的课堂教学评价中也显示这一点。他善于利用学生在课堂互动中涌现出某个闪光点，当学生展现某种优点时，会进行恰到好处的评价和肯定。在学生小组的合作学习中，教师总是鼓励学生敢于对同一问题提出各种言之有理的观点，而不要过于担心自己观点的怪异引来其他学生的嘲笑。当学生提出不合理的观点时，不是直接否认，而是帮助学生澄清这一错误观点的理由和原因。通过观察他的课堂教学，班级学习共同体的模式最接近于佐藤学的学习共同体的性质，以知性想象和课堂亲和力为中介构建的学习共同体。

2. 辩论共同体：陈老师的班级群体建设

课堂教学采用讨论方式进行，特别是针对学生周边或是学生自身问题的讨论来进行教学。在政治学习的讨论中，由于学生人生观、世界观和价值观的差异，往往会出现彼此相冲突甚至对立的观点，因而，要流畅地创设这一活动需要学生之间的关爱和尊重。他是这样解释教学的关爱：

“在这种活动中需要学生之间发自内心的关爱。只有学生关爱对方时，才能够真心地聆听他人对事物的深刻理解和认识，特别是当他人提出的观点与自己的观点相悖时；只有学生彼此关爱对方，就能够坦诚地抛出自己内心深处真实的观念，在与他人交流中，反观自身。只有彼此关爱，就会欣赏他人的优点，接纳与自己对立的观念，觉悟到自己的观念需要改进的地方。只有关爱，在他人观念出现歪曲的时候，不会采用伤害他人的方式进行指责。”

他提倡班级建设中，最重要的是培养学生学会彼此关爱，在导学制的讨论活动中，以“关爱”为纽带建立的师生关系，他将班级隐喻为“大家庭”,学生能在这一大家庭敢于畅所欲言,真实表达自己的观点和愿望。只有营造这种学习氛围，教师才能够面向全体学生。在访谈中，他经常提到只要具有一般智力因素的学生就可以获得优异的成绩。他认为面向全体学生的一个特点就是给予学生平等的教学机会，面向全体学生的另一个特点是给予学生表达自己个性化观点的机会。通过他的课堂教学实况来看，班级共同体倾向于佐藤学的学习共同体，课堂教学充分展示学生知性上的相互关爱和尊重。

3. 规则化管理：宁老师的班级群体建设

他提出“班风建设目标化”的概念，所谓班风目标化，就是班级管理和建设趋向于规范化和规则化。他制定了非常细致的班级管理规则和学生守则，教学管理中要求学生严格遵守这些“班级公约”。在这种目标化管理中，营造了你追我赶的学习氛围，也给成绩优异的学生创设良好的学习环境，形成竞争意识和学习驱动力。在他的课堂教学中也可以看到规则管理下的教学秩序，根据佐藤学的话语来说，他的班级建设倾向于原始共同体的特征。

四、三位教师的优秀教师观比较

教学价值承诺的另一个观察点是教师理想中的优秀教师形象，从他们对优秀教师角色的解释中或对教师的隐喻中，可以观察到他们的教学价值承诺。

申老师认为自己是“一石激起千层浪”的“投石人”。教师教学的最大亮点是如何激发学生的学习兴趣和探究兴趣，重要的教学任务就是寻找激发学生创新素质发展的“石头”。作为“投石人”，不仅表现在教学设计中对“探究点”的设计，还表现在互动中对学生理解和学习需求的教学洞察力，他在互动中发现学生的理解不够充分时，就会马上提出问题，引发学生进一步思考。他认为教学中设计探究点的重要目的既是激起学生的求知欲望，又能让学生建立起知识和经验间的联系，提出新的观点和探索新的学习策略。他认为不同探究点能引发不同的创新思维，并且教学方式也会随学科知识的“探究点”特质不同而不同。因而，“投石人”必须辨认每一个探究点的性质以及探究点需要的教学活动，基于这一点，教师本人就是“探究者”，根据学生的特质和探究点的独特性，构建哪些教学活动有助于学生的创新品质的发展。在面对学生涌现出各种观点，教师必须是一个“鉴赏者”，用宽容和欣赏的态度来评价学生学习中的杰出表现，不仅如此，还要防止学生对生物学知识理解出现的偏向和曲解的现象。他的优秀教师观中，首先教师是一个“投石人”，激发学生的学习兴趣。其次是“探究者”，探索适合于这一探究点的活动形式，最后是“鉴赏者”，基于欣赏的态度来评鉴学生的学习表现。

陈老师认为教师是“敬而亲之”的“引路人”，“敬”意味着教师本身的学识水平、道德修养、人格特征、表达能力等构成个人气质令学生信服，使学生从内心深处敬佩这位教师，只有这样，教师在引导学生学习才会具有一定的权威性。在此基础上要“亲之”，教师要深入了解学生的成长故事，倾听他们真实的心声，体验他们的情感和需求。在此基础上，教师才是“引路人”。在访谈中，陈老师经常会提到学生在高中阶段的道德发展的特征。他根据劳伦斯·科尔伯格的道德发展阶段理论，认为高中阶段的青少年处在“过渡水平”，这一时期的学生道德发展需要教师的引领。他是这样解释学生道德发展的“过渡水平”：

处在这一时期的学生，基于个人主观的价值立场选择某些道德原则或道德知识，这种选择又是以情绪或者情感体验为基础，因此，在一阶段中的学生把自身看成个别的道德决策者，而且对普遍化的社会义务或道德规范的选择中，会超越现有社会现实中的观念。

因此，他认为在学生将选择相信哪些知识并内化为自己的道德观念时，尤其需要教师的指引，引导学生形成正确的价值观和道德观。因而，他将教师隐喻为“引路人”。

宁老师认为优秀教师存在两个特点。首先，优秀教师精通学科的知识结构，只有精通高中化学学科总体的知识逻辑结构，非常清楚地掌握每一个知识点的性质，并关注知识点之间的连接，只有这样，在课堂教学时的讲解中就会胸有成竹、融会贯通，使学生轻松地建立知识网络结构。其次，优秀教师表现非凡的讲解艺术。教师的主要教学任务如何讲解使学生清楚明了的理解，并且高效地记忆和掌握知识。精湛的讲解艺术是宁老师的突出的教学特色。

总体来看，三位教师的教学价值序列结构式存在差异，申老师认为创新素质的培育优先于知识学习，只有学生学会创造性的学习，知识学习才会变得更加容易。陈老师认为培养君子风范的公民优先于知识学习，只有学生提升自身的觉悟能力和形成觉悟意识，学生才能够反身性思考自身的观念系统，或者质疑正在学习的知识体系，这样学生才学会辩证看待学习中的问题。宁老师认为高中阶段知识学习优先于素质培养，高中阶段的教学任务就是帮助学生在高考中获得优异的成绩。

第六节　个案研究中三位教师能动倾向分析

将前文所建立能动倾向来作为教师教学智慧的分析框架，存在三种能动倾向，即感知性自发、反思性平衡和感知性平衡。感知性自发能动倾向表现为过度延伸的任意性实践，教师在教学中可能过度沉浸于教学情境中，可能偏离了自己的教学价值承诺，忽视教学本身的道德伦理性和教学的普遍性目标。反思性均衡则表现为技术化实践，是一种受到普遍性原则驱动的教学，由于不顾情景的因素，坚守自己的教学价值立场，忽视教学不确定因素的教育价值，也忽视学生的差异性，从而学生的实践主体没有得到体现。感知性平衡则是促进普遍原则和个别特殊的双向互构，教学决策和判断是基于洞察教学情景的独特性，并能在普遍性和特殊性之间进行协调，让整个教学系统得到最好的发展。如果教师表现为感知性平衡的能动性，那么可以判断教师具有教学智慧。下面根据前面提供的数据来分析教师的能动倾向。

一、申老师呈现感知均衡性的能动倾向

如前所述，申老师的教学困境是生物学科在学生发展的价值上冲突。作为生物学科的教师，认定生物学知识对学生认识自然和自己身体是不可缺少的，并且生物学科知识蕴含的探究性和创造性，对学生创新思维的培养是非常好的资源。可是生物学科被划出高考的范围之外，从而学生和学校方轻视生物教学。这种教学价值冲突的实质是教学的内在价值和外在价值的冲突。当高考这一外在价值被轻视时，申老师深刻地认识生物学科对于学生成长的内在育人价值。这种境况使他的教学理想与现实需求存在很大的冲突，那么，申老师如何解决这一教学实践问题？

首先，对生物学科的教育价值的理性思考，确认创新素质成为核心

教学价值。他确认这一价值序列结构来自两个方面的思考：其一，他敏锐地感知到社会需要具有创新素质的人才，这促使他更坚定了生物学科知识学习对培养学生创新素质的价值。当问到他为什么会提出创新教育，他是这样解释："自改革开放以来，在我所熟悉的人群中，只要脑袋瓜子灵活的，能够想到别人想不到，在社会上发展就比较好，这种能力实际上就是创新能力，当然这不是那种原创性的创造能力。同时，我一直在带领学校的科技创新小组的发展，那么为何不把活动精神移入教学，并且当时生物学科刚好被划入副科，也就没有多大的高考压力，不妨大胆一试。"

可见，他对创新素质的理性认识是来自对社会人才需求的敏感性。其二，确定创新教学价值的另一重要来源是他对生物学科知识的深层次理解，他是这样理解学科知识的："生物学科的知识主要科学家对人类身体奥秘的解码获得的，或者是探索大自然的奥秘获得的。人生下来就对这个世界充满了好奇心，像那些不畏酷暑和严寒的动物观察家，他们这样做的原因可能只是为了发现和探究的乐趣。生物学科虽然未得到应有的重视，但是学生应该有了解人和自然奥秘的兴趣，只要换一种方式，学生肯定会喜欢。我尝试利用探究方式来进行教学，激发他们的学习兴趣。"

他将生物学知识看作是揭示大自然奥秘的知识，并且"探索奥秘"本身就会带给人们乐趣。因而生物学知识本身带有"探究性"，并强调学习中的"探究乐趣"，实质上就是非常重视学习或工作的内在兴趣或是内在动机。他觉得教学应该从学习的内在动机着手来设计。另外，在访谈中他也提到，他敢于确立与当时普遍性教学目标不一致的教学价值承诺，也正是生物学的副科性质，少了一份高考的外在压力，他反而获得了更大的选择性自由，从而他将这一危机转化为教学创新的良机。

其次，重构教学活动的性质。当他认定创新素质作为教学价值承诺，开始构思实现这一价值承诺的教学活动，将教学目标设定为培养创新思维、创新意识、创新品格和创新技法构成的创新素质。教师的主要任务是设计"探究点"，也是适宜于学生创新思维训练的"创新点"。他认为"探究点"应该具备三个基本特征，即激发学生兴趣的神秘性、需要发现的探究性以及训练创新思维的开放性。

他的教师活动设计是“以探究点为中心”的筹划过程。根据探究点来选择需要的教学内容，从而教学内容远远超越了教材所提供的知识，学生会充分利用网络资源和图书馆的资源，会利用当前生物学科的最新发现，也会选择其他学科的知识。根据探究点来设计教学策略，他的教学中没有固定不变的教学程序或教学方法，总是综合探究点、学生和环境的特征，构建形式多样的教学活动。既有“以学生为中心”的探究学习、合作学习、对话学习，也有“以教师为中心”的讲授方式。在具体教学情境中选择哪些活动则取决于“探究点和学生”的特征。根据探究点来设计教学评价方式，评价的方式多种多样，为了评价学生掌握知识的情况利用试卷测试来做诊断性和终结性评价；但在他的教学过程中的教学评价更偏重于形成性评价和表现性评价。例如，每一位学生建立一个创新学习的成长记录袋，用来保存他们在学习过程中创造的作品。这些作品包括文学创作、科技制作、在解答各科学业难题时的进展，也包括学生发现新的学习方法或策略。

最后，申老师的创新教育思想是一个不断发展的过程。通过与教学环境的互动，创新教学理论和教学实践展示了一个相互修正的过程。这种改变一方面来自教学实践出现的问题，另一方面来自对创造原理的深度理解。一个持续性的变化表现为修正和完善创新教学目标结构。为了使创新教育目的更加切合学生的学习特征，阅读了有关创造的理论，澄清创造性人才所需要的思维、意识、精神、技法等方面的特征。尤其是创新思维的内涵、外延和形式一直都在变化。另一持续性变化是教学策略和评价上的变化。下面分析他的创新教育发展的两个重要阶段：

在创新教育初期阶段，形成“三线一点四面”的教学模式。“三线”代表着三种活动，即学科教学活动、科技制作和文学艺术创作构成研究性学习、思想品德教育活动。教学活动以知识结构为主线的学习，旨在培养学生的创新意识和创新思维。在研究性学习中旨在培养学生的创新技法。在思想品德教育中培育学生的创新品格。“一点”代表根据上面不同活动形式设立的探究点。“四面”则是由创新思维、创新技法、创新意识、创新精神”构成的教育目标。在这一阶段，他将创新素质分成的不同侧面，每一个侧面需要不同的活动来培育，将创新教育设计为“分离式”教学模式。

当生物学科回归到高考范畴时，他的创新教育就必须接受高考标准化考试的检验。这时候，遇到创新教育是否适应于高考背景下的教学。当创新教学遇到学生拒绝参与时，他反思创新课堂教学的目的和意义，也审视创新教学与高考的关系，经过与创新教学共同体中其他教师的商谈以后。他的创新教育思想发生很大的改变，将“三线一点四面”改为“三线一点五面”的创新课堂教学模式。值得一提的是，这两次的“三线”迥然不同，第一次的“三线”是学科知识、科技与创作、思想品德教育，代表的是三条培养创新素质的独立的教学途径，而第二次的“三线”是有知识结构、创新教育原则、创新教育方法，这里已不是教学途径，而是教师在设计探究点是要整合的三个方面，也是教学决策中要整体思考的三个方面。创新人才素质由原来的四面改为五面，在原来的创新意识、思维、意志和精神构成四面框架中增加“创造知识”这一目的。

转变创新教育思想主要由于两个方面的原因：其一，生物学科必须经历高考标准化考试的检验，而学生高效快速地掌握知识也是重要的学习目的。因而创新教学必须增加“创造知识”这一项。从社会的角度来看，人类已进入到知识社会中，知识成为主要的生产资源，因而学生需要形成获取信息和整合信息进行创造知识的能力，创新教育的知识维度是非常重要。他对创新教育进行重构是因为学习的任务和语境的变化所引发的。其二，在面对学生拒绝参与创新教学这一困境，他在思考创新教学如何面向全体学生。教学决策时要考虑激发所有学生的内在探究兴趣，要求每一个学生能够真实地和自愿地参与到学习中。因而，在原来的教学原则中提出民主性原则为教学第一原则，围绕民主性教学原则，他还设计了七项原则，如主动性原则、激励性原则、探索性原则、开放性原则、个别性原则。他认为民主教学的“民主”表现为两个方面：一个是学生有表现自己观点的自由，而不是一味地顺从教师或者教材。另一个表现为学生拥有平等的学习机会和享受平等的学习资源。这就要求教育方法上的变革，教学活动设计必须考虑到不同层次的学生，所筹划的活动要引导每一学生能够主动性参与各种学习活动。

申老师消解教学困境的能动特征和所观察的课堂教学呈现的能动特征非常明显展现了感知性平衡的能动倾向。具体特征分析如下：

第一，教学决策逻辑起点是对教学情景特征的深度分析，展现了敏锐的教学洞察力。当他在教学情境觉察到学生轻视生物学科的这一现象，深入理解引发学生这种学习态度的原因，并将高中阶段的教学情境放置于当前社会的背景中，对教学价值进行理性的思考，显示对普遍性的教学价值与特定情境中的教学价值之间进行权衡和整合的能力，形成了适应于特定教学背景下的特定学生的教学价值承诺。而在课堂教学中，他的教学设计就为教学互动中精彩观念的诞生留出了空间，呈现教学设计中的“留白”艺术。在教学互动中，教师是学生精彩观念的“鉴赏者”，洞察学生对知识的理解程度或真实的思想，如学生掌握知识的程度，学生学习中存在的难点和疑虑、以及学生的情感和需求，根据这种理解抛出新的问题，激发学生的思考，展示了教师特有的教学洞察力。不论是在教学设计中还是教学互动中都显示教师的教学决策源起于教师洞察的情境特征。

第二，为了实现自己的教学价值承诺，在教学活动设计中展现了教师的教学慎思力。前面已提到，他的教学活动设计是根据“学生和探究点”的性质来思考的，以“学生某种创新素质的培养”作为教学活动设计和评价的教学立场，来选择相应的教学内容、教学目标、教学策略和教学评价方式。因而，他的教学形式以及课程活动都会随探究点的不同而变化，这一过程就显示教师的教学逻辑是以情景特征为起点，并且经过慎思来筹划教学目标和教学手段，教学行为呈现适应性改变的倾向。例如，在“细胞膜的结构和功能”的课堂教学中，由于细胞膜具有微观性，学生不可能形象直观地理解这种现象，没有采用合作的方式，而采用“教师为中心”的讲授法，只做了细胞膜的动态功能图，还设计了玉米染色的实验来展示细胞膜的功能。而“生态系统结构”课堂教学的目标主要是训练学生的系统思维，因而设定“学生主讲”教学方式使学生在学习中直接运用系统思维。可见，他的教学方式总是“以探究点和学生的特征”为前提来设计，“以学生的创新素质是非得到培养”作为教学专业判断的教学立场，这一教学思维特征展示了他的教学慎思力。

第三，创新教育思想的变化过程体现普遍性原则与个别特殊之间的互动关系。当遇到教学困境时，总是反身性思考自身的教学价值承诺。

在消解学生轻视生物学科学习的困境中，他改变了“掌握知识为核心目标”的教学价值序列结构，将创新素养确定为具有优先性的教学价值承诺。当遇到学生拒绝参与创新教学的困境时，一方面，申老师在了解学生的真实原因之后，引导学生正确认识学习目的，然后让学生自己选择学习策略，学生明白创新教学的真实目的，自愿加入创新教学活动，将创新学习由他人强制下的要求转化为基于资源的主动性要求，这就表明申老师在尊重普遍性原则的同时，也尊重学生的差异。另一方面，基于实践情境对普遍性原则的反思和修改。将申老师与他的团队经过理论上的沉思，明确创新在新的语境中的教育学意义，重构教学价值承诺的内容，也重构了创新教学的活动形式，并没有因为高考文化的制约而改变自己的创新教育价值承诺，而是在新的教学背景中，创新教育得到进一步的拓展和深化，表现在理论的普遍性和教学情境的特殊性之间进行相互调整的感知性平衡的能动倾向。

总的看来，申老师在构想教学愿景和设计教学活动中，呈现感知性平衡的能动倾向。首先表现出敏锐的教学情景洞察力，辨认出教学情境中富有教育意义的特征，基于这些特征来进行教学决策。然后通过评价性慎思来确定教学目的结构，并选择相应的教学原则和教育方法来达成这些目标。根据教学背景的变化和学生群体的特征，教学价值结构会做出适应性改变，体现教师在个别情境和普遍性原则之间的权衡能力，也体现教师对教学的内在价值与外在价值的权衡能力，构建适宜于特定学生的教学方式，呈现适应性改变的教学施行力。

二、陈老师呈现感知性均衡的能动性

陈老师作为学校学生德育工作的副校长需要解决学生的实际道德问题。正是这些实际的道德问题引发他反思政治教学与学生道德教育的关系。下面这段话是他针对这一问题所做出的教学反思：

“在德育工作中，经常碰到学生不合道德的冲突状况，学生为自己不道德的行为辩护时，都会将责任推到别人身上，总可以找到自认为“合理的”的理由，而这些理由明显与所学道德原则、规范相违背的。虽然学生都能记忆或者背诵这些道德规范或原理，但是在实际处理道德问题时，却是不同的局面。因而，我觉得政治学科学习的任务不仅是帮助学生记忆这些原理原则，而且是帮助他们树立正确的道德观念，形成正确的是非判断能力。”

基于这些学生的实际道德问题，他重构政治学科的教学价值序列，为了这些教学价值在教学活动得到体现，设计与以前不同的教学策略。他解决这一教学问题的过程具体分析如下：

首先，学生的道德问题使陈老师重构政治学科的学习目的结构。经过政治学科教研组的协商和反思，将政治学科的教学目的设定为“知识、能力和觉悟”的三维结构。强调只有提升学生的觉悟能力，所学知识才能有助于学生观念、情感或态度的转变。同时将“受过教育的人”构想为“君子风范的公民”。引发他的教学价值序列的变化存在两个方面的原因：一个是他在德育教育和管理工作中遇到的学生德育实际问题，洞察学生的道德观念与普遍性原则之间的冲突性，使他反思学生的道德修养和政治理论知识学习之间的关系，发现要在两者之间建立适当的联系需要学生自身的觉悟能力，因而将原来的政治学科的“知识学习优先”的教学价值结构改变“学生觉悟能力优先”的教学价值序列。由教学外在价值具有优先性的承诺转向教学内在价值具有优先性的承诺。另一个原因是他对学生学习这一学科知识的理解，他是这样解释政治学科知识：“政治学科的知识实际上是道德知识，不同文化背景具有不同的道德规范，不同时代的道德原则也不相同，政治学科知识的学习要经过学生的价值判断，基于自己的价值立场来判断哪些观念或原理值得接受或认同，因而，学习这些知识不同于数学、物理、化学，也不同于音乐、美术，学生学习政治实际上是成就自我的知识，学习这些知识需要学生的觉悟能力。”

他认为政治学科本身的知识不同于自然学科的知识，因为政治学科知识本身的“可辩论性”和“觉悟性”，学生认同哪些原理与学生本身的价值立场有关。学生的“觉悟”在本质上是学生对这些原则的价值判断过程，也是对道德原则的选择接受还是摒弃的过程。因此，他认为要促进学生情感、态度和价值观的变化，先要训练学生的觉悟能力。学生经过反思后愿意接受哪些信念时，需要一个可参照的“理想中的人”，因而，他提出古代具有智慧的君子形象作为教育要培育的长远目的，并且将古代的君子形象演绎到现代社会，鼓励学生成为现代社会具有“君子风范的公民”，让学生参照君子的形象来选择可以信奉的观念。

其次，陈老师在解决学生拒绝参加高考的教学问题时，了解学生这样做的根本原因是对现有学习方式的厌倦。他开始思索哪些学习方式有助于学生的辩证地看待社会问题，也开始反思为何已有的教学方式引发学生如此地厌倦。并且将这问题作为教研组讨论的主题。他们认为产生这些教学现象根本原因是学生的被动式学习。“教学如何促进学生的内在学习兴趣”和“教学如何面向全体学生”成为陈老师的反思问题。他认为只有引导学生自己主动地探索适合于自己的学习方式，才算是面向全体的学生，学生的学习才能转化为主动性学习，基于这一思考，他尝试性地提出“导学制”的教学模式。

同时通过这一问题的分析，他觉察到这问题的实质是学生差异性和标准化考试之间的矛盾冲突性。在高中阶段的教学中，这种矛盾冲突性是一种普遍性的问题。以什么标准作为学生的学习机会或学生资源的分配，以哪一部分学生为关注对象来进行教学设计，这些问题是教师要着手处理的伦理问题，也体现教学公平。例如，他所教班级是文科重点班，由于学生的来源不同，在学习态度、学习成绩、学习动机等方面存在两极分化的现象。针对这种差异性，他认为只要具有一般智力的学生都能理解政治学科的概念、命题或原理，并且政治学科的知识对于所有学生的人生观、世界观、道德观等观念的形成具有重要的作用，因此，教学活动要面向全体学生，给予每一位学生的平等机会来倾听别人的观点，也有平等机会来表达自己的观点。基于这一思考，他将“导学制”具体化为政治学科的教学领域，提出了“引发学生生疑—鼓励学生质疑—创造性解疑”的教学模式。教师的主要任务认为是“设疑”，根据“疑惑”和学生的特点来实际构想具体的教学活动，如所观察的课堂教学采取辩论式的教学方式。他认为在论辩活动中，学生一边要聆听他人的观点，并对他人的理由做出判断，同时要反观自身的观念，这样促进学生借用他人的观点来反思自身的观念体系，又可以发展学生的对话协商的能力。

为了让每一位学生都能参与其中，对学生进行适当的分组。在他的教学中，学生分组是一个变动的过程。

根据陈老师解决教学实践问题的能动性以及观察所构建的教学活动，陈老师的能动性表现为感知性平衡的能动倾向。具体表现如下：

第一，教师教学决策的逻辑起点是洞察情景的关键特征，展现陈老师的要点聚焦性的教学洞察力。他的教学改革的起点是洞察学生的实际道德问题产生的根本原因。围绕这一根本原因，重构教学目标结构，创生了新的教学模式。在解决学生拒绝参加高考的问题时，通过与学生的交流，洞悉学生拒绝参与高考的真实想法，并以此为教学反思的基点，提出“导学制”的教学改革方案。从这两次化解教学困境来看，他的教学决策的逻辑生长点是情景特征的深度理解。在课堂教学中也显示这一特征，在学生辩论以及学生独立思考的教学环节中，他能够即时感知到学生对知识的理解程度，或者学生理解的误区，及时提出一些真实的社会问题或学生的实际道德问题，激发学生岁这些问题的质疑和思考。从这些表现来看，陈老师总是参与到教学情景中，判断出有助于学生发展的关键情境因素，表现出要点聚焦性的教学洞察力。

第二，对普遍性原则和个别特殊性进行调适和权衡，展现陈老师的教学慎思力。在解决学生个人的道德判断与所学的普遍性道德原则相背离的教学问题时，陈老师反思已有的教学价值序列和教学目的结构。在此基础上做出相应的改变，将原来的“以知识和能力为核心”的教学目的结构改为“以觉悟核心”的教学目的结构。并且扩展了能力的内涵，他的“能力”概念不仅仅是利用知识解决学业问题的能力，而是学生通过知识学习反思自身的观念体系，促进学生对自身观念系统进行修正和改善，发展他们辩证地看待社会问题和自身问题的能力。在解决学生拒绝参加高考的教学问题中，一方面，洞察学生拒绝参加高考的根本原因是厌倦题海式的被动式教学模式，允许学生选择自己认为适合于自己的学习方式，但是坚持说服学生参加高考这一普遍性目标，这就说明教师既坚守自己的普遍性目标，又重视学生的差异性。另一方面，反思普遍性的教学价值承诺和教学方式，并做相应的调整。为了将这一被动式学习转化为学生的主动性学习，他提出“导学制”的教学模式。他在思考教学如何面向全体学生、如何激发学生主动性学习的过程中，在“君子风范的公民”的要求中，增加了“勇于负责者”这一教学价值，并且强调高中阶段的学习，学生应该对自己的学习负责任，主动探究自己的学习问题。同时，作为一名高考命题组成员，他仔细思考的学生所提到的高考“公平”问题，并在高考命题的会议中提出这一问题，针对这一问题提出相应的建议。在陈教师处理这些教学困境中可以发现：陈老师对教学目的和价值的进行持续性思考，并根据在教学实践情景的特征，不断调整普遍性的教育价值承诺，同时根据这一价承诺的变化创生了新的教学模式，展现了在普遍性原则与实践特殊性之间进行调适的教学慎思力。

整体来看，陈老师教学中表现的能动倾向呈现了感知性平衡的特征。教师的决策的逻辑起点是洞察教学情景的教育意义。在情境中，能够敏锐地洞察影响学生健康成长的实际问题，并将这些问题作为教师学习的机会，反思自身的教学价值的合理性，以及教学策略的有效性和合理性，根据情境的需要对普遍性的教学价值承诺作出相应的修改，并创建新的教学模式或教学观念，总是表现出适应性改变的开放性，这些特征都表明陈老师是基于教学智慧来创设教学活动的。

（三）宁老师呈现普遍规则优先的反思能动倾向

宁老师的教学困境实质是“公平”问题，在四中的教学环境下，学生差异不仅仅表在学习成绩上，还表现在学习态度和学习动机上，因此，教学中教师要思考关注哪一部分学生。宁老师经过慎思之后，选用“高考利益最大化”的伦理原则来思考教学问题。在设定教学目的、选择教学内容、筹划教学策略，选用教学评价等方面的教学决策中，选择学业成绩较好的学生作为设计教学的关注对象。对于这一选择他是这样解释的：高考对学生而言是一个重要十字路口，如果学生在高考中取得好的成绩，进入到好的大学，才可能获得好的发展机会，所以高中阶段的教学更应该关注成绩较好的学生。而另一些学生的成绩太差，并且自己和家长对高考没抱很大的希望，即使教学偏向他们，高考的结果未必好。另外，现在社会对学校的评价与高考最后的结果有着直接的联系，这就迫使教师不得不关注成绩较好的学生。

在二三十年的教学生涯中，宁老师一直坚持学生在高考中取得优异成绩这一教学价值承诺。经过多年的教学，他对高中阶段的化学知识结构了如指掌，并且积累了如何精讲使学生更容易掌握化学知识的许多策略，帮助学生灵活地运用化学知识解决化学学科上的学业问题，部分学生在高考中获得优异的成绩。由此宁老师也获得学生、家长和学校等方面的很高评价。即使在新课程改革的冲击下，他还是坚持掌握知识考出优异成绩这一核心目的，尝试使用新课程所推荐的教学方法或者教学理念，经过比较之后，他觉得使学生掌握知识最有效的方式上还是“教师精讲，学生精炼”的教学模式最好。至于学生各方面的素质发展，有待于学生自身、社会和学校等各方面的努力，并且认为学生各方面的素质发展的高峰期是在大学，高中阶段的主要任务就是帮助他们进入到更好的大学。

从宁老师的课堂教学以及解决教学问题的方式来看，他的能动特征呈现原则性驱动的反思性平衡，主要表现为以下两个方面特征：

第一，教师教学决策的逻辑起点是“测试中获得优异成绩”的普遍性原则。为了实现这一目的，教师总是远离教学情境来进行教学决策，忽视情境的独特性和不确定性。通过标准化的班级量化管理使课堂教学井然有序；通过程序化的教学设计，并在教学互动中严格执行这一程序。常见的教学活动是教师在讲台上精讲，学生专心听讲和做笔记，体现“以教师为中心”的课堂教学模式。通过目标化教学管理和教学程序性设计，使教学互动的不确定因素降到最低。在所听的几节课中，基本没有涌现一些意料之外的课堂教学事件，教师在课堂教学中的评价性语言非常少。另外，宁老师这一教学价值取向会缩减他的教学洞察力的范畴。在教学互动中，他能够敏锐感知学业成绩优异那一部分学生的学习困难、学习理解程度等等问题，但是很少关注成绩较差的那一部分学生。并且教学洞察的内容局限于学生对化学知识的理解程度和解题困难，很少关注学生的整体生活，几乎不在意学生的情感、道德、伦理、实践能力等方面的发展。

第二，在普遍性和特殊性之间的调适中，倾向于坚守普遍性原则，轻视情境的特殊性。宁老师在这两者调适中展现两个方面的特征：其一，轻视教学目的慎思。在四中的教育背景下，宁老师通过权衡之后，将高中阶段的核心教学价值确定为促进学生在高考中获得优异成绩，并且坚守这一教学价值承诺。从这种价值取向出发，对每一个学生都设定相同的教学期望,没有能力达到这一教学期望的学生很少得到他的特别关注，并且通过课堂教学管理规则，使他们在课堂上保持安静以维持所设定的课堂秩序。即使在新课程改革的冲击下，还是坚持自己的教学价值承诺。这种教学决策的原因在于：他认为高中阶段化学学习的最适宜的目标是帮助学生获得优异的测试成绩，而素质培养目标可以通过其他活动中得到实现。由此可见，他认为他的教学目标对高中阶段的学生来说是一个完善的目标体系，在教学过程就不需要慎思教学目的，也没有意愿要改变这些目标结构。他在教学决策中基本上不会思考教学目的，教学目的都可以在教学互动之前确定下来。其二，基于技术理性的教学决策方式。宁老师选择高考获得优异成绩为核心教学价值，并以学生的考试成绩作为唯一的教学评价的衡量度，这就导致他选择“高考效益最大化”的伦理原则来进行教学设计。因此，课堂教学就出现不公平的现象，忽视学生的差异性，教学资源和教学机会的分配偏向于成绩优异的学生。教学决策的重点是选择最有效的传递化学知识的教学原则或教学方法。宁老师经过多年的经验学习,积累许多高效传递知识的教学方法和教学技能，已经建立自己的知识库。他的教学能动性表现在从这个知识库中选择哪些教学原则或方法。通过这些方法和规则来有效控制和剔除课堂教学中的不确定因素，从而使课堂教学呈现结构严谨、井然有序的状态。

从宁老师的教学决策特征来看，他将教学创设为技术性活动，教学的主要任务是寻找最有效的方法来实现已确定的教学目标。在普遍性和特殊性的权衡中，教师的思维和行动中显示对普遍性原则的过分依存，忽视情景的独特性，控制情境中的不确定性因素。即使在新课程改革的冲击下，他还是坚守自己的教学价值承诺，也坚守自己的教学模式，没有做出相应的改变。基于这些特征，可以判断宁老师呈现反思性均衡的能动倾向，是基于技术理性来构建教学活动，坚守自己的教学价值承诺，而不关注学生的差异和教育背景的变化。

第五章　教学智慧的形成机制

在个案分析的基础上，可以判断特级教师的教学活动展示哪种能动倾向。但是，从教师的几个有限的教学案例来分析教师的能动倾向，以判断这些教师是否具有教学智慧，可能存在一定的风险。毕竟案例所呈现的只是教师教学的一部分，并不一定能够充分地展示这位教师的整体教学状态。为了进一步证实本研究构建的观察教师教学智慧的“能动倾向”模型的可行性，应该将教师的教学决策放置到教学背景中来进行个案之间的比较分析。剖析特级教师呈现不同能动倾向的根本原因，以审察“能动倾向”模型中强调了教学智慧的哪些因素，又可能忽略了哪些重要的因素，进而探讨教师教学智慧生成的表现特征。

第一节　个案研究中三位教师能动倾向的相似性和差异性分析

这三位特级教师都是在同一个县的高中任教，所处的教学环境基本相似，只是学科背景存在差异。他们的能动倾向既存在相似之处，也存在明显的不同。相同之处是他们都没有呈现感知性自发的能动倾向。不同之处在于：宁老师是从反思性平衡的立场来组织教学活动的；申老师与陈老师的教学价值取向存在差异，但是他们的能动倾向都表现为感知性平衡。下文将分析产生这些现象的原因。

一、没有呈现感知性自发能动倾向的原因分析

三位特级教师没有呈现感知性自发的能动倾向。在教学案例中可以发现，他们在确定教学价值序列结构时，综合考虑多个方面的因素，形成了比较明确的教学价值立场。在教学互动中，教师能洞察到情境影响

学生学习的重要因素，表现出临场发挥的艺术。从他们选择的情境因素来看，非常明显是根据自己的教学目的来辨认情境因素和判断情境的教育意义。申老师面对学生拒绝参与创新教学模式时，他并没有基于教师的权威训斥这一学生，或忽视这一单个学生的问题。而是通过这一问题来慎思创新教育的教学目标结构，也分析了学生对创新教育的理解问题，并将这一问题作为创新教育实践共同体的讨论主题，促使创新教育价值结构的改变和教学活动原则的改变。在“学生主讲”的课堂教学中，能够马上感知到学生对知识的理解程度，即时判断学生在哪些方面没有阐释清楚，在哪些方面理解不到位，在哪些方面可以发挥学生的创造性。根据这些判断即兴抛出一系列的临场构建的问题，激发学生的思考并引出新观点。陈老师在课堂教学过程中，当场评价学生在辩论过程中提出的不同观点，并提出新的实际问题，引发学生反思自身的观念体系。而宁老师在课堂教学前就设计结构严谨的教学程序，从而课堂教学互动中很少出现不确定因素，教师的即兴发挥的机会比较少。这些特征都显示三位教师都是紧扣教学目标来进行教学，也展现了临场发挥的艺术，但是他们并没有被情境所控制而偏离核心教学目标。

三位教师没有表现感知性自发的原因可以归为以下三个方面：其一，这几位特级教师对教学意义和价值的深度理解，非常清楚地知道要培养学生成为“什么样的人”，从而形成了坚定的教学价值承诺和明确的教学目的，这使他们不可能被情景因素所牵制。其二，这些教师具有丰富的学科教学经验，已经形成这一学科所蕴含的理智传统。申老师展现了像生物学者那样发现自然奥秘的探究兴趣和观察力，化学学科的宁老师则表现严谨的、有条理的分析力，而政治学科的陈老师则显示辩证地慎思习惯。他们形成的这些理智德性会防止教师进入感知性自发的境界。其三，在重视标准化考试的高中阶段的教学环境中，学生的学业成绩水平是评价教师专业能力的关键参考系数。因而，教师不可避免地要重视学生掌握知识获得优异成绩的这一目的。在这种教学环境之下，教师不可能获得任意性选择的自由空间。基于以上三个原因，教师不可能从感知自发的能动倾向来进行教学。

二、宁老师呈现反思性平衡能动倾向的原因

无论是从宁老师的课堂教学来看，还是从其走出教学困境的方式来

看，都显示呈现反思性平衡的能动状态。基于这种能动倾向来教学时，如果教学活动能够完全按照教学设计顺利地进行，那么，他们的教学必然会获得更好的教学结果。然而，当教学情境出现新颖的、不确定性因素，并且这些因素对于学生成长具有重要的意义，要求教师做出必要的改变。这种反思性平衡的能动性就会妨碍教师做出相应的改变。乔恩森和涂尔敏认为实践需要实践推理的根本原因是："正是经典推理和行动模式不能发挥作用的因素——不确定性情境的出现，使实践推理变得如此重要。"①在宁老师的案例中，他坚信学生的高考成绩对学生未来发展的重要性，因而，围绕这一教学使命，他构建了"以规则为导向"的课堂教学模式和管理模式。并且一直坚守"高考利益最大化"的教学评价原则。基于这一原则，教学选择关注的对象限于"成绩优异"学生群体，将学生学习目的设定为掌握知识和提升解题能力。认为教师的精讲和学生的精炼是达到这一目的最有效的途径。在他的教学模式中，成绩较差的学生可能得不到应有的关注。课堂教学中，笔者看到以下的现象：由于成绩较差的学生听不懂课堂讲授的内容，他们只能选择做自己的事情，有的打盹、有的在发短信、有的发呆，这些学生看似获得"自由"，但前提是保持安静，不扰乱班级授课的秩序，因而，他们这种自由在本质上是高控制下的规定性选择，学生的实践主体地位未得到体现。

宁老师呈现反思性平衡的主要原因在于以下三个方面：其一，重视教学外在价值的实现。在教学的内在价值和外在价值的权衡中，学生掌握知识和提升成绩这一外在价值具有绝对优先地位，轻视了教学中的教育性这一内在价值。在教学活动中，他不太关注学生的情感、态度、道德品质等素质的发展，尽管他也相信这些品质的发展非常重要，但是，他认为学生获得这些品质的活动不在高中阶段的化学教学活动中而在其他活动中。高中化学教学应该专注于提高学生的学业成绩以帮助他们考上好大学，只有这样，才能够为他们今后的素质培养提供更高的平台。其二，将教学看作是技术性活动。在当前高考标准化考试的文化语境中，宁老师比较认同和尊重这种文化蕴涵的教学目的，并将其转化为自己的教学价值承诺和教学责任。在这一承诺和使命感的驱动下，根据"效率

---

① Jonsen, A.R.& Toulmin, S. The Abuse of Casuistry: A History of Moral Reasoning[M]. Berleley: University of California, 1988: 126.

原则”来组织教学和评价教学，从而将教学活动简化为实现教学外在价值的技术性实践。即使在新课程改革的背景中，他也不愿意更改自己的教学价值承诺。其内在原因是：他没有真正地理解新课程改革的意义和目的，而是只关注新课程改革的操作层面。他认为新课程改革无非就是寻求更好的方式提高学生的学业成绩。由此，他将新课程改革提倡的教学方式与传统的教学方式进行比较之后，还是选择他认为有效提升学生成绩的教学方式。其三，学生、家长、同事、学校领导都认同他的教学方式。四中已经形成高考利益高于一切的文化氛围，只要有利于高考的教学方式都能够得到认同和较高评价。在新课程改革的倡导下，学校鼓励教师进行教学创新，但是创新的条件是保证高考质量的前提下才具有可行性。正是这种文化背景为宁老师基于反思性平衡来组织教学提供强有力的支持，使他的能动性主要表现在探索更有效地传递知识的手段、原则或方式。如果比较这三个原因的影响度，那么他呈现反思性平衡能动倾向的根本原因是他将教学看作是实现“掌握知识”这一外在价值的技术性活动。

三、申老师和陈老师呈现感知性平衡能动倾向的原因

申老师和陈老师的能动特征是感知性平衡。他们走出困境的方式为教师教学智慧的展示提供很好的案例。他们所创设的教学活动体现了教师与学生的实践主体特征，即自由性、慎思性、历史性和具身性，并以此作为自己的教学专业判断所依赖的基本道德立场。下面详细地呈现这些特征：

第一，教师和学生在教学活动中的自由性。在他们的课堂教学中，教材提供的知识只是一个框架，教师和学生根据探究点的需要选择学习内容、学习资源和学习方式。在申老师课堂教学中，教师与学生一起备课来确定学习内容和学习方式。经过商议之后，学习方式确定为小组合作学习的方式，并由学生自己来“主讲”知识内容。学生在如何呈现知识和选择哪些材料中展现他们的创造性自由。申老师的自由性表现为确立探究点，根据探究点来决定教学目标、教学内容、教学策略和教学评价方式。因而，教学中没有固定不变的教学模式，教学形式随探究点的不同而变化，教师的教学决策中充分展示教师作为实践主体的自由性。

第二，慎思性。在陈老师的教学中，强调学生对政治学科提供的原理、观念进行评价和质疑，然后引发学生反身性思考自己的信念体系，以促进他们改变自己的观念系统。在这些活动中，教师的教学关注点不是强制或说服学生接受教师认为正确的信念，而是培养他们的觉悟能力。主张学生对这些观念进行价值辩护后，再选择相信哪些信念，这些特征展示学生学习中的慎思性。教师的慎思性更加明显，他们在设定教学目标、确定教学内容、设计教学策略、选择教学评价方式的环节中，都表现为道德判断优先于技术理性的慎思性。例如，申老师和陈老师在学科知识转化为学科教学知识的决策中，重点是理解知识学习可以帮助学生培育哪些素质。在化解教学困境时，会慎思自己的教育价值取向是否尊重学生的主体性，从而导致自己个人教学理论的改变。可见，慎思是这两位教师进行教学决策的主要思维形式。

第三，历史性。历史性表现教师在教学愿景与教学现实之间的互动状态。在传统教育盛行的时期，申老师将创新素质确立为核心教学价值的过程中展现他的历史性。在 20 世纪 80 年代中期，教育领域没有明确地提出培养学生创新教育，他敏锐地洞察到创新素质将成为社会需要人才的核心素质，并将这一社会教育需求转化为自己的教学承诺。既看到传统教育的不完善性，又看到教育发展的必要性，然后根据这一“必要性”做出相应的教学调整。陈老师的教学改革来自学生在道德生活中的实际问题，这也是当代道德生活中的普遍性问题，即普遍性道德原则与个人道德原则的不一致性的问题。为了解决这些问题，提出了让学生利用知识反思自身观念系统的“解疑教学”模式，将社会教育需求转化为教学的适当影响。面对学生决绝参加高考的困境中，他通过移情性理解，揭示学生自己潜意识中的学习倦息，以及学生对自身发展的困惑。这一困惑也激发了他对高考命题组如何体现公平问题的思考，为高考命题大纲提出新的建议。也激发他思考如何教学才能是学生辩证看待生活问题和社会问题。这些展示两位教师在个人与环境互动的历史观。

第四，具身性。教师和学生在教学活动中形成的理智德性和道德品质，会通过身体展现出来。在教学情境中，申老师和陈老师表现出临场发挥艺术，敏锐感知学生的学习困境和理解程度，倾听到学生内心的真实想法，并做出即时的反馈和评价，他们这种教学直觉来自他们已经形成独特的德性。这一德性通过教师的情境洞察力表现出来。学生在论辩式的对话教学活动中，不仅要清晰、符合逻辑地解释自己的观点，并提供支撑这一观点的理由，也要评价和欣赏他们的观点以及所提出的理由。这些活动使他们经历辩证思维的训练，也体验与他们的论辩式交流需要的态度和情感，这些活动有助于学生发展对话美德。他所设计的活动需要学生的深度参与，并在参与中获得民主德性，这也体现学生的具身性。

这两位教师呈现感知性平衡的原因可以归纳如下三个方面：其一，重视教学内在价值。在他们权衡教学的外在价值和内在价值时，他们都认为通过培育学生的某些素质，将会更好地实现高考获得优异成绩这一外在价值。并且也主张，只有将高考这一外在教育要求转化为学生自愿的主动性要求，他们的教学才算是完成使命。申老师强调发展学生的创新素质，他认为只要学生创新素质得到发展，他们就会主动地、创造性地学习。而陈老师强调发展“君子风范的公民”所需要的素质，并且相信只要学生具有一定的觉悟能力，他们就会主动地去学习和探索。其二，具有开阔的教育视野。他们在标准化考试背景中，敢于确定与教学传统不同的教学价值承诺，并且敢于坚守自己的教学立场。促使他们具有如此勇气的原因在于:他们非常敏锐洞察到社会的发展对人才素质的需求。如陈老师发现部分学生不尊重公共道德或伦理规范，从“利我主义”道德立场来确定自我的道德原则。针对这一问题，他认为政治学习主要目的应是提升觉悟能力，促进学生对普遍性道德原则的认同和反思。可见，正是与他人不同的教育视野，促使他们觉察深层次的教学问题，并敢于坚定自己的教学价值立场。其三，他们善于利用教学环境提供的专业发展时机。如前所述，申老师提出创新教学的背景是生物学科不在高考范畴之内，他将这一机会看作是尝试教学创新的机遇。当生物学科回归到高考的范畴时，他的创新教学已经具有一定的影响力，自然就具有发言权。抓住这一机遇，他将创新教学推广到其他学科。陈老师作为学科带头人和学校领导，他认为自己应该承担探索新的教学方式的责任。总是会慎思教学的实际问题，并将这些问题作为实践共同体讨论的主题。这两位教师并没有完全依存于教学的高考背景，而是思考如何利用背景的有利因素来进行教学创新，能在已有的教学环境中争取基于自己意愿的选择自由度。

经过案例的比较分析之后，可以发现这些教师所呈现差异性的根本原因是教学价值取向的不同和教学观的不同。宁老师形成教学外在价值优先的价值取向，从而将高考利益最大化作为教学决策所依赖的教学立场，教学推理采用技术理性优先于道德判断的工具性推理方式。而另外两位教师的教学价值承诺强调内在价值，进而教学推理呈现道德判断优先于技术理性的辩证关系，展现了感知性平衡的能动倾向，这说明教师是基于教学智慧创建教学实践活动。

第二节　能动倾向模型对洞察教学智慧的要求和局限性

在运用能动倾向来展示教师教学智慧的叙事研究中，研究者既要分析教师对教学内在价值与外在价值进行权衡后所形成的教学价值序列结构，也要关注他们如何理解情景的重要因素。这两个方面就决定研究者必须深入到教师的教学生活中，观察他们解决价值冲突性的教学问题所表现的能动倾向。

首先，利用这一模型来展现教师教学智慧，必须聚焦于教师的持久教学价值承诺。从课堂教学观察中或者访谈中，分析他们的教学目的和教育目的、观察他们构建的学习共同体的特征，倾听他们的优秀教师观，这样可以梳理教师的教学价值序列结构。教师的教学价值承诺会影响教师认识和行动的方式。因而，在观察教师能动倾向中，教师的价值承诺是非常重要的因素。本研究中的三位特级教师的教学价值承诺所涵括一些相同的教学价值。例如，三位教师都认为优秀教师的重大责任是促进学生掌握知识并在高考中取得优异成绩。但是，他们在处理知识学习和素质培养的价值序列方面是迥然不同的，一方将素质培养设定为核心价值，只有素质得到发展，学生在高考中肯定会取得好的成绩；另一方将知识学习规定为核心价值，认为学生素质可以在其他活动来培养，教学的核心价值就是知识学习。由于他们所追求的教学价值序列的不同，教师的教学活动形式就明显不同。从这一思路出发，观察教师教学智慧就要找到智慧生成的源头。当教师的持久教学承诺从数据清楚地呈现出来时，可以分析这些教学目的和价值之间的相互联系。当教师慎思不同教学价值的优先性，就会形成比较恒定的教学价值序列结构。当教师过分强调外在价值时，他们就可能基于技术理性来进行教学；当他们重视教学内在价值的实现，通过内在价值的实现促进外在价值的达成，他们可能会是基于教学智慧来进行教学。

其次，能动倾向模型分析框架的另一个关键点是教师能否洞察行动情境的关键因素。在行动情境中，教师既要有丰富的情感体验能力和慎思性的想象力，又要具有较强的理性认知能力，才能真实地理解学生的意愿和需求。在三例个案研究中，三位教师愿意浸润于实践情境的程度是影响他们的教学智慧是否生成的关键因素。因为只有深入并且长时间地浸入情境中，教师才能洞察到特定语境下的教学问题，尤其是在外部大量信息渗透进来的时候。在申老师的案例中，当生物学科被学生和学校否定它的应有教学价值时，不是像其他教师一样，随意对待这门学科的教学。而是从通过生物学知识对学生成长的意义的理性认识，并从当代社会对人才素质需求的理性思考，重构教学活动的概念，形成新的教学实践观。陈老师的教学创新完全是由深切洞察到学生的道德意识和责任等方面所存在的问题所引发的。在课堂教学的互动中，他能够深度浸入行动情境，洞悉学生的观念中的问题，并及时做出必要的指引和质疑。在宁老师的个案中，呈现相反的局面。在教学决策中，总是远离教学情境来进行教学推理，设置规则化的课堂管理模式，以控制教学实践中的不确定因素。情景浸入程度与教师的教学智慧是紧密相连的，因而，在通过案例来展现教师教学智慧时，一方面，要关注教师如何设定自身的教学价值承诺或目的，另一方面，要关注教师如何洞察情境中的重要因素并理解其教育意义。

再次，通过能动倾向来分析教师教学智慧时，研究者必须参与到被研究者的教学实践中，并且与被研究者一起来解释和反思他们的教学经验。当研究者通过解释教师经验的深层结构来分析教师的能动倾向，就需要特定的洞察方式。不仅仅是通过访谈方式，更需要深入到教师课堂教学中，通过日常教学模式来分析教师的使用信念，这样能够真实捕捉教师对情景意义的理解，以提升叙事研究的描述性效度和解释性效度。因而，通过案例来理解教师的教学价值承诺，需要研究者深入理解教师的经验深层结构，也需要研究者具有从教学行动中提炼出使用理论的洞察力。

总体来说，就探索教师教学智慧而言，能动倾向模型是一个可信的分析框架，但是他对研究者也提出了相应的要求。研究者要深入到教学实际生活中，既要通过各种路径来分析教师的教学价值承诺，又要观察教师如何理解教学行动情境。虽然能动倾向可以作为教学智慧的形成标志，但是，这一模型为了强调教师权衡的能动特征，可能会忽视了教学智慧的其他重要方面。下文对两位教师智慧经验的再诠释，力求探索促进教师呈现感知性平衡的其他特征，以分析他们教学智慧形成的表现性特征。

第三节　申老师教学智慧的生成机制

在判断教师具有教学智慧之后，还需要对他们的智慧性经验进行再诠释，聚焦于教师教学智慧生成的内在机制。从这两位教师的个案可以发现，虽然他们的教学价值取向、教学策略和教学认识也存在差异，但是，他们走出教学困境时的思维和行动的逻辑方式是相同的。为此，下面只是详细地剖析申老师的教学智慧生成过程。根据申老师走出教学困境时的思维和行动的逻辑线索，可以通过图 5-1 来描摹教师教学智慧的生成过程。

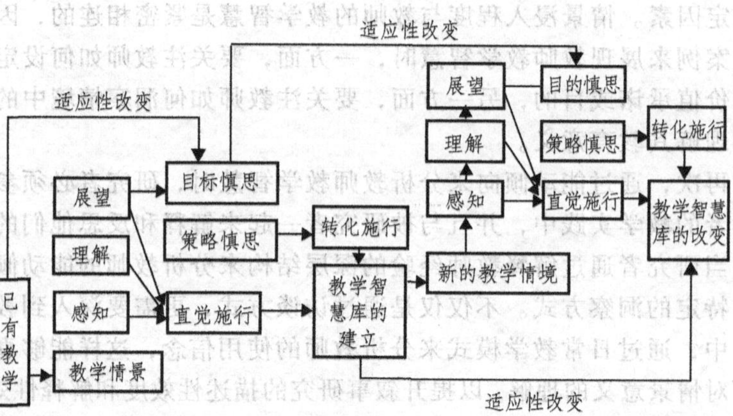

图 5-1　申老师教学智慧生成的过程

从申老师两次走出教学困境的经验来看，他的思维和行动方式呈现如下几个方面的特征：

首先，教学决策的起点是教师的情景洞察力。观察他对情境信息的分析过程，他处理情境信息的过程可以分为三个阶段：第一，感知信息。由于生物学科被划出高考范围之外的教学背景中，他从学生的上课表现、完成学习任务的现象中，感知到学生轻视生物学科学习这一特征。第二，理解信息。通过倾听学生对生物学科学习的真实想法，他发现学生还是有了解自身和大自然的兴趣，只不过没有外在力量的驱动下以及其他学科的高考压力，促使他们轻视这一学科的学习。于是他将这一现象应放置到生物学科背景中，思考生物学科学习对学生发展的意义和价值。他认为生物教学可以帮助学生了解自己的身体和大自然的构成和规律，这样可以引导学生正确地处理自我与大自然的关系，由此他确认学习这一学科的“必要性”。同时，他也将生物学科教学放置到当时中国改革开放初期的社会背景中来分析，他敏锐觉察到社会需要具有创新素质的人才，他开始思考创新人才与学校教学应该存在某种联系。从这两个方面的思考，他坚信生物学科的学习有其自身的内在教学价值。第三，展望学生的发展可能性。在感知和理解的基础上确认学习生物学科的“必要性”，既然生物学科的学习并不是为了考试中获得优异成绩，开始思索生物学科的学习有助于发展学生哪些素质？他经过慎思之后确认生物学科的教学重点是培养学生的创新素质，为他们今后成为创造性人才准备必要的思维、意识和品质。从申老师对这一教学困境的理解中，可以发现他的教学洞察经历三个层次的思考，在每一层次都会聚焦于情境隐含的关键因素，显示他的教学情景洞察的要点聚焦性。

其次，教师决策的慎思过程。在这一阶段中，他的慎思主要表现在两个方面：第一，教学目的慎思。在预测和确定生物学课的核心教学价值是培养学生的创新素质之后，开始思考在实际教学环境中，教学创新与其他领域的创新的不同之处。教学中应该培养学生哪些创造性品质。他通过对创造性原理相关理论的理解，最后确定了创新意识、创新思维、创新技法、创新品质构成“四面”的创新素质。并在具体教学情境中，还会探讨具体的活动将专注于培养学生的哪些创造性品质。第二，教学策略慎思 。当认识到生物学科学习要致力于学生创新素质的发展的必要性时，开始思考什么样的活动可以发展学生的创新素质。经过慎思之后得出，创新素质一个重要因素是“探究兴趣”，教学思考的焦点就是“如何激发学生的内在学习兴趣”。在思考这一问题时，他联想到生物学科研究者的“内在探究兴趣”促进生物学家去探索自然和人体，而发现中获得的“成就感”使他们不畏艰辛地大自然的奥秘。为此，他将生物学科教学的重点是“激发学生的探究兴趣”，根据这一重点，教师的主要任务就是设计激发学生探究兴趣的“探究点”，并将学生掌握目的规定为“多、奇、异”的三维结构。根据“激发学生内在学习兴趣”的教学立场来设计探究点，并根据探究点和学生的特征来选择教学内容、教学策略和教学评价方式等因素。

最后，教学行动中的适应性改变。他设计的教学活动是围绕“探究点”的学习，尤其强调学生将已有知识和新知识建立某种联系，提出自己的新的观点。这种策略式教学设计给学生的自我发挥提供了很大的空间。教师的教学互动过程不是严格执行教学设计的程序，而是利用教学互动中涌现的重要教育时机，呈现适应性改变的教学行动倾向。教师教学施行呈现两种形式：其一，教学直觉性行动。在教学互动中这一直觉性施行尤为重要，教师表现出敏锐的、直觉性的情景洞察力，凭借教学直觉及时把握学生对知识的理解程度、学生的思维状态、学生的学习困难等因素，并针对这些教学问题做出即时的评价和反馈，为此，他在教学互动中不是严格尊重教学设计的程序和步骤，而是给予学生的自我发挥的空间，在课堂教学表现出适应性改变的直觉性行动倾向。其二，教学转化行动。表现为特定教学背景下的教学结构的改变，促进实践共同体中的教学变革。教学转化行动表现为他的整个创新教学的发展过程中。在遇到学生轻视生物学科学习的困境时，将以掌握知识为核心的教学价值承诺转化为以创新素质培养为核心教学价值承诺；将程序式的教学设计转化为以“探究点”为中心的策略式教学设计，在教学价值结构和教学策略都做出了相应的改变，是已有的教学结构和教学价值发生了根本性的改变，呈现转化的行动倾向。

遭遇到学生拒绝参与创新教学的困境时，他消解这一困境也存在相似的思维和行动方式。第一，表现出“要点聚焦性”的情境洞察力，面对学生拒绝参加创新教学这一现象，通过与学生的沟通，了解这样做的真实原因是担心创新教学模式不利于在高考中获得优异成绩。这一事件引发他将创新教学放置到高考的教学背景中来反思，通过与创新教学实践共同体的协商，最后确定创新教学能够更好地促进学生的掌握知识并提升解题的能力。第二，对教学目的和教学策略的慎思和反思。创新教学不仅重视创造性品质的培育，同时必须促进学生更好地在高考中获得优异成绩，因此，创新教育中要重视学生创造性学习知识，提升自己灵活运用知识解决学习问题的能力，这本身就是创新活动。同时，创新教学应该面向全体学生，让不同个性的学生都能大胆质疑和想象，敢于提出自己的观念和思想，要达到这一目标，需要创设民主氛围，将民主教学原则确定为教学的主要原则。第三，表现出适应性改变的教学施行力。为了适应于高考背景下的教学，教学目的改为“创造知识、创新思维、创新意识、创新精神、创新技法的五面的教学目的结构。教学策略由原来的分离的探究模式改为整合的探究模式，从而拓展原来的创新教学思想，提出新的创新教学模式。

第四节 教学智慧的形成机制

分析申老师教学智慧的生成过程，可以发现教学智慧生成的其他表现性特征，也是教师形成感知性平衡的内在机制。根据个案中展现的结果以及结合相关理论的分析，教学智慧生成过程中的表现性特征可分为四个：即教师对学科知识的教育性理解、要点聚焦性的教学洞察力、道德判断优先的教学慎思力和适应性改变的教学施行力，并且这四种表现性特征在教学智慧生成起到不同的作用。

一、学科知识的教育性理解：教学智慧生成的前提条件

在呈现感知性平衡的两位老师中，促进他们教学智慧生成的重要因素是教师深度理解学科知识的育人价值，或理解学科知识的德性结构。他们对学科知识的教育性理解导致他们修改自己的教学实践观，形成以教学内在价值优先的教学价值承诺，为教师的教学判断提供正确的教学道德立场。基于这一路径，教师对学科知识的教育学理解成为教学智慧形成的前提条件。在学科知识理解中，他们展现了道德判断优先于技术理性的思维方式。不仅仅将学科知识当作是需要记忆和掌握的事实性知

识，而且将知识作为培养学生某种理智德行或道德德性的资源。如申老师认为生物学知识蕴含“探究性”，因而知识学习就是创新素质培养的中介；而陈老师认为政治学科知识蕴含“觉悟性”，因而知识学习就是促进学生改变观念体系的中介。引发他们教学创新的关键因素是他们对学科知识有助于发展学生哪些品质的规范性思考。这种规范性思考表现以下两个方面的作用：

首先，对学科知识的教育性理解促使他们形成了教学实践观。这两位教师的教学观念的改变是源自他们对学科知识蕴含的教育意义的深度理解，当教师思考学科知识的内在价值，并构想实现这些内在教学价值的教学活动，教师就会形成教学实践观。申老师洞察生物知识所蕴含的“探究兴趣”和探究中的“发现乐趣”，将生物学知识的获得看作是揭示大自然和人体奥秘的创造过程,从而认定生物学知识本身具有“探究性”，学习这一门知识就要学会“探究”和“创新”。他认为学者总是围绕某个问题来进行科学探究，在这一过程中，可以体验发现的内在乐趣。正是这份内在兴趣激励他们持之以恒地探究，而他们的创新思维、创新意识和创新精神在这活动中就得以形成。基于这种理解，将创新素质确定为教学中要追求的核心教学价值，萌生了创新教学模式，使教学活动的性质发生根本性改变。在陈老师的个案也显示这一状态，他将教学目标设定为“知识、能力、觉悟”三个维度，是基于对政治学科知识的教育性理解。他认为政治学科知识是一种价值负载的知识，需要学生自身的价值判断和反身体悟的能力，只有这样，政治学科的知识学习才能促进学生观念系统的转变，树立正确的学习观、价值观、人生观以及世界观。为了实现这一目标，就必须经过讨论、辩论等方式促进学生慎思自己的观念系统。他对政治学科的教育性理解促进他更加深入理解教学的作用和功能，从而提出新的教学模式。由此可见，学科知识的教育性理解促进他们形成教学实践观，而教学实践观又是他的教学智慧生成的前提性条件，从而可以推出学科知识的教育性理解成为教学智慧生成的前提条件。

其次，对学科知识的教育性理解引领教师的教学经验取向。教师对学科知识的教育性理解促进他们形成教学实践观，这些教学实践观会影响教师对教学经验的选择取向。在创设教学活动时会对相关教学经验进行评价和选择，决定重视哪些经验，或忽视哪些经验。这两位教师在教学经验的选择中，对学科知识的育人价值理解发挥导向性的作用。申老师认为教学就是培养学生的创造性品质。这一创造性品质的培养必须克服接受性学习的经验取向，而需要发现性学习的经验取向。由于这一经验取向的改变，他的教学活动方式不是固定不变的，而是根据激发学生的探究兴趣为核心目的，构建多样化的教学活动。在陈老师的政治教学中，学习目的是提高学生的“觉悟”能力。基于这一理解，他发觉传输性的教学经验的局限性，开始思考哪些学习经验发展学生的“觉悟”能力，哪些经验有助于激发学生利用知识的学习来反观社会和反观自己，哪些经验有助于培养学生的辩证思维。在所观察的课堂教学中，虽然他们都是采取小组合作学习的方式，但是合作性质是明显不同的。申老师的小组合作是以“知识创新和共同探究”为纽带构建的合作小组，以“探究点”为节点，共同构建相应的知识网络，成员致力提供新的观点，因而小组合作学习显示求真的探究性质。而在陈老师的小组合作方式中，小组合作是以“以欣赏和评价”为纽带构成的小组学习。以“实际问题”为话题，学习重点是提出自己的实践推论，并为这一推理提供自己的理由和评价他人的理由，尽可能达成某种范围的共同理解，小组学习的明显特征是求善的权衡性质。由此可见，对学科知识教育属性的理解会影响他们的教学经验取向。

在前面第二章教学智慧的概念框架论述中，教师对教学实践的深度理解是教学智慧生成的前提条件。而促进两位教师教学观的改变和教学实践经验取向的转变最根本的原因是他们对学科知识的教育属性的深度理解，也是理解学科知识的德性结构。因而，教学智慧生成的前提条件是对学科知识的教育性理解。

二、情境洞察：教学智慧生成的逻辑起点

在感知性平衡的能动倾向中，教师决策的逻辑起点是在情境中洞察教学实际问题，根据这一问题来选择、整合或修改某些普遍性原则。因此，教师的情境洞察力是教师教学智慧生成的逻辑生长点。情境洞察是指教师在复杂的教学情境中，不仅能感知各种各样的信息，而且明智地判断它们所内蕴的教学价值和意义，觉察影响学生发展的“关键性因素”，选择最佳的教学决策点。下面根据个案研究获得的数据再次阐释教学情

境洞察的心理机制、不同层次和基本特征。

1.“视听统合”的体知：情境洞察的心理机制

教师情景洞察力表现为体验和理性认知两个方面。一方面，他们通过丰富的想象力和同情心来体验学生内心真实的想法和学生的心灵呼唤；另一方面，他们也具有深入事件内部的理性认知和逻辑分析能力，觉察学生学习中的问题，并预测他们的发展可能性。因而，教学情境洞察是包含视听统合的体验和认知的两种形式。这就不同于理智主义的实践智慧中的“感知”(perception)，也不同于现象学所提出的实践智慧中的“体验”，采用哪种方式或者将两种方式整合，要视具体情境而定。

在申老师的案例中，教学洞察方式就呈现两种。第一，在教学互动情景中，洞察表现体验方式。在解决学生拒绝加入创新教学的教学问题中，认同学生的提出这一要求的勇气，肯定学生探索自身学习策略的学习态度。在这种鼓励的氛围下，学生才敢于讲出对创新教学的真实评价，通过倾听学生的真实想法，认识到学生拒绝参加创新教学的原因，在了解原因的过程充分展示体验这一认识方式。第二，判断情境特征蕴含的教育意义的过程呈现理性认知和逻辑分析的能力。在理解学生拒绝创新教学的原因后，还需要对这些原因进行理性认识，判断这些理由的合理性和真实性，这一过程要将情境因素放置必须高考的这一背景中来思考。在此基础上，思考创新教学与掌握知识之间的关系，重构创新教学观。这一过程充分展示申老师的理性认知能力。可见，在教学情境洞察中，采用理性认知还是体验的方式则是取决于教学情境的特征。

这种洞察力与亚里士多德“感知”有所不同。它不仅是依靠“以视涵听”的理性方式获得情境因素，而且通过“倾听”来获得情境特征。在理智主义的模式中，与洞察力相关的英文词汇还有 perception 和 insight，其词根意义与“视觉”有关，强调对事物的理性认知。亚里士多德认为：“求知是人类的本性，对感觉的喜爱就是证明。人们甚至离开实用而喜欢感觉的本身，喜爱视觉犹胜于其他……这是因为它最能使我们识别事物，并揭示各种各样的差别。”[①]由此，奠定了西方重视“视觉”的思维方式和主客二分的理性主义的文化特质的基础。在“以视涵听”

① 亚里士多德全集（第七卷）[M]. 苗力田，译. 北京：中国人民大学出版社，1991: 27.

的认知模式中，教师以“旁观者”来视察学生的行动，因而，学生学习行动所蕴含情感、态度等却被这一模式有意或无意的排除在外。

这种洞察力与现象学、存在哲学等学科提供的“体验”也有所不同。不仅需要经过倾听来了解学生行动背后真实的原因，而且需要将这些因素放置到更大的教学背景来进行理性反思。现象学、存在哲学、哲学诠释学等方面对视觉文化特质的反思和批判，通过不同方式来体验存在意义，主要通过“倾听”来体认行动蕴含的情感、态度和思想。伽达默尔在《论倾听》中指出：“倾听在某种功能是被思考。”①但是这种体验的主要目的是揭示世界存在的意义，而不是改变世界。然而，教学实践目的不仅仅是解释行动的意义，而且促进学生心智、情感和道德品质等方面的改变，同时也承担教学创新的责任。当教师遭遇到由权力、政策、制度等方面宏观层面所引发的教学冲突性问题，教师的体验可能无法应对这一类问题。如申老师遇到生物学科的教学价值被轻视的这一教学困境，这一困境是有教育政策所引发的，如果只是通过“体验”来洞察引发这一困境原因，恐怕就难以提出创新教学模式了。

情景洞察力更接近于中国儒家中“视听统和”的认识方式。中国古代在追问“圣人与智者”的意义是从圣智与耳目的关系来论述的。在相传子思所著的《五行》中提道：“见而知之，智也；闻而知之，圣也。”后来，在《艺文类聚卷二十：人部四：圣》中，将其解释为“圣者，声也，通也，言其闻声知情，通于天地，条畅万物也”。在帛书《五行》“说”文曰：“闻而知之，圣也。闻之而遂知其天之道也，圣也。见而知之，智也。见之而遂知其所以为之，智也。”在这种视听结合的体知模式中，由“旁观者”转化“参与者”，由二元对立的状态走向双向互动和融合的连续性状态。通过与他人、世界等主体间的融通理解，既要认识行动理由的合理性，又要体验到行动内含的态度和情感，才能开启智慧之源。因而，情境洞察依赖 “视听统合”的体验和认知来对学生学习的进行伦理性探究。在这种探究中，教师的教学情境洞察会表现出不同的水平。

2. 感知、理解、展望：情境洞察的三个层次

教师的教学智慧能否生成在很大程度上取决于教师洞察的水平，邓

① 成中英. 本体诠释学[M]. 北京：北京大学出版社，2002:16.

恩在讨论感知在实践智慧中的作用时，认为："实践智慧是一个动态变化的连续体，在这一连续体中，经验从记忆中徐徐升起，而记忆又是从感知中姗姗而来。"[①]这说明智慧行动发起于情境洞察力。本研究中的两位特级教师的情景洞察表现为三个层面：即教学感知、教学理解、教学展望。

第一层面表现为教学感知，即对各种信息的敏感性和分辨能力。教学感知的核心任务是在特定的情境中认识到"什么是决定学习成败的"的关键因素。尤其是在课堂教学互动中，教师是否具有直觉智慧在很大程度取决于这种感知力。教师总是面对纷繁复杂的信息，不仅对这些信息具有敏感性，而且还要经过慎思来决定选择哪些信息，忽视哪些。因而，在感知层面的洞察力就会初步表现出教师情景洞察的"要点聚焦性"。教学感知的作用表现两个方面：一方面，教学感知可能会直接导出教学行动，尤其是在课堂教学中，更加需要教师敏锐的感知到学生的学习问题，并做出及时的回应。另一方面，感知为教师更深层次的理解提供的反思内容。教师在教学互动中感知的信息，并不都是可以凭借教学直觉就能做出回应的。教师还必须引发现象的原因进行深度理解，这就牵涉到教学情境洞察的第二个层面。

第二个层面表现为教学理解，即将获取的信息放置在整体化的背景中来理解其教育学意义。教学理解中也存在两种功能：一方面，教学理解的任务是在解释事件或现象所包含的教育学意义，通过倾听，了解学生行为背后的动因，识别影响促进学生学习的至关重要的因素，在理解的基础上，可能直接导出行动。另一方面，通过评估和权衡所感知的多种因素的教育价值，根据"必要性"的程度将无序的因素中转化为有序的因素结构。面对着实践中不确定因素的挑战，莫兰曾提出"不断尽力使自己获取的信息和知识背景化和整体化，不断注意错误和自欺的假象"。[②]申老师的案例就显示这一理解倾向，将教学放置生物学科的学科背景和中国改革开放初期的社会背景来思考生物学科的教育价值。海德格尔认为影响行动的决定性因素存在三种情态，即现实、可能的富足和

---

① Dunne, J. Back to the Rough Ground: 'Phronesis' and 'teche'in modern philosophy and in Aristotle [M]. Notre Dame IN: University Notre Dame Press, 1993: 292.

② [法]埃德加·莫兰. 复杂性理论与教育问题[M]. 北京：北京大学出版社，2004：147.

必要性的程度。他认为“在现实之中，存在并不能穷尽本身…因此，如果我们渴望能够整体理解存在，如果我们希望深入理解存在，那么存在不仅显示实际的现实性，还显示可能中的可能性，必要中的必要性。”[①]因而，教学理解层面涉及“什么是好的，什么是可能的，什么是必要的”的评价活动。并根据这些因素结构，要展望学生的发展可能性，也就进入到情境洞察的第三个层次。

第三个层面表现教学展望，即对学生发展可能性的觉察。在对学生发展可能性的构想中，教师既要发觉学生的个体潜能，又要洞察社会的教育需求，而且还要思考学科学习可以培养哪些素质，在这三个因素之间进行权衡和调适，以构现阶段学生的发展可能性。因而，学生的“发展可能性”与学生潜能的概念是不同的。“潜能”概念始于亚里士多德的《形而上学》，与事物质料密切相关，依据这一传统有关学生的潜能总是与生物学因素相关，往往忽视潜能的文化性因素。对此，谢弗勒认为传统潜能观念存在三个错误的假设：即人的潜能是“稳定的、和谐的、善的”，在此基础上提出自己的潜能观，即“可能性的、倾向性的、能动性”。如果由前者出发，教学任务就是“发现学生有哪些潜能？”“潜能转化为现实的方法有哪些？”这些任务完全可由外在于实践的研究者进行，从而教师无须觉察学生的潜能。而后者认为潜能是一个相对性的概念，谢弗勒的潜能观与本文的发展可能性具有相通之处。第一，潜能不是持久不变的概念。许多研究已证明，潜能的实现具有条件性的。其中时间因素是重要的一项，一些潜能明显存在“发展关键期”。另外，随着学生的各方面能力提升，就会显现新的潜能方向。第二，人们总是认为所有的潜能都是善的，并且潜能之间是和谐共存的状态。实际上，潜能可能划分为正价值、零价值和负面价值的潜能。潜能之间可能没有冲突性，但是潜能实现就会出现冲突性。第三，潜能的实现与行动者的主体能动性密切相关。由此可见，教师在洞察学生发展可能性时，要对根据特定背景中的教育要求对学生的潜能进行价值判断，已形成合理的教学价值结构。就如谢弗勒所提议的：“如同一般对可能性的肯定，对于潜能的肯定是深深地基于具体背景。即当我们对潜能加以肯定的时候，必须考虑相

---

① Heidegger, M. Basic concept[M]. Bloomington: Indiana University Press, 1993: 22.

关的因素。”[①]

根据以上分析，教学洞察力可以划分为具有递进关系的三个层面：第一个层面是教学感知层面，主要依赖于“以视为主”的认知方式，教师具有敏锐的道德感受性；第二个层面是教学理解层面，其只要是以“听”为主的体验方式，理解重要因素的教育意义；第三个层面是视听融合的以“思”为主的慎思方式，预测学生的发展可能性。美国学者彭德尔伯里提出情景评鉴（situational appreciation）作为实践智慧的关键要素，他认为：“实践智慧的最佳状态是细致的敏感性，能够发觉复杂事务中的不合理因素，能够感知到孩子故事中的具体细节，能够觉察实践中具有竞争性的目的和需求，这些都取决教师的情境评鉴。”[②]他的情境评鉴的概念包括了这些因素，只是没有分出层次。实际上，教师的情景洞察的层次会影响教师解决实践问题的质量，也可能是教师展现不同的智慧类型。

3. 要点聚焦性：情景洞察的关键

教学洞察力的主要功能是在特定情境中辨认出最重要的、最关键的信息，并忽视或控制那些不重要的信息，因而，教师的教学洞察具有要点聚焦性的特征。教师身处在信息汹涌如潮的教学情景中，教师应该选择哪些因素作为教学的决策点就尤为重要。美国学者艾米丽·罗蒂认为具有实践智慧的人们具备三个习惯：“要点聚焦性的习惯，要点既是可以改变但不是随意改变的；联想的习惯，这种联想会整合广泛的相关信息但不是杂乱的；适度敏感的习惯，他们具有敏锐感知的临界线，以防止过度敏感。”[③]美国心理学家詹姆斯（James）认为成为智者的艺术在于认识到‘什么是该忽略’的艺术。申老师的教学互动就展示了这一特征。

在“生态结构系统”课堂教学互动中，他总是会洞悉学生对知识理解程度，根据学生的理解程度，即兴抛出一系列问题，这些问题的设置

① [美]谢弗勒. 人类的潜能：一项教育哲学的研究[M]. 石中英，涂元玲，译. 上海：华东师范大学出版社，2005:15.

② Pendlebury, S. Reason and Story in Wise Practice .In H. McEwan & K.Egan(Eds), Narrative in Teaching, Learning and Research New York: Teachers College Press, 1995:55.

③ Rorty, A. Mind in Action: Essays in the Philosophy of Mind [M]. Boston: Beacon Press. 1988: 316.

就是为激发学生运用系统思维。在所观察的课堂互动中，他即兴提出了以下问题：阳光为什么成为能量源泉？除了绿色植物，你们还能联想到哪些生物是自养？同种生物具有的营养级别相同吗？要使生物系统长期存在，除了非生物的物质和能量的提供，至少必须包含哪几个成分？解释“螳螂捕蝉黄雀在后”的生态系统结构？

这些问题都不是事前准备好的，而是在学生讲解过程洞察学生对知识的理解程度，临时生成的问题。现在对这些问题进行再分析，就会发现这些问题的“聚焦点”是训练学生的系统思维。可见，申老师的教学互动中的决策是基于要点聚焦性的教学洞察力。美国伦理学者麦克道尔认为：“洞察力最突出的特征是对物体真实拥有的价值特性的敏锐感知。”[①]从这一思路来看，教学洞察力就是敏锐感知教学情境蕴含的教育价值特性的因素，为教学慎思提供决策点。

三、教学慎思：教学智慧生成的思维方式

凭借敏锐的情境洞察力，教师经常展现一种临场发挥的艺术，有效地应对教学活动中不确定因素，而不必斟酌行动方案。但是在大多数教学情境中，还需要教师的权衡能力，而这种权衡中所需要的思维则是慎思性思维。教师不仅要思考如何行动和判断的问题，还会批判性反思自己决策依赖的教学立场和道德结构的合理性。根据合理的教学立场来灵活地运用理论，确定教学目的结构和慎思教学活动的合理性。由此，教学慎思力是指根据教学洞察所提供的信息，在特定情境中，对各种教学价值进行权衡后，形成合理的教学价值序列结构，并构想实现这些价值承诺的教学策略或教学活动。由此，教学智慧所需要的思维形式包括反思和慎思。慎思与反思的具体区分如下：

在慎思中，道德判断总是优先于技术理性。如前文所解释的，教学权衡的判断原则是合理、效率和创新构建的优化标准。教师的教学判断是基于学生成为实践主体的道德标准，“合理”维度的道德判断总优先于技术理性，技术理性只有纳入道德判断的框架中，才能确定其合理性。

① McDowell, J., Mind, Value, and Reality[M]. Cambridge: Harvard University Press, 1998: 132.

这也强调，基于有效性原则构建的教学策略都必须由基于目的论原则的道德判断来引导，并对支持和维系这些策略的道德结构进行评价，这样才能证明这些策略的有效性和合理性。由此可见，慎思即是反思的、也是批判性的。说它是反思的，必须对多种可能性方案进行比较和权衡，选择某个适切的方案。说他是批判的，还必须对教师判断和决策所依赖的道德立场本身进行批判性反思，检验自己的教学立场是否尊重学生的实践主体性。在慎思的过程中，理论的普遍性与实践的特殊都不是“谁优先”的问题，而是在反思和批判的过程中双向都得到修正和改善的循环关系。教师的教学慎思在以下两个方面得到体现。

1. 方案式教学设计：教学慎思表现之一

教学实践的内在规定性就是尊重学生的实践主体性，这就意味着必须重视教学过程的不确定因素。针对这一要求，教师的教学设计要为不确定因素留下空间。当教学是技术性活动时，教师总是最大限度地遵循某些原则或程序，教学设计趋向于程序式决策模式。而在实践活动中，行动所涉及的目的与手段之间存在连续性的区域，在绵延的行动流中，往往会出现预料之外的种种效果，并向各个方向弥漫，这些预料之外的因素可能为学生发展提供了教育时机，从而会导致教学行动的改变。因而，具有教学智慧的教师会采取策略式教学设计。

这两位教师的教学设计呈现策略式决策模式，这也体现两位教师的慎思性思维。他们基于尊重学生实践主体性的道德原则来进行教学设计。主要体现在两个方面：一个方面，学生参与到教学设计中，一起构建教学目的，提出教学需要解决问题，确定教学活动的基本形式。其次，课堂教学设计已不是程式化设计，而是教学策略式设计，为教学互动学生思考和提出自己的观点设计足够的空间。例如，申老师的教学设计只是规定了“探究点”和每一组的讲解任务，给学生的创造性发挥留下空间，教师在教学互动中的关注点是如何评价和诊断学生提出的新观点，并根据学生的理解程度来调整教学节奏、教学重点和教学方向。从他的教学设计和教学互动都体现他是基于尊重学生主体性这一道德立场来做出教学决策的。艾斯纳曾经认为：“对未预期到的，创造性的内涵留有余地，以避免将他们的智慧行为凝结成常规化的机械化的常规行为。”[①]因而，策略式教学设计的基本特征是为教学互动的不确定因素预留了空间。

关于程序式教学设计和策略式教学设计的差异性则需要区分“策略”与“程序”概念。莫兰在论证应对不确定性问题时，提出：“我们变得善于制定和实施策略。”[②]他的策略是相对于程序所提出来的。“程序”是为实现某一目标预先决定的行动序列，只有在确定的稳定的外部条件下才能运行。“策略”不同于程序的是，行动者会构建多种可能的方案，并且还重视过程中的偶然性因素的出现，在境遇中对行动方案进行创造性反思和修缮。针对过程中的非预期因素存在，布迪厄强调：“对规则过度关注转化为对策略的重视，从建构程序的机械力学转向勾勒策略的辩证法。”[③]提出用动态的“策略”实践模式来替代静态的“规则”实践模式。根据理论分析和本研究的实践案例，都说明基于教学智慧的教学设计是策略式教学设计，而不是程序性教学设计。

2. 理论与实践互动：教学慎思表现之二

教学作为实践活动，理论与技能的运用本身就是伦理问题，因此，如何运用要经过道德判断。这在这种教学判断中，理论运用的逻辑顺序将发生根本性的转变。在技术性活动中，先选择某些普遍性的理论原则，然后用这些普遍性原则来规划教学实践。而在实践活动中，则是先洞察情景的特征，以情景特征为研究点来选择与之相关的理论。这就要求教师在选择、修改或整合理论时，要对理论进行评价性慎思。不仅要掌握理论的观念体系和实践操作策略，同时要洞察理论背后的价值取向和道德结构。只有这样，教师才能灵活地运用理论。这两位教师在运用普遍性理论和发展个人理论时也显示这一思维方式。

首先，普遍性原则运用过程的教学慎思。普遍性原则的运用时，以学生的实践主体性的发挥为基本的教学立场，对理论如何运用、修改或整合进行教学慎思。申老师选择创造原理作为自己创新教学的理论来源

---

① Eisner, E. The Art Educational Evaluation: A Personal View [M]. London England: Flamer, 1985: 54.

② [法]埃德加.莫兰 复杂性理论与教育问题[M]. 陈一壮，译，北京：北京大学出版社，2004:147.

③ Bourdieu, P. In Other Words: Essays Towards Reflexive Sociology Ethics [M].Cambridge: Polity Press, 1991: 62.

时，敏锐感知到创造原理过度关注人们的创造结果，反而可能忽视人们的创造性品质的培养，创造活动的道德和伦理维度将会被弱化或边缘化，使人们重视创造结果，却遗失了人们的共同遵守的道德规范或伦理原则。基于这一思考，他将创造性原理具体化到教学领域时，经过对创造原理的评价性慎思，明确提出了创新教学所需要的创新素质的独特性，将教学要培养的创新素质归纳为："流畅敏捷的创新思维，异想天开的创新意识，锲而不舍的创新精神，造福人类的创新品格。"

可见，他对教学创新素质的概念化表明对理论的运用不是顺从或遵守，而是进行必要的改变，这种改变体现了尊重学生实践主体性的道德标准。基于这种立场，他认为创造性人才不能局限于自我利益中，而是应该具有造福人类的道德情怀。为了实现这一教学价值承诺，他选择民主性原则作为筹划教学活动的第一原则。在民主教学原则的慎思中，他明确地评价了教学中的民主与政治领域中的民主的差异，他是这样解释教学民主的："教学中的民主与我们常说的民主是不同的，教学中的民主是指学生敢于提出自己的新观点的民主氛围，在这种氛围中，学生没有什么顾虑，不会担心我提出的观点会不会引起别人的嘲笑，学生都能大胆提出自己脑海中的奇思妙想。"

从这些案例中可以发现，教师在选择和运用理论时，都会对理论进行评价行慎思，能够在教育理论与自己的创新教学之间建立某种联系。而陈老师案例也显示在普遍性理论运用中的慎思性思维，对孔子的"君子人格理论"的评价性慎思之后中，将古代君子的德性修养转化为当代社会需要的"君子风范公民"的七条规则，在这一转变过程中，关注当代社会的"君子"与封建社会意识形态下的"君子"的差异，重视学生在学习中的主体地位。

其次，个人理论的形成和发展中需要评价性慎思。教师的个人理论形成实际上是普遍性理论与个人实践知识的整合过程。教师在教学情境中选择哪些理论，或修改自身的个人教学理论，都要经过评价性慎思。申老师的创新教育理论呈现一个不断修改的过程。面对第一个困境，申老师思考"教学中什么最有价值"问题，然后确定创新思维、创新意识和创新精神构成的创新素质为核心教学价值。接下来，慎思的问题是"什么活动"有助于学生提出自己新的观点或观念，形成"三线一点四面"的创新教学模式。面对第二个困境，申老师开始思考"如何使创新教育面向全体学生”的伦理问题,“什么样的班级氛围”有助于创新素质的发展,从而提出民主性教学原则,激励性原则、实践性原则等新的教学理念,形成了“三线一点五面”的创新教学模式,前面已经详细分析两次创新教学理论改变的思维过程,这一思维过程展现他的慎思性思维,不只是思考“有效的”问题,而且要思考“合理”的问题。

教学智慧作为一种权衡艺术,那么权衡中的思维形式就是慎思。将学生作为实践主体是否得到尊重作为教学决策和行动的道德立场,以“优化原则”作为教学权衡的判断标准。不仅要慎思教学价值和目的,形成合理的教学价值承诺和教学目的结构,还要在慎思教学策略和教学手段,评价在促进学生成为实践主体做得如何。基于这一思路,教师会选择策略式教学设计模式,为教学情景中的不确定因素准备了创造性空间;教师在理论的普遍性和教学实践的独特性之间建立对话辩证关系,使两者在慎思过程中彼此得到修正和改善,以提供合理有效的教学行动方略。

四、教学实施创生取向:教学智慧生成的行动倾向

具有教学智慧的教师的教学行动不是按图索骥的管理学领域中的执行力,而是准备根据教学情景中出现的新问题做出适应性改变的施行力。由此,教学施行力是指以教学决策为图景,以适宜而适时的方式与他人、与环境的互动,反思和检验预先的假设或行动方案,根据情境的需要对其做出适应性改变的行动能力。与“执行力”根本区别是:教学实践中重视不确定因素的教育价值,从而愿意做出适应性改变。

1. 适应性改变:教学实施的基本特征

教学施行力的重要特征是面对新问题的“适应性改变”,体现教师的创造性自由。教师将新的教学问题当作是学习机会,慎思已有的观念、前提假设、态度、情感,种种因素构成的智慧库,根据情境的必要性,对其做出相应的改变,发现新的教学价值,或者创建新的教育理念、教学模式和教学方法。适应性改变是专长研究中的概念,凯若福特(Crawford &Brophy)在研究适应性专长时发现:“常规性专家只能在常规的问题或情境中表现成功[①]。”但布兰斯福特认为适应性专家却在新情

---

① Crawford, V.M & Brophy, S. Adaptive Expertise: Methods, Findings and Emerging Issues[M]. Menlopark, CA: SRI Intemational, 2006: 83.

境中表现出更多的灵活性，能够根据当下的情境做出判断、推理、提出假设或试探性的解决方案，而不是将先前知识和经验直接迁移到新情境，一成不变地套用已有的刻板知识。他认为："适应性专家还能够根据情境中变量的变化，适时适当地反思、检验、改变预先的假设或问题解决方案。"[①]常规专家被视为仅仅熟练常规技能的"工匠"，适应性专家则是具备创造性才能的"艺术大师"。虽然教学智慧作为一种教学专长，与心理学领域中的适应性专长存在差异，但是，两者都能够面对新问题做出适应性改变。这种适应性改变会表现两种形态：直觉性施行和转化性施行。

2. 直觉性实施和转化性实施

首先，直觉性施行力。直觉性施行表现为教师对教学本质的深刻理解，形成坚定的教学信念和价值承诺，并且随着经验的反思和积淀，教师情境图式系统的不断扩展，能够理性直觉把握教学活动的规律，洞察到教学事件背后的事理，从而做出可靠的预测性，果断采取适宜的行动。具有教学智慧的教师将以策略式教学设计为行动图景，在个体与环境的互动中，敏锐洞察到教学情境有利于学生发展的关键因素，并及时所处回应，调整教学节奏或教学方向，使策略式教学设计的"留白"空间得以完善，表现出直觉性施行的行动倾向。由此，教学施行力具有很强的临场表现性。这与艾斯纳提出"表现性目标"具有相通的地方，他认为："教学互动中能够感知师生之间的呼唤，一起去探索和去辨认，并能够聚焦于特别感兴趣的主题上，因而它是唤起性的，而不是预设性"。[②]他的这种表现力似乎是在描述直觉性智慧。在布迪厄的话语中，这是一种好的"惯习"所导致的实践感。冯契则强调："要通过转识成智，凭理性的直觉才能把握。"[③]理性直觉是智慧生成的条件。而教学直觉性行动通常是"他者"（others）的际遇中所提供的信息所激发的，依据列维纳斯的"他者"的"脸"（face）的概念，"脸"意味着他者的"召唤"，学生那

① Bransford, J.D. Thoughts on Adaptive Expertise.2001, http://www.vanth.org/does/Adaptive Expertise. Pdf.

② Eisner, E. The Art Educational Evaluation: A Personal View [M]. London England: Flamer, 1985: 53.

③ 冯契. 认识世界和认识自己[M]. 上海：华东师范大学出版社，1997：42.

张“脸”所发出的召唤是情感和认知的混合体，因而教学直觉性行动不仅是理性直觉，而且还是情感直觉。

其次，转化性施行。这种施行表现为教师的价值观、信念、情感和态度等因素性情倾向系统的改变，或是对教学结构的变革性改变。教师基于更广阔的或新的教育视野，慎思自身的已有教学信念、教学价值、教学情感等因素构成的性情倾向系统，从而做出相应的改变。或慎思特定教育背景下的教学实践结构存在的问题，并对其做出适应性改变，创建新的教学实践结构。教师转化性施行力可以分为两种路径：其一，根据教学实际困境，改变已有教学结构。当教师觉察现有的教学价值与社会发展需要的人才培养出现矛盾时；当教学模式不适应所在的教学情境，造成了教学困境时；这种困境促使教师对教学价值、教学理念、教学模式的批判性反思，从而引发新的教学理念和教学模式，对既有教学结构进行突破性的改革。在陈老师的案例中，解决学生拒绝参加高考的问题中，不仅帮助学生走出学习困境，也引发他对当时高中阶段的教学实践模式的评价性慎思，发现已有被动性的教学模式引发学生的学习厌倦，在此基础上，提出以发挥学生主动性的“导学制”的教学模式，并将这一模式作为所在县的教学模式。并且设立在政治学科的“导学制”的教学模式，将“觉悟能力”作为政治学科的能力目标，让学生在学习中反观自我的观念体系，发现“真实的自我”，同时鼓励学生寻找“理想中的自我”。这些教学创新展示陈老师的转化性施行力。其二，在“由上至下”的教学改革中，当某一套新的改革项目进入到教学实践中，必然遭遇到既有教学实践结构的抵制，这就需要教师的调适和权衡的能力。一方面，教师既要理解新的课程改革所期望的教学价值、理论基础和教学方式，又要衡量现有教学传统与教学改革之间的冲突性和传承性，另一方面对自身的教育信念、价值承诺、教学方式进行自反性批判，使教师已形成的教学性情倾向系统获得变革性的改变。这两种场景中，教师都将面临冲突的困境，需要在既有实践结构与理想教学结构之间进行调适和权衡，并做出变革性的改变。

由此可见，具有教学智慧的教师将新问题看作是学习的机会，慎思自我的知识系统，或慎思当地的教学实践结构，根据情景的“必要性”，对其做出适应性改变，以发现新的教学价值，形成新的教学态度和情感，创建新的教学理念、教学模式、教学策略，而不是囿与已有的经验。

第五节　教学智慧的层次类型

教师教学智慧的生成过程中，教师对学科知识的教育性理解为教师情景洞察提供教育视角，也为教学慎思提供了判断原则，因此，这既是教学智慧生成的前提，也是教学智慧致力于拓展和改变的对象。

教学智慧生成的关键因素是情境洞察。在情境洞察中，教师不仅能够感知情景中的重要因素，还要理解这些因素蕴含的教育意义，更为重要的是，展望学生的发展可能性。情境的三个层面都可能引发即时的教学行动，也可能只是为教学慎思提供决策点。教学智慧能否生成或者表现为哪种智慧类型，与教师情景洞察的水平密切有关。

在教学慎思中，教师既要慎思自身的教学价值和目的的合理性，又要慎思实现这些教学目的教学手段的合理性和有效性。根据情境洞察所提供的学生发展可能性的决策点，在各种教学价值之间进行权衡和调适，形成合理的教学价值承诺。以此为基础，构建特定情景中的教学目的结构，并筹划实现这些教学目的结构的教学方案。具有教学智慧教师总是采用策略式教学设计，为教学活动中涌现的因素预留了空间。因而，教师教学智慧生成需要道德判断优先的慎思性思维。

策略式教学设计就决定具有适应性改变的教学施行力。在教学互动中，依靠敏锐的教学洞察力会采取直觉性教学行动。而教学后的反思和慎思中，一方面会审视自身的已有的知识、信念、价值、兴趣等因素构成性情倾向系统，并做出相应的改变和修正。另一方面会审视地方性的教学实践结构的合理性，在必要的情况下，对其做出改变和修正。这种改变又会促使教师拓展自己的教育视野，从而提升教师的情境洞察力和教学慎思力。

根据以上教学智慧生成的关键表现性特征，可以用图 5-1 来描绘这些因素的相互关系，以展示教学智慧生成的路径，并根据不同的生成路径可以将教学智慧分为三种类型。

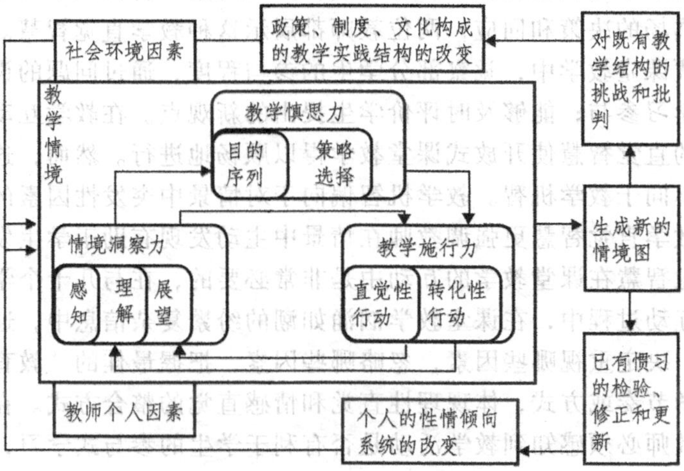

图 5-2 教学智慧的生成路径

从图 5-2 来看，教学智慧将沿着三条循环路径生成与发展，根据它们不同的生成和发展途径，教学智慧会呈现三种表现方式。

一、以情境洞察为表征的直觉智慧

教学智慧生成的第一条路径是由“情境洞察—直觉性施行—情境洞察”的循环路径，表现为教师的直觉智慧。直觉智慧的外在表征是敏锐的情境洞察力。情境洞察中的教学感知、教学理解和展望三个层面都可能导致直接的行动，从而生成直觉智慧。这种直觉智慧与教师已形成的教学德性存在密切的关系，受到教师的性情倾向的影响。首先，直觉智慧需要教师较强的教学敏感性和道德感受性。这样才能在教学情境中对各种信息具有警觉心。其次，这种教学敏感性是建立在广义上的道德判断与狭义的技术判断相融合的基础上，可以直觉判断教学情景中各种信息隐含的教育意义。基于情境中学生的召唤，直觉式判断教学情境中影响学生学习的关键因素。因此，这种判断既可能是情感直觉，也可能是理性直觉。

直觉智慧与教学机智存在很多相似之处，都需要一种非反思的教育体验。课堂教学互动尤其需要教学直觉智慧，在行动情境中辨认出有助于学生发展中的关键特征和教育时机，并且对这一特征做出当下的、即时的、临场的决策和回应，两位教师都展示这种教学直觉智慧。陈老师在辩论式课堂教学中，觉察部分学生的参与程度，通过问题的设置促进学生的学习参与；能够及时评价学生提出的新观点。在教学互动中，凭借教师的直觉智慧使开放式课堂教学得以顺畅地进行。然而，这种直觉智慧也不同于教学机智。教学机智偏向于对情景中突发性因素的应对策略，而教学直觉智慧更强调教师在情景中主动发现有助于学生发展的因素。直觉智慧在课堂教学的互动中是非常必要的，在与几十个学生的即时双边互动过程中，在课堂教学汹涌如潮的纷繁复杂信息中，通过直觉式权衡，决定重视哪些因素，忽略哪些因素，把握最佳的“教育时机”，调节教学节奏或方式，体现理性直觉和情感直觉的整合方式。在学科教学中，教师必须感知到教学活动是否有利于学生的参与式学习，洞察学生对知识的理解程度，学生的学习困难，以及知识之间建立联系的程度，这并不是情感能解决的，还需要教师的理性认知。因而，即使在教学直觉智慧中，理性因素还是非常重要的。由此，教学直觉智慧不仅仅是处理“突发课堂事件”的被动性直觉智慧，而且是洞察学生的学习境况所引发的主动性直觉智慧。

（二）以教学慎思为表征的均衡智慧

教学智慧生成的第二个路径是由“情境洞察—教学慎思—教学施行—情境洞察”构成的循环，教师表现出教学权衡智慧。权衡智慧需要教师具有较强的教学慎思力，表现一种在各种价值冲突的教学情境中的权衡艺术。首先，教师的权衡艺术体现为构想适宜于特定教学情景的教学价值序列结构。教师的权衡艺术将超越技术取向的“手段-目的”的推理方式，转化为“目的构成式”推理模式。查尔斯泰罗认为：智慧型教师必然在情境中思考，什么对孩子是有意义的或无意义的，什么是值得做的或不值得做的，对于孩子来说什么是有意义和重要的，什么是琐碎次要的？①因而，权衡智慧需要教师基于更广阔的教育视野，理性分析情境中的各种因素，并且能够持续的思考学科教育目的、学生发展目的、

① [加]查尔斯·泰勒.自我的根源：现代认同的形成[M]. 韩振，等，译. 北京：译林出版社，2006:28.

社会教育需求之间的关系，经过权衡和调适找到最佳的“融合点”，进而构建合理的教学价值承诺和教学目的结构。并帮助学生本人深刻理解这一目标和认同这一目标，鼓励他们形成较强的学习欲望，将这些学习要求转化为学生自资源的主动性要求。

其次，教师权衡艺术体现为构想实现这些教学价值承诺的教学活动，促使核心教学价值得到最好的条件性支持。教学策略的选择也是慎思的过程，教学活动的设计必须基于尊重学生实践主体性的道德立场，创设合理有效的教学策略。处在教学系统的教师总是面临着各种影响因素，社会学者帕森斯将这些因素构成的社会实践结构称为“行为参照框架”。教师的实践会无意识或有意识受到“行动参照框架”的促进或是制约作用。哈里曼（Hariman，R）认为实践智慧与技艺的关键性差异在于：“实践智慧意味着总是要整体考虑各种外在的障碍、内在的矛盾，还有种种不期而至的后果。”①因而，教学权衡智慧还表现为在已有的“行动参照框架”与个人能动之间的调适，并在原则的普遍性和具体境遇中的“独特性’之间建立适宜的辩证关系，以找到切实可行、合理有效的教学行动策略。舒尔曼认为实践智慧的关键特征是：“教师整合他的理论理解、他们价值承诺、实践经验以及相关人员的利益等各方面的因素，对他们的最佳行动策略的推理，并做出选择。”②这种综合多种因素的慎思可以是教师个人慎思，也可以通过与学生、他人、共同体的协商，创造性地运用理论、规则和资源，统合环境中多种异质性因素，构想最适合的策略式教学设计。陈老师展现了这种权衡智慧，在新课程改革的背景下，根据一中学生的道德实际问题以及政治学科知识的“觉悟性”的特质，将新课程标准设定的三维目标更改为知识、能力和觉悟的三维目标，展现了陈老师早整合普遍性的课程目标和政治学科的教学目标的权衡智慧。

（三）以教学创新为表征的转化智慧

教学智慧生成的第三路径是“情境洞察—慎思—施行—个人性情倾

① Hariman, R. Prudence in the Twenty-First Century[G]. In R, Hariman (eds.), Prudence. Classical Virtue, Postmodern Practice. University Park, PA: The Pennsylvania State University Press, 2001: 337.

② Shulman, L. Practice Wisdom in the Service of Professional Practice[J]. Educational Research, 2007, 36(9).

向或教学结构的改变—情境洞察”的循环，教师教学智慧呈现转化智慧，表现出创造性改变的教学施行力。教师解决新的教学问题时，反身性评价自身的教学观念体系和已有教学实践结构，并对其做出适应性改变，教师学习表现为一种转换学习倾向。当新的情境图式与教师已有的惯习相互冲击和碰撞时，通过同化或顺应的过程，不断对已有性情倾向的验证、更新和转化，拓展和更新自己的性情倾向系统，开阔自己的教育视野。同时，由于新的情境图的加入，对教学系统中的“既有教学实践结构”造成冲击，教师觉察到现有教学模式与所在系统的特征不相适应，或者认识到教学所追求的目的和价值与时代发展所需要的人才素质的不相适应，通过对困境的化解，促使既有教学结构的变革，创设适应于时代发展的教学范式。因而，转化智慧不仅促进个人的性情倾向系统的改变，还可能促进教学专业实践的变革，促进专业实践共同体的内在利益的扩展。这两位特级教师都表现出这种转化智慧。在陈老师的案例中，所提到的“导学制”已成为某县的政治学科主要教学模式。在申老师的教学案例中，创新教学成为四中的独特的教学方式。

具有转化智慧的教师必须对自我知识系统或既有教学结构进行评价性慎思，同时必须承受教学创新和既有环境的限制之间的矛盾冲突性所引发的压力，并要在社会结构和个人能动之间的进行调适，教学创新才能得以顺利地进行。转化智慧对教师提出更高的要求，教师必须具有更广阔的教育视野、敏锐的洞察力和慎思力，能够洞察和慎思地方性的教育价值、教育实践结构、教育政策等方面的问题，并能够灵活地运用由原则、规则和制度等因素构成的资源库，并准确地审视和判断来自各方面的阻力因素。在此基础上，创设适应于特定教学背景的教学价值序列结构、创建新的教学理念、教学模式、教学评价方式。具有转化教学智慧的教师在特定教育情景中会思考四个问题：“学习的核心价值什么？”“学生发展的必要性是什么？”学生发展的可能性是什么？“教学的可行性是什么？”因此，转化智慧要求教师不仅要具有极强的慎思能力和敏锐的情境洞察力，而且还要具备敢于自我否定的德性和承担一定风险的勇气和意志。

第六节　影响教师教学智慧生成的主要因素

根据上述三个案例，我们可以将影响他们形成教学智慧的关键因素归纳为以下四个方面：

一、选择自由度

实践的一个标志性特征是自由性，这种自由性既不是遵从他人意志的规定性选择，也不是完全依存自我意志的任意性选择，而是对“必要性”回应的创造性自由。教学实践的“必要性”是在教学中如何使学生成为学习中的实践主体。教师的自由性则表现在某种教学背景中，获得将教学活动创建为道德性实践的选择自由度。在当今高考制度化和高考标准化的文化语境中，教师能够获得多大的自由度受到两个方面的制约：一个是教学背景给予教师的自由度，另一个是教师主动争取到的自由度。这种自由度会影响教师教学智慧的生成。这三位教师承受高考压力，教学必须面对具有竞争性的标准化考试，无形中消减教师的自由选择度。然而，新课程改革的推行赋予了教师进行教学和课程创新的权利和机会。在这种阻力和驱动力共存的空间，选择性自由度与教师本人的教学创新意愿有关。教学智慧的生成在一定程度上受制于教师基于自己意愿来进行真实选择的自由度。这是因为教师教学智慧需要的实践推理必然是以“第一人称”的身份来进行的。如果教师没有机会进行基于自我意愿的真实选择，那么就会将教学简化为依存他人意志的技术性活动。

申老师的个案中，他做出创新教学的决策是在生物学科划出高考范围之外，成为一门副科性质的学科，从而少了一份高考的压力，同时所在学校又鼓励教学创新，这就给予教师的相当大的选择自由度。当大部分生物学科的教师将这种自由度转化为任意性自由，随意对待这一学科的教学时，申老师于困境中捕捉到机会，开始创新教学的改革。当生物学科回归高考时，他的创新教学得到学校教师和领导的认同。虽然有高考的压力，但是他没有其他教师那么多的顾虑和压力，而是融合这一契机，对初期建立创新教育理论进行适应性改变，因而他的教学决策中体现基于自我意愿的真实选择。陈老师的个案中，作为学校的副校长和政治学科教学的带头人，这种身份就给予他一定程度上的选择性自由，特别是当今追求个性化的教学创新中，学校和同事希望他能够提出更好的教学方式，这样，他完全具有体现自己意愿的真实选择的自由度。

然而，宁老师的情况显然不同。虽然与申老师在同一个学校任教，所在学校提供了一定的自由度，倡导教师教学创新，但是前提是在保证高考获得优异成绩。在这种背景下，他将这份创造性自由变成了规定性自由。依存所在学校的形成的文化传统，将高考效益最大化设定为自己的教学价值追求。在这一普遍性原则的驱动下，使他失去反映自己真实意愿的选择机会，将自己的自由变成了规定性自由，习惯于在高考效益最大化的既有原则指导下进行教学决策和教学行动，不愿意审视教育价值和教学目的。英国教育学者卡尔认为："标准化考试将教师置于一个困境，教师被迫生产高效率的测试参与者，他们会采用一些并没有起到提升教育性目的教学策略。"[①]对高考利益最大化的追求限制了宁老师的选择自由度，这也是宁老师呈现反思性平衡的能动倾向的重要原因。

可见，教师在教学背景中能够争取到多大的自由度会影响教师教学智慧的生成。当教师能做出真实性选择机会越少时，将教学构建为技术性活动的可能性越大。当教师获得基于自己真实意愿来进行选择的自由度时，才可能为教学智慧的生成提供更多的机会。

二、教育理论的引领

影响实践智慧形成的一个重要因素是理论知识。在感知性平衡的能动倾向中，教师要根据教学情景的变化，不断慎思自身的教学信念、教学价值、前提假设等等方面的因素，还要审视地方性的教育问题，因此，教师需要不断拓展自己的视野，提升评价性慎思的能力。基于这一目的，需要丰富的理论支持和储存丰富的教学技能。具有教学智慧的两位教师可以根据情境的需要，选择多样化的理论。理论在他们教学智慧的生成

---

① Carr, D. Is Understanding the Professional Knowledge of Teachers a Theory-Practice Problem?[J]. Journal of Philosophy of Education, 1995(29).

中起到引领的作用，帮助教师慎思特定教学背景中的教学价值问题，也帮助教师洞察教学情境中的问题。邓恩则认为:“教师是否善于洞察取决于他们在多大程度上进入到一种思维游戏状态，在学科、教育理论等方面的普遍性理解与课堂教学中具体个别事物之间进行调适，以探索两者之间的恰切联系。”[①]具有洞察力的教师既尊重情境或事件的特异性，又能将这种独特性和这个领域已有的理念或程序的普遍性建立某种联系。理论在两位教师教学智慧形成中的具体作用分析如下：

申老师的教学决策中，理论影响教师教学改革的方向。他的创新教育理论基础是创造性原理，从这一理论中，深刻理解创造性人才需要哪些思维、意识、精神和品格，并经过评价性慎思将创新概念进行了教育学解释，并且探究教学活动可以培养哪些创新思维和品格。他阅读了很多有关创造和创新的理论知识，以理清教学创新需要培养的创造性思维或创造性品质的特征和方向。经过多种理论的比较，他认为教学领域可以培养学生这些创造思维：联想思维、发散思维、收敛思维、侧向思维、逆向思维、灵感思维、直觉思维、形象思维、想象思维、立体思维，并且会根据学科知识的探究点不同来选取不同的教学形式来训练这些思维。陈老师的“解疑”教学是来自孔子的培养君子的教学理论。为了解决德育管理中学生所出现的问题，他还阅读劳伦斯·科尔伯格的道德发展阶段的理论，理解高中阶段的学生的道德发展的特征和规律，这使他澄清道德教育中的关键问题。

他们在选择和运用理论的逻辑线索是根据教学实践的需要，经过评价性慎思选择与情境需要的理论，在阅读和理解理论的目的不是直接找到可以操作的策略，而是帮助他们澄清教学应该实现的教学价值，或者是更好地理解教学实践中遇到的问题。这与技术性实践的运用理论的逻辑线索是截然不同。从他们运用理论的方式来看，他们的理论不是直接运用于实践，而是经过慎思，结合情景特征加以修改，理论在他们的实践中起着引领方向的作用。由此可见，理论对他们的教学智慧生成是必不可少的因素，但是理论的作用发生可改变。在技术性活动中，采用直

① Dunne, J and Pendlebury, S. Practical reason[G].In N.Blake, P.Smeyers, R. Smith and P.Standish(Eds). The BlackwellGuide to the Philosophy of Education. Oxford: Blackwell, 2002: 19.

接运用的标准来选择理论，理论的作用是使复杂、模糊的实践变得易于操作。在实践活动中，理论的功能是发展教师的教学理解能力，以拓展教师的视野，提升教师的情境洞察力和慎思力。

三、实践共同体的协商

教学智慧的发展和生成需要实践共同体的支持。麦克朗宁认为："基于实践智慧来建设教学活动时必然遇到一大困境，实践智慧需要已经建立相当稳定的实践共同体，但是，现在普遍认为，我们的教育事业不再有实践智慧需要的稳定的实践共同体。"①从这两位教师教学智慧生成来看，他们都组建了自己的实践共同体，遇到问题和困境时可以通过共同体的审议和协商来解决。同时，学校领导也非常重视他们的教学创新，不管是在资源上还是人力上都提供了支持。

申老师创新教学的初期阶段没有组建实践共同体，但是，学校领导鼓励他进行教学创新，并且给他的创新教学活动提供了制度上和资源上的支持。在这种环境下，遇到问题时可以求助于其他教师。随着创新教学的发展，正式成立创新教学实践共同体，将创造教育思想推广到其他学科教学领域，使他的创新教育思想得到扩展和深化。当遇到学生抵制创新教学这一困境时，由共同体来讨论以下两个问题：创新教学能否让学生在高考获得优异成绩？以及如何让创新教育面向全体学生？经过这种讨论，增加了创造新知这一教学价值项，并且将民主原则提升为创新教学的主要原则。

陈老师的教学创新是在共同体的审议活动中进行的。他既是学校领导，也是某县政治学科教学改革的带头人，组建了政治学科教研团队；在一中内部组建了"导学制"的教学研究开发团队，不同学科的教师组成导学制的实践共同体。由于他有机会参加高考命题活动和高考考试大纲的修订工作，这些经验使他能够敏锐地感知现阶段的教学问题，为共同体的审议活动提供讨论的主题。另外，他又是负责学生德育教育工作的副校长，能够接触到学生思想道德发展中存在的实际问题。这些问题

① McLaughin, T. H. Beyond the Reflective Teacher[J], Educational Philosophy and Theory, 1999 31(1).

引发他的教学反思。他将这些问题作为实践共同体讨论的主题。他的“解疑教学”就是在共同体的审议活动中得出的教学模式。

由此可见，实践共同体是促进教学智慧生成的重要因素。这是因为教学智慧必然具有创新的意义，而教学创新不可避免会遇到预想不到的情况或困境，需要实践共同体的协商和支持。同时，只有形成了实践共同体，教学智慧才能得到更快更好的交流和学习。

四、已有经验的支持

影响教学智慧生成的另一个重要因素当然是经验。当面对新情境时，在其他相似情境中的经验会提供解决新问题的视角或思路。美国学者琼森在研究经验对实践智慧生成的作用时，认为：“实践经验的核心不在于掌握普遍规则或是理论原则，不管这些规则和原则听起来多么明智和合理。它的核心在于实践智慧，人们能够理解普遍性原则对人们日常生活中发挥作用的方式，在这种理解中实践智慧也随之生成。尤其是，准确地分析坚持或是放弃某一原则时将会产生什么结果。只有这种经验学习，才能充分考虑实践中的各种冲突，他们还要权衡不同类型的道德原则，决定选择哪些原则可以合理解决这些冲突性的问题。”[①]这一段话似乎在说明，实践智慧不仅与经验有关，而且与经验学习的方式有关。

申老师和宁老师在同一所学校教学，并且年龄差不多。但是两人的教学能动倾向却截然不同。申老师是我国恢复高考后的第一批大学生，在大学的学习阶段就参与科技创新社团的活动，毕业后分配到高中教学，组建了科技创新小组的活动，带领团队参加过市级、省级和国家级的比赛，部分参赛作品获得专利。他在20世纪80年代末90年代初的传统教学模式盛行时期就提出了创新教学。他的创新教学在很大程度上受到这一活动经验的影响和引导。在这种活动中，他观察学生在创新活动中表现出来的品质特征和思维特征，如创新需要的思维形式、探究兴趣、学生学习的主动性等因素，这些经验使申老师更好地理解创新教育的“创新”意义。

---

① Jonsen, A. R.& Toulmin, S.E. The Abuse of Casuistry: A History of Moral Reasoning [M]. Berkeley: University of Canifornia Press, 1988: 313.

宁老师高中毕业后在一所偏僻的乡村中学教书。一方面，他通过模仿自己学习时经历过的讲授模式来进行教学，另一方面，他受到所在学校其他教师的教学模式的影响。经过一段时间以后，自己开始摸索提高学生学业成绩的教学方法。当他的讲授模式获得同事、学生和学校的高度评价时，他就将这些经验积累下来，构建自己的实践知识库。这些经验中，他一般很少思考教学目的和教学价值的问题，教学决策的关注点是设计有助于提升高考成绩的教学策略。因而，即使加入创新教学实践共同体，即使在新课程改革中，他还是坚持他的教学模式和教学价值取向，也正是他的经验使他形成反思性平衡能动倾向。

陈老师的教学创新是基于他管理学生德育工作的经验，这份经验使他能够敏锐感知到学生道德发展中的问题。例如，学生的个人道德观念与普遍性道德观念之间冲突的问题，通过从这经验中感知到的问题，促使他慎思政治学科的教学目的，和教学策略。

总之，这三位教师的经验是他们形成不同能动倾向的重要影响因素。不仅表现在不同的经验影响他们对教学的理解，而且表现在经验学习的方式会影响他们的能动倾向。例如，宁老师的经验学习特征是对教学技能和教学方法的存储，将实际教学证明有效的教学知识积累下来，然后运用于今后的教学。而另外两位教师的经验学习则呈现杜威所界定的经验重构。经验学习使他们更深层次理解教学的本质和教学的意义，而不仅仅是教学技能的存储。

第六章　促进教学智慧生成的教师学习

从教学智慧的形成特征来看，发展教师教学智慧的关键要素是拓展教师的教育视野，提升教师的洞察力和慎思力。那么，教师如何学习才能发展教学智慧？根据有关发展教学智慧研究的已有文献，目前学界一般认为教学智慧的发展是基于经验学习，并提出各种各样的经验学习策略和学习模式（如邓友超，2007；郭元祥，2008；席梅红 2009）。在这些研究中存在相似的前提假设：即只有通过经验学习才能够发展教师教学智慧。这种假设忽视了理论知识和学科知识对教师教学智慧发展的作用。然而，本论文的个案研究得出的结论与这一假设并不一致，理论知识与学科知识在教师教学智慧生成中起着导向的作用。宁老师的学习呈现常规性专家的学习方式，主要是基于经验的学习，积累了通过经验证明有效的实践技能和原则。而申老师和陈老师则呈现转化学习的倾向，他们经常会反思教学目的和价值,也会慎思自己已有的教育观念和技能。理论知识与学科知识对他们慎思起着引领和导向性的作用。基于这些观察，来探讨发展教学智慧的教师学习观和学习策略。

第一节　不同能动倾向的教师学习观

感知性平衡与反思性平衡的差异性不仅表现在教师决策和判断的方式上，也表现在教师学习观和学习方式上。从反思性平衡来教学的教师，总是选择相应的普遍性原则来控制和消减教学情景的复杂性，使自己的实践判断与普遍性原则处在对应性的平衡状态，这种教师学习是个别事物与普遍原则对应的过程，因而是一种“对应性学习”。从感知性平衡来教学的教师，将教学看作是道德性实践，就像哲学家一样，基于广阔的教育视野，来慎思所在地方的教学价值或者教学问题，也会洞察教学情境中有助于学生发展的关键因素，并根据这一关键因素，慎思和选择相应的理论，使个别事物和普遍性原则相互融合，达到整个教学系统的和谐状态，本文将这种学习称之为“一致性学习”。下文将具体阐释不同能动倾向的教师学习观。

一、理论与实践呈现对应性的直接运用式学习：反思性平衡的教师学习观

呈现反思性平衡的教师学习就像工匠、技师的学习一样，总是“知在前”而“行在后”。教师学习表现为两个方面：一方面，根据有效性原则，从经验中归纳出具有普遍意义的教学技能和教育原则，或者是从理论学习获得教学原则和教学技能，从而构建由原则、技能、方法等因素构成的个人知识库。另一方面，将这些普遍性原则运用于其他的教学情境中，通过控制或者忽视复杂多变的情景因素，使之与这些普遍意义的规则或技能“相对应”，因此，反思性平衡中的教师学习呈现对应性学习特征。在宁老师的个案中展示这一学习特征。首先是从所在学校环境的教学传统以及自己教学经验中，根据“效率原则”来选择有效的教学技能或原则，创立自己的实践知识库。如班级标准化管理，以教师为中心的讲授模式、以学业成绩好的学生为对象进行教学设计。然后将这些规则和技能运用到今后的教学情境中。这种对应性学习会呈现以下特征。

第一，基于“直接运用”的标准来选择理论与技能。教师根据这一标准来选择和建设自己的理论和实践技能构成的知识库。如宁老师的学习中,以有助于学生高效率掌握知识这一原则来管理自己的实践知识库。通过经验学习,将有助学生有效地掌握知识的教学策略或技能存储下来，然后应用于其他教学情景。实际上，这一标准也是教师教育中选择知识的标准。例如，在教师专业化的初期阶段，教师学习的理论知识被认为是“学术理论知识”，教师学习的课程涉及心理学、哲学、社会学、历史学、课程研究等学术性知识。但是，如果用“直接运用”的标准来衡量，这些学科不可能直接运用于课堂教学，在教师教育课程设置中就摒弃了这些学科。人们开始选择与课堂教学实践直接相关的理论知识，导致教

师学习中理论知识范畴发生根本性的改变。由学术性理论知识转化为工具性的理论知识，教师教育中的理论知识倾向于以实验心理学为理论基础上构建的教育应用性理论，如教学管理、教育学、教学法等，而教师自身在情境的洞察能力和慎思能力被轻视了。在极端的情况下，教师学习简化为“在实践中对理论求证”的学习模式，麦克朗宁曾批判这一倾向，认为：“将教师概念简化为“教书匠”时，几乎是承认教师对教育目的没有什么发言权，与学生交流时，也不必涉及潜能发展或者可能的生活愿景。”①

第二，教师学习关注点是理论的实践操作层面，而不会慎思理论背后的价值立场和道德结构以及理论所依赖的条件。如在宁老师的学习中，当出现新的教学理念或者理论时，如探究教学、创新教学，他也尝试性地采用了这些教学策略，但是，经过比较以后，发现这些方式不能够提高教学效率，从而放弃这些教学模式。在他的实验小组探究课堂教学中，可以观察到探究教学只是形式上的相似性，实质上学生并没有真实地探究。可见，他没有理解探究教学在教育价值取向的变化，也没有理解引导探究教学的道德结构。他只是模仿探究教学的操作性层面的知识，利用效率原则来判断它的无效性。由于探究教学对提升高考成绩没有直接关联性，因而也就放弃了。他的学习只停留在操作层面的对应性，教师不会审视普遍理论背后的价值立场。不管这些理论的价值立场与自己追求的教学价值是否一致，他们只会模仿理论的实践操作层面。这种学习的结果是：要么消减实践中与之不相吻合的特征；要么更改自身的教学价值立场，使其与理论相一致的；如果教师坚持自己的教学价值取向，经过比较之后，可能放弃这些理论。

第三，教育理论和技能被当作是价值无涉的知识。这些技能和原则是经过价值中立的科学实证研究或者经过经验证明得来的技能组合，教师学习的理论或技能都被认为像自然领域的理论知识一样是价值无涉的。因此，教师学习目的是掌握这些规则，并按照这些规则尺度来剪裁多样化的实践，使实践与理论呈现对应性的关系。如当今的教师教育课程中呈现伦理课程和教学理论课程、学科课程的分离模式。这种分离模

① McLaughlin, T.H. Teaching as a Practice and a Community of Practice: The Limits of Commonality and the Demands of Diversity [J]. .Journal of Philosophy of Education, 2003:346.

式可能加剧这样的假设，即后者是价值无涉的，伦理和道德只与学生的权利相关。伦理课程只是作为“以理论技术为中心”的教师专业课程的辅助部分而已。如果这样，教师伦理问题将被大幅度的窄化或者边缘化，道德问题只是在影响学生权利的相关事项中才会出现。感知性平衡的教师学习没有充分认识到教学理论与技术的运用本身就是伦理问题，教育理论是不可能直接运用课堂教学，理论运用还需要教师的评价性慎思。

当教师形成了对应性学习观时，教学能力模型的构建可以采用清单的方式将各种能力罗列出来，教师学习就是积累和掌握这些知识和技能。卡尔和凯敏斯认为这种对应性学习存在两种误导性认识：“一种将教学看作是通过适当地运用技能来提升学习的效率的活动，另一种将教学中不确定因素看作是传送系统中的阻碍性因素，通过运用更好的技术和技能可以解决这些问题。”[①] 这也说明，在对应性学习中，教师总是设想寻找最好的原则或技能来解决教学问题，而不愿意去慎思教学价值和目的本身的问题。

二、理论与实践呈现互构性的调适性学习：感知性均衡的教师学习观

从感知性平衡立场来教学的教师，他们总是以开放的心态来应对教学活动涌现的各种奇思妙想和意料之外的事件，并将它们转化为适当的教育时机。教师认为教学情景中出现新的问题是自己学习的机会，能够在普遍性和特殊性之间建立适当的联系，呈现适应性改变的学习倾向，加拿大学者布伦特利用系统的观点将这种学习界定为“一致性学习”。他认为：“一致性学习是系统中的‘主体’以何种方式保持各方面的一致，才能保证更大的系统生存。”[②]如果系统要生存，它的各个部分必须相容。从一致性学习的观点来看，理论与实践之间、社会普遍要求和学生个人潜能、教学结构和教师能动之间不是“谁优先”的问题，而是两者如何

① Carr, W.& Kemmis, S. Becoming Critical: Education, Knowledge and Action Research[M]. London : Falmer Press, 1986:36.

② [加] 布伦特．心智交汇：复杂时代的教学变革[M]．毛齐明，译．上海：华东师范大学出版社，2011:99.

相容的问题。要达到这种相容的状态就需要教师的教学智慧。

培育教师教学智慧的一致性学习中，教师要关注两种能力的培养：一方面，教师必须具备要点聚焦性的情境洞察力，深入教学情境中，敏锐感知到教学情境中影响学生学习和发展的关键性因素。另一方面，教师必须具备评价性慎思的能力，既能够在教学价值冲突的情境中，对有助于学生、教师自己、学科教学等方面发展的目的和价值进行慎思，构建合理的教学价值序列和教学目的结构；又能够对实现这些价值序列的方案进行道德判断，选择既合理又有效的教学方案。由此可见，一致性学习中，教师学习要致力提升教学洞察力和教学慎思力。这两种能力又是建立在教师正确的教学立场的基础上，因而，教师学习目的之一应该强调教师理解能力的提升，形成开阔的教育视野，为教学洞察和教学慎思提供正确的教学立场。基于这些因素的考虑，一致性学习呈现以下特征：

1. 选择理论学习内容的标准是提升“教师理解力”而不是“直接运用”

在教师教学智慧生成的学习中，学习理论知识和技能的目的不是直接运用，而是提升教师理解能力，扩展他们的教育视野，才能提升他们的评价性慎思和情境洞察力。由此，教师对知识的态度将发生改变。戈德斯坦（Goldstein，H.）将人们学习中对待知识的态度分为三种类型：“第一,人们假设知识是绝对的,合法的权威人士会提供解决问题的答案。第二，相对主义倾向，对知识一种摇摆不定的态度，学习者怀疑人们构想合理而可靠的理论的能力，因而，感觉没有必要承担尝试构建理论的责任。第三，学习者放弃追求绝对真理的需要，但是，承认追求“理解”的需要。学习者认为只有通过主观的途径才能认识现实，但是个人建构的理论总是不确定的和不完善的。因此，理解是一个持续的、灵活的、开放的过程。”①

持有第一种知识观与对应性学习相关，面对情境会寻求特定的理论知识来解决问题。形成第二种知识观的人们持有怀疑论者的视角，不相

① Goldstein, H. Field Education for Reflective Practice: A. Re-constructive Proposal[J]. Journal of Teaching in Social Work, 1993(8).

信存在绝对真理，也不相信能够发现这种真理，因而，他们要么采用“随机的”方式行动，要么习惯地遵循特定程序性的行动模式。持有第三种知识观的人们也会质疑绝对真理的可能性，但是，他们会区分知识与理解。社会学者巴内特（Barnett，R.）在研究教师专业能力时，认为：“当今教师学习话语中，理解似乎被遗忘了。在追求胜任力和能力的实践取向中，理解要么被认为是知识的同义词，要么在专业实践中没有位置。”①他的“知识”是与教学情境相关的理论知识，他的“理解”是对情景和这一情景相关理论的理解。这种理解需要整合个人情景知识和普遍性理论，因而，这种理解是由很多部分构成的复杂概念。在教师学习中，理解既与教师如何认识教学情景相关，也与个人的教学立场相关。这种理解既有助于教师审视教学实践问题，也助于教师视野的深化和扩展。这种理解既包含着理解情境，也包含理解赋予情景教育意义所需要的理论。培养教师教学智慧的方法之一是对这种理解的持续追求。

2. 教师学习要关注教育理论的价值立场和道德结构

致力提升理解能力的教师学习中，学习理论时不仅要关注它的操作层面和观念层面，还要关注理论背后的价值立场、道德结构以及所需要的条件性支持。情景学习时，要关注引导教师行动和决策的价值立场或道德结构，经过对这些价值立场的评价性慎思，教师才能够确定如何将两者整合起来。在教师整合普遍性理论与个人理论的过程中，既要理解普遍性理论所追求的教学价值取向和这些理论所需要的条件，又要理解教学背景中隐含的教学价值结构或者道德结构。通过对这一道德结构的评价性慎思，才能够正确判断他们之间如何相容。因而，教师需要学习基于不同价值立场的教育理论，为教师教育视野的扩展提供丰富的理智资源。邓恩认为培育教师教学智慧的教师学习目的是：“发展教师对教学中‘善和目的’的理解能力，就像学习教育理论一样重要，发展教师的洞察力和辨别力，就如教师展开教学研究一样重要。”②

① Barnet, R. The Limits of Competence: Knowledge, Higher Education and Society [M]. Buckingham: Open University Press, 1994: 99.

② Dunne, J. & Pendlebury, S. Practical Reason. In N, Blake. P, Smeyer.(Eds.)The Blackwell Guide to the Philosophy of Education. Malden, MA:Blackwell, 2003: 210.

3. 教师学习要整合公共理论与个人理论

教学学习不是使个人理论与普遍性理论呈现对应性关系。一方面，对普遍性知识进行评价性慎思，才能选择相信哪些理论，同时反思自身的教学立场与教学价值承诺，构建更加合理的教学愿景。另一方面，教师将以更广的教育视野来审视地方性的教育问题，寻找实现这些教学价值承诺所需要的教学理论、教学策略、教学制度或教学实践模式。因此，在教师整合个人理论与普遍性理论中，需要不同类型的知识和不同价值取向的教育理论。这些理论往往会深入地讨论和评价教育目的和教育价值，也会基于人类的发展，解释教育应该致力于培养哪些素质或者培养哪一类人才。例如，教师学习中要理解什么是有价值的课程，什么活动是平等、公正的教育活动，什么是有效的、合理的教学方法，教师还要熟悉关涉到人类幸福生活的社会问题或政治问题的理论。只有经过多元化的理论之间的比较和慎思，教师才能够选择自己所需要的理论，或对理论进行必要的整合或修正。加拿大教育学者费南在培育教师的教学实践智慧时，让不同学科背景的教师组成学习小组，讨论同一个教学问题。这种异质性分组学习目的是："异质性分组能够丰富学生的理解，使他们意识到学科之间没有好与坏的区分，每一种都具有自身的优势，也具有自身的局限性，只有形成这种意识，学生才可能质疑教师的教学观念，促使教师调整和修正自己的教学立场。"①

走向教学智慧的一致性学习在申老师的案例得到充分的展示。一方面，在他萌生创新教育理论时，他阅读许多与创造性相关的理论，他发现创造性理论的首要目标是创造产品，觉察到这一外在目标并适应于教学领域，因而，将这目的进行调整，关注创造活动的内在德性，将其作为教学领域追求的价值承诺，由此可见，他学习理论的目的不是为教学实践提供直接运用的原则或技能，而是提升自己对教学的理解和认识，更好地洞察教学情境中的实践问题。另一方面，对学科知识的理解，觉察到学科知识蕴含的探究性和探究精神，将这两个价值项整合到自己的探究性学习理论中。他为了使创造教育更加面向全体学生，激发每一个

① Phelan, A.M. The Wisdom of Practice And The Practice of Wisdom in Teacher Education. In G. Hoban(Eds.)The Missing Links in Teacher Education Design: Developing a Multi-linked Conceptual Framework. Netherlands: Springer, 2005: 20.

学生的创新品质的发展，提出民主教学原则。在选择民主教学原则。经过对民主理论的评价性慎思，最后选择杜威的民主教学理论。纵观申老师的个人理论发展过程，总是基于教学实践问题的需要来评价和理解相关理论，选择或修改某些理论使之适应于教学实践，并使自己的教学创新理论得到持续性的发展。芬斯特马赫认为专业学习的根本目的是："专业学习之后，学生能在专业情景中洞察到他在学习以前感知不到的特征。"①并将这种学习称为"眼睛中的改变"。由此可见，走向教学智慧的一致性学习的核心目的是拓展教师的教育视野，发展教师的情境洞察力和教学慎思力。

第二节 走向教学智慧的教师学习模式

致力教学智慧的教师学习意味着教师对卓越的持续性追求，实际上，教学智慧是教师在教学行动中生成和发展的，因而，任何培育教师教学智慧的理论构想都只能为教师提供一条参考路径，而不是提供可直接运用的策略。通过这些路径，引导教师反思自己已有的教学价值承诺或者理论知识，深化他们对教学实践的理解。

一、申老师教学智慧生成的学习模型

为了更形象地展示教师学习系统模型的整合方式，可以借助申老师的学习案例来说明。首先，基于经验的反思性学习，由于高考政策的原因，导致学生与学校都轻视生物学科知识的学习，正是这种"轻视"使申老师重新认识学生物学科对学生发展的意义。又通过洞察社会发展对创新人才的需求，使他坚定自己的教学价值立场。由经验所引发的思考，

① Fenstermacher, G.D. The Knower and the Known: TheNature of Knowledge in Research on Teaching [J]. Review of Research in Education, 1994 20(5).

不可避免地促进教师寻求理论上的支持，他的理论学习一方面是来自生物学科的理论，另一个是来教育、社会、心理学等其他领域中的理论。其次，他对学科知识的教育学理解引发了创新教学思想。学生轻视生物学科的学习是由外在的政策原因所引起，并不能否认生物学科本身的教育意义。他通过认识生物学知识内含的德性，并且分析这种德性对学生成长和发展的内在价值，然后重构自己的教学价值承诺，将创新素质作为核心的教学目标。再次，为了更好实现创新素质这一价值，寻找理论上的支持和指导。通过阅读有关创造原理的理论知识，他发现创造理论强调产品，这并不适合教学领域。教学应该致力培养学生的创新思维、创新意识、创新精神和创新品质。在教学活动中将创造原理进行了再解释，发展教学中的创造原理。如何实现这些价值又是一个探究的过程。在这一过程中，他学习民主教育理论和探究学习理论，这些理论对他构建创新教学的原则和模式起引领的作用。最后，对现存实践智慧的学习路径。他带领的科技创新小组参加全国举办的各种活动，并且也观摩了许多其他优秀教师的课堂教学，同时自己也上了许多的示范课。在这些已有的实践智慧的学习中，扩展和深化了他对创新教学理解。总之，他的学习过程展示是一个经验、理论、学科和已有实践智慧的互动过程，不断推进创新教学的实践和理论的发展。

申老师和陈老师的个案非常鲜明的展示这种学习倾向，他们学习中涉及四个关键因素：其一，对学科知识蕴含的教育意义和价值的持续性诠释；其二，根据情境需要的理论学习；其三，基于已有实践智慧的学习；其四，经验学习。总之，这四个因素不是独立存在的而是相互作用的。本研究根据这四个因素构建四维一体的教师学习系统模式，可以为教师教学智慧生成提供不同的学习路径。

二、“四维一体”的教师学习模式

在本研究的个案可以发现，教师教学智慧生成的关键影响因素不仅仅是经验和已有的实践智慧，而且还有学科知识和理论知识两个因素。由此，本研究尝试构建由经验、理论、学科知识、已有实践智慧整合的四维一体教师学习系统模型，为发展教学智慧生成提供教师学习的策略。系统模型可以用图 6-1 来展示：

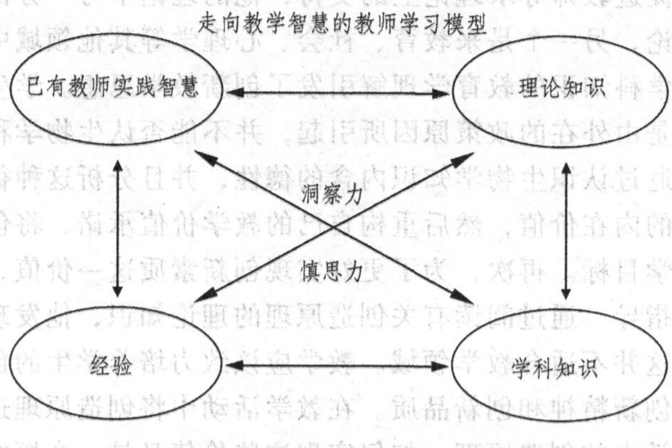

图 6-1 走向教学智慧的教师学习模型

走向教学智慧的教师学习模型是一种开放性的系统模型，可以从任何一个因素开始，并且每个因素与其他各个因素都是彼此联系。每条学习路径都是一个范围更广、不断延伸的路径，正如整体是由部分组成的一样，而每一个部分都包含着整体。如果要深入考察一个因素为主的学习路径，要关注这一因素与其他因素之间的关联性。在以经验为主的学习中，对经验重构本身是理论解释和理论反思的过程。在以理论为中心的学习中，这种理论学习是由实践问题所引起的，同时又是对已有经验的反思和评价。在以学科知识为主的学习中，学科知识本身就是理论知识，教师的学科知识学习将超越本身的理论体系，需要理解学科知识的教育意义。教学中现存的实践智慧对培育教师教学智慧是一条重要途径，由于他们身处在相似的教学情境中，使他们更容易反思自己的观念体系和教学活动的合理性。虽然这四个方面的知识性质是不同的，学习方式可能存在差异，但是教师在学习中可以将它们整合起来。因此，这种学习总是经验与理论之间的双向互动进行的。在这一过程中，实践共同体和教学所在的背景对教师学习起着促进或阻碍的作用。

在这种系统模型中，教师学习总是根据教学情景的需要，在个人理论与普遍性理论之间进行调适，不断改变自己的教学信念或理论。这一过程中，教师的理论学习与经验学习既可以平行发展，也可以相互转化。心理学家爱泼斯坦（Epstein，S）认为人们学习同时存在“理性心智”

（rational mind）和“经验心智”（experiential mind）”[1]，理性心智是根据逻辑推论来运作的，是有意识的、慎思的、情感无涉的，正是通过理性心智才能形成个人理论。经验心智获得的是教学方法和技能，一部分是前意识获得的，并且与情感密切相连，对教学行为有着重要的影响，总是以具体的、联想的、快速的、自动的方式来运作。当通过经验心智获得知识达到一定的程度时会转化为理论，并指导今后的教学。可见，在四维一体模型中，教师既需要理性心智发展个人理论，形成合理的教学立场。也需要经验心智来积累教学技能，发展情境洞察力，形成合理的教学直觉。

第三节　教学智慧生成的理论学习

以教学智慧为导向的教师学习中，理论学习目的不是为了直接运用，而是为提升教学洞察力和教学慎思力。发展这些能力的前提是扩展教师的教育视野、形成合理的教学立场。为了实现这一目的，需要澄清如下三个问题：什么理论知识有助于提升教师洞察力和慎思力？什么学习活动有助于这种理论学习？什么样的德性有助于这种活动的顺利进行？

一、理论学习重视获取教育实践知识

发展教师教学智慧的理论知识不是元教育理论，也不是教育科学理论，而是与教育有关的实践知识，本文将这些理论知识称为教育实践知识，这种理论知识可能来自理论研究者，也可能来自教师群体。

① Epstein, S. Cognitive-experiential self-theory: A dual-process personality theory with implications for diagnosis and psychotherapy. In R.F. Bornstein & J.M. Masling(Eds.). Empirical perspectives on the psychoanalytic unconscious. Washington, DC: APA, 1998: 123.

（一）教学智慧生成需要的理论类型

无论是个案研究中的结果，还是亚里士多德的教学传统都表明，促进实践智慧生成的一个重要因素是掌握教育实践知识。在当今教师教育和培训中，他们会选择哪些理论？从已有课程设置来看，根据理论的性质可以将教师教育提倡的理论可以分为三种类型：

第一种类型，具有科学性质的理论知识。教师学习的理论来源之一是社会学家或心理学家调查个体发展和人类行为得出的结论，这些理论直接影响教育政策制定者的决策。再通过教育政策和制度确定了教师学习的理论资源库，例如，发展心理学，认知与学习、教育心理学等。教育哲学家认为经过科学研究获得的理论，并不能够为教学实践提供坚实的理论基础。英国学者卡尔认为教育科学理论的相似点是：“人类行为科学理论实际上是对个体行为前理论阶段的概念一种误解。这些理论只能起到这种作用，促使教师不要理解课堂中学生的个体或人际间的不确定性行为。”[①]这些科学研究得出的结论具有客观性的一面，为教师教学决策提供了一些事实上的证据，但是，教师在运用时这些理论时，还需要道德判断的环节，要注意理论的共性和学生的个性之间的关系，才能做出合理有效的教学决策。

第二种类型，教学或教育理论，如课程设计与评价、学科教学法、管理理论等方面的理论知识。这些学科的优势是他们与教育政策和教育实践具有直接的相关性。但是，从严格意义上来说，这些学科并不是实践理论研究的分支。这些理论是以社会科学为理论基础，经过逻辑演绎所推断出来的教育理论，并且这些理论作为“价值无涉”的知识呈现给教师。事实上，这些教育理论的背后潜藏着某种价值取向或哪些价值优先的序列结构，在此基础构建某种教学模式。但是在教师学习中，这些理论被认为是凭借中立的、公正的经验观察和实验得来的，是非常有效的教学策略。因而，教师学习目的是模仿和遵循这些理论提出的原则或理念。在这种教师学习观下，教学智慧中一些重要元素被忽视了，比如，不重视发展教师洞察、探究、慎思、创造新知等方面的能力。

第三种类型，不同流派的教育理论。在由来已久的教育理论话语中，

① Carr, D. Professionalism and Ethics in Teaching[M]. London: Routledge, 2000: 85.

教育理论被分为两种典型流派：传统主义教育和进步主义教育。尽管在教育学界中，人们对这两个相互对立的教育流派进行论证，并且还通过教育实践对其进行了检验，试图证明哪一种教学方式更有价值。在当代新课程改革的背景中，普遍认为进步主义教育提出的探究学习、对话学习和合作学习在实践中能够更好地发挥作用。国内的教育实践中和教师教育中也都在提倡探究学习、合作学习和对话学习。然而，在实际教学中，教师能够将两种对立的教育理论很好运用到教学实践中，如本研究中的两位教师根据所学习的内容不同，选择不同的教学方式。实际上，这两种教育理论的根本性差异是所追求的教育价值取向不同，不能用真假的标准来判断哪一个对实践更有用。这二者之间应该没有好坏之分，各有各的优点，也有各自的缺陷。因而，教师学习这些理论时，要澄清他们之间的深层结构，在教学实践中才能够灵活地运用，而不是肯定一派、否定另一派。

根据当代教师教育所规划的理论资源来看，理论学习存在两个方面的问题：其一，是基于理论与实践的"直接相关性"来选择理论，构建了由教育学、教育心理学和学科教学法构成的理论知识库。其二，在教师学习中，这些理论被认为"价值无涉"的理论，从而不必经过评价性慎思既可以直接运用于教学实践。如果理论选择中隐含着"直接运用"的前提假设，教师学习的专业理论库中可能摒弃一些关于人、世界和社会学术性理论，如社会学、历史学、哲学、文学等学科。而会选择工具性的理论知识，从而教师学习的理论范畴反而缩小了。

（二）教师学习重视教育实践知识的学习

本研究的几位教师学习中，所选择的理论并不限于教育心理学和学科教学法，而是随着教学情境的需要寻找其他学科的理论。他们的理论来源一个是学科知识，另一个是哲学、社会学领域中的理论知识。如申老师选择与创造有关的理论和民主教育理论。而陈老师选择了劳伦斯的道德发展理论和孔子的教育理论。他们的理论取向似乎与亚里士多德的理论取向存在相似之处。在亚里士多德的培育具有实践智慧的自由民的教学体系中，理论学习是必不可少的环节，并且明确指出，应该学习实践知识而不是科学理论知识，并且要经过经验学习形成某些习惯和情感之后，才开始学习实践哲学。他主张："实践智慧不能在直接制作中获得，也不能从思辨中习得，没有适应和指导，这种实践智慧就不会产生。”①由此可见，在培养实践智慧的教育中，人们必须学习属于实践领域中的理论，如经济、教育、政治和伦理。从适应到理论学习，还不能获得实践智慧，还必须借助于行动的回归，才能获得实践智慧。从这一传统来看，古代培养实践智慧的理论学习的内容是关于人性和社会的实践知识，而不是理论科学知识，也不是实践科学知识。

根据个案研究的观察结果和已有发展实践智慧的理论分析，有助于提升教师洞察力和慎思力的理论知识是关于人性、社会、教育等方面的实践知识，而不是教育科学理论或元教育理论之类的科学知识。这并不是贬低或否认这些科学理论知识对教学的潜在价值和意义，而是为了强调培养教师慎思能力的知识是教育实践知识，而不是科学理论知识和实践科学知识。在教学领域中，教育实践知识是指与人性、社会、教育、伦理等相关的理论知识，这一类知识有助于教师正确理解学生、教学和教育。当申老师重构教学价值结构时，学科知识、创造原理、民主教育等理论起着导向的作用。当陈老师修正和改变教学观的过程中，孔子的君子人格、苏格拉底的对话教学、劳伦斯的道德发展阶段理论等相关知识起着引领的作用。因此，为了拓展教师的教育视野，提升他们的洞察力和慎思力，需要提供丰富的理论资源。一方面，他们可以学习基于不同价值立场构建的教育理论，通过这些理论的比较学习，他们能够理解各种理论的优势，也能觉察到各种理论的缺陷，并且意识到各种理论所需要的条件。另一方面，他们可以学习来自哲学、社会学、心理学、文学等方面知识，这些理论有助于他们更好理解学生的特征、教育意义和价值、人的全面发展等。只有这样，教师才可能对特定背景下的教育需求和目的进行合理的解释和理解，以构建美好的教学愿景。

（三）扩展教师学习的理论范畴

根据上面的分析，发展教师教学智慧所需要的理论范畴要扩展到教育实践知识，那么当前教师教育所提倡的理论范畴还有待于进一步

① 底特里希·本纳．普通教育学[M]．彭正梅，等，译．上海：华东师范大学出版社，2006:205.

的扩展。理论选择的标准也应该有所变化。致力发展教师教学智慧的理论学习需要强调以下三个方面：其一，扩展理论资源的范围。不能将理论资源局限于科学范式得来的理论或以科学理论为基础推导出来的教学理论。而应该将理论范畴扩展到对人性、伦理、政治、教育等方面的实践知识，以拓展教师的视野和形成适当的教学价值观。娜斯鲍姆研究如何培育实践智慧时，认为："关注自身或他人的情感和想象，并且不要过于依赖技术或科学理论，因为这些理论有可能妨碍实践智慧的发展。"①英国学者卡尔根据亚里士多德在《诗学》中论述培养具有实践智慧的人时，主张："有助于教师实践智慧形成的一个重要理论资源是文学和艺术。"②在古希腊时期，人们认为在诗歌学习中获得洞察力比起历史学更为深刻。他认为教师通过阅读狄更斯、乔治奥威尔、劳伦斯所获得的教育理解，可能比阅读斯金纳、布卢姆和布鲁纳的理论获得的理解更多。萨利文在批判专业实践中的道德边缘化的问题，提出："要是专业拜托技术理性的控制，专业的基础性知识必须变革和延伸，应包括真实实践所需要的道德和社会生态学知识。"③其二，学习这些理论的目的不能局限于"直接应用"的假设。不同理论与实践的关系是不一样的。如教育哲学、社会学、伦理学等理论对于教师的作用方式，与教学技术，教学法等方面的理论对教师的作用方式是不同的。前者致力于提升教师的理智能力，后者有助于丰富教师的技能库。其三，学习理论需要评价性慎思。由于教育领域中的理论的价值负载性，教师学习这些理论要了解理论的深层次结构。不仅要熟悉实践操作层面的理论知识，也不仅仅是理论所提供的观念体系，而且还要深入理解引导这些观念和行动的道德结构或价值结构。因而，教师在理解理论的深层次结构中，要对各种理论的前提做出评价性慎思，才能够确定如何将理论与实践联系起来。这种理论学习需要展示理论隐含的实践推理，从而课堂审议应是这种理论学习的最好方式。

① Nussbaum, M. Love's Knowledge: Essay in Philosophy and literature [M]. New York: Oxford University Press, 1990:20.

② Carr, D. Character in Teaching [J]. British Journal of Educational Studies, 2007(55).

③ Sullivan, W. Preparing Professionals as Moral Agents[J]. Carnegie Perspectives Retrieved, (3)from http://www. Carnegie foundation.org/perspectives.

二、教学智慧生成的理论学习策略

培育教师教学智慧的理论学习，不仅为教师提供丰富的理论资源，而且需要创设提升慎思能力的学习活动。这种活动需要展示各种教育理论的实践推理，就如古希腊时期的教学活动一样，在多种不同观念的交流中，反思自己的观念系统，深化对教育本质的理解。课堂审议是指在由教师和学生构成的学习共同体中，“以解释实践推理为中心”的合作学习。在审议活动中，对当前的教育实践和教育理论进行评价性慎思，激发他们构建更好的教学愿景，或者创设新的方法来解决教学实践问题。在追求多元和差异的同时，能够对当前的、当地的教学问题、或与之相关的社会问题、政治问题进行适当的解释和回应。麦金泰尔对美国高校教学现状的反思中，认为：“高等学校一直漠视学生的理智能力发展这一教育目的，代替这一目的是通过考试。但是，通过考试的学生并不能成为真正的批判性反思者，他们不可能形成为了科学的内在利益进行探究的德性。”①对此，他提倡大学课堂教学应采用审议活动来促进实践智慧的形成。这种课堂审议呈现以下特征：

（一）课堂审议是“以展现实践推理为中心”的合作学习

一般对话学习或者合作学习，并没有强调澄清实践推理。如果要发展教师的洞察力和慎思力，就需要不同价值取向的教学或教育理论，在多种理论或观念的交流中，教师才可能反思自身的教学信念系统，选择与情境相适切的教学理论。这种学习需要建立良好的学习共同体，而既具有理论修养又了解实践的教师教育者在学习共同体中起着至关重要的作用。麦金泰尔研究社群中的实践推理时，提出：“在共同体中的实践推理，个体能够向他人清晰地解释自身的推理过程，澄清推理中的理由和前提。同时，也给其他成员机会来评价这些理由，只有这样，人们才能够决定支持还是改变他人的实践结论或者自身的实践决策。”②在课堂审议中，个体不仅具有解释和澄清实践推理的能力，并且还能提升评价他

---

① MacIntyre, A. Atlasdair MacIntyre Dialogue with Toseph Dunne [J]. Journal of Philosophy of Education, 2002: 39(1).

② MacIntyre, A. Dependent Rational Animals: Why Humans Beings Need the Virtues [M]. Illnois: Open Court, 1999: 105.

人给出的理由的能力。同时，课堂审议活动也促进学习共同体成员更加相互依赖、相互信任。

（二）课堂审议需要教师教育者解释教育理论内含的实践推理

教师讲解概念时，通常会展示证明其合理的各种推论，学生通过反思这些推理的逻辑性、理由正当性、以及与实践的关系，然后确定将哪些概念与教育实践建立联系。比如，教师教育者设想让学生深度理解反思性实践理论，目的是让教师学习进入教学实践时，如何快速地适应当地文化。在这种概念或命题的教学中，教师的解释不是以教师的决策为导向，而是以学生对理论的评价为导向。这种教学促使学生决定选择哪些概念来构建可行的教学愿景。同时，当学生参与审议活动时，他们会亲身体验这种活动需要的情感和方法。由此可见，教师展示概念内含的实践推理的活动本身就成为教学中的一部分，也创造了机会让学生体验这种复杂的实践推理所需要的方法和态度，为他们的教学智慧生成奠定了德性基础。

1. 课堂审议要促进教师形成实践推理的习惯

在课堂审议学习中，教师能够学习实践推理的思维方式，形成实践推理的习惯，这种习惯将会延续到他们的今后教学生涯中。在学习共同体的审议活动中，每个成员的表现会成为学习的一部分，通过与他人共同的教学推理将引发成员之间的观念、情感和想象等方面的交流和碰撞，同时体验像质疑、挑战、慎思这样活动需要的情感和态度，形成实践推理所需要的理智德性和道德德性。在审议活动中，学习者既要给出自己提出实践推理的理由，又要聆听别人评价给出的理由，在这种对话中，会借助他人的观点反身性思考自己的观念系统，澄清自身的价值观和某些习惯，这种民主性质的审议促使教师更好地理解自己，并通过教师教育者的引领，形成批判性反思的习惯，不断地更新自身的观念系统。

课堂审议既需要对他人的观点进行质疑，又能够同持有不同观点的人们和谐相处。要让这种活动顺畅和谐地进行，还需要某些德性的支持。邓恩认为这种审议活动中，“人们会形成互惠，相互尊重，开放，愿意给出理由和聆听他人给出的理由的习惯”。①在课堂审议的教师理论学习中，本文认为需要共同体成员之间的关爱、尊重和对话正义。

三、理论学习发展关爱、尊重和正义对话的品质

以实践推理为核心的课堂审议学习，不是对理论知识的记忆和模仿，而是对理论知识的理解、质疑和评价。因而，这种活动更需要共同体成员具有彼此关爱、对话正义和相互尊重的合作精神。

1. 激发主动思考的关爱

审议活动得以顺畅进行重要因素是师生之间的关爱。就教师教育者而言，对学生表现出情感上的喜欢还是远远不够的。在理论学习的课堂教学中，如果不帮助学生分析和理解这些概念所依存的必要条件和价值立场，只是让学生记忆所讲解的概念、原理或命题，学生会更加高兴。但是，这些方式却无法提升学生对这些概念的理解，以扩展自己的教育视域，因而这不是教育上的关爱。课堂审议学习中，教师的关爱旨在培育他们得出自己能够证明合理的教育知识。这种关爱的关注点是：学生在审议活动学会分析概念的程序，找到概念所需要的逻辑上的必要条件和方法，并且能够富有逻辑地、熟练地解释概念的意义，这样学生才真实地参与实践推理活动。当学生走入社会时就能够明智地行动，而不是被动地等待告知“如何说和如何做”，而是主动地进行合实践推理。因而，课程审议中的关爱不仅仅是培养对他们的“喜爱”之情，而是鼓励和帮助他们发展对理论的评价和修正的能力，想象各种可行的可能性方案。使学生学会实践推理，提高他们的实践能力，形成实践推理的习惯。由此可见，课堂审议的关爱是以教师成为实践主体为前提的关爱。

2. 激发深层思考的公平对话

这种关爱是建立在学习共同体成员之间的信任基础上，每个人必须公正地进行对话。麦金泰尔将其解释为：“对话正义需要每个成员能够坦

① Dunne, J & Pendlebury, S . Practical Reason. In N, Blake (Eds.) The Blackwell Guide to philosophy of education. Blackwell Publishing Ltd, 2003: 212.

诚以待，不能持有虚假、欺骗和攻击的态度，其次，每个人能够解释重要决策的必要性以及澄清决策需要的推论。”[①]由此可见，这种对话正义应该包含三个要素：坦诚、重要观点和重要观点需要的推论。从这三个要素来看，对话正义蕴含着一种道德德性。一方面，对话正义隐含人类交往的态度和情感——坦诚。在这种对话关系中的交往是以诚实、开放、真实为基本的态度。课堂审议的对话中可能不是一种愉快的、自愿的共享过程，而是一种充满了挑战、威胁和抵制的论辩过程。在这种学习中，可能涉及对已有观念的评价、修正或者放弃，呈现转化学习倾向，这种学习甚至会给人带来痛苦。另一方面，对话正义意味着对差异性的接纳。这种审议活动中的交往，每个人必然遇到不同的观点，并且必须学会与持有不同观念的人们和谐共存。因而，这种交往不强调引发学生对教师的尊重和认同，而是在于倾听学生，并对学生提出的观点做出适当的反馈和评价，引发学生慎思自我知识，并拓展教育想象力。在这种活动中，教师教育者应该无条件地接近学生，只有他们无条件性的彼此接近，这种对话的可能性才会出现。只有这样，才能形成相互合作和彼此尊重的气氛，怀疑和对立的情绪才能够得到消除，这种批判性、慎思性交往才具有可行性，同时也锻炼他们相互理解的品性和能力。当教师和学生用共享的、无条件性的、合作的方式进行审议时，他们就开始发展实践智慧。

3. 乐于接纳差异性的尊重

在审议活动中，师生之间的交往本身不可能生成对话正义，需要相互尊重才能促进审议活动顺利进行。例如，在面对观念产生分歧时，我们要考虑表达立场的方式。这种相互尊重需要认同各种不一致的分歧存在，遇到意见不一致的人们时，需要欣赏的态度和建设性的交流。相互尊重并不是要求无条件接受对方所说的一切，而是应该认同他们之间的差异。要是教师教育者只是简单地接受学生所提出的任何观点，并未显示对学生的尊重；而学生只是简单地模仿教师也未显示对教师的尊重。审议活动的尊重要求评价他人的道德立场，同样可以用来评价自己的观点。如果认定每个人都有权坚持自己的观点，不管这些观点是多么无知

① MacIntyre, A. Dependent Rational Animals: Why Humans Beings Need the Virtues[M]. Illnois: Open Court, 1999:111.

或不着边际，或者放低学生的理智能力、道德敏感性发展的要求，那么就是不尊重他们。如果教师教育者阻止学生对教育议题的批判性反思和合理想象；如果学生对这些问题不能给出合理性评价，这些教学行动就失去审议的意义。尊重并不是说学生所做的一切都是好的，即使他们表达了不合逻辑和不合理的观点，也表示赞同，而是赋予学生对教育议题的解释责任。在教师慎思对教育实践问题时，应该鼓励他们能够提供理由来证明自己的行为或观念，同时也给其他成员提供评价这些理由的机会。

总之，致力培养教师教学智慧的理论学习的主要目的是拓展教师的教育视野，以提升教师的洞察力和慎思力。为了这一目的，需要扩展教师学习的理论资源，将工具性的教育理论体系扩展到涵括教育实践知识的理论体系。“以展示实践推理为中心”的课堂审议应是发展教师教学智慧的理论学习方式。这种审议活动需要师生之间的关爱、对话正义和尊重才能得以顺利进行。在这种活动，教师将会形成实践推理的习惯和意识，为教师教学智慧的生成准备理智德性和伦理德性。

第四节　教学推理明晰化的教师经验学习

发展教学智慧的另一个重要路径是经验学习，但是这种经验学习不能停留在外在的实践技能层面，还需要深入分析经验内含的前提假设、习惯、常识性知识、理论基础等方面，因此，发展教师教学智慧的经验学习要让经验中隐含的实践推理明晰化。

一、剖析经验深层结构的经验学习

为了培育教师教学智慧，教育学界提出大量的经验学习模式或策略。例如通过实地观察或观看视频的“案例学习法”、“以学校为中心”的实践学习、教师实践知识管理、师徒式的学习等。由于教学经验的内涵特别丰富，教师学习聚焦于经验的哪一个层面，与教师学习目的密切相关。高伟认为教师学习分为三个境界：“教师为新手时，教师学习关注点是实践技能，观摩“怎样教学”的技能和方法。教师“为技师”时，教师学习关注点是“何以如此教学”的程序性知识。专家教师的学习，则要升华到“为何这样教学”的观念层面，[①]提升教师洞察力和慎思力的经验学习当然要关注经验的深层次结构。经验的外在表现是技能和方法，中间层次蕴含着思维和认识，内层体现行动的价值立场、道德结构和动机。因此，走向教师教学智慧的经验学习应该诠释经验的深层结构。

加拿大教育学者费南在设计培育教师实践智慧的教师学习中，明确提出：“经验学习目的是培育他们的感知力和学会洞察，而不是在真实世界获得快速的熟练度。”[②]娜斯鲍姆认为培育实践智慧的经验学习应强调对特定案例的深度分析，找到让他们澄清意义的意识和联系，并提出：“在经验意义的建构中要引发教师对“什么是想要的，谁有所收获，谁会失去？”等价值问题的理性思考。”[③]然而，经验学习会受到教师在社会化过程的环境因素的影响，教师很容易被环境的文化所同化。科尔在经验学习中认为：“在特定背景下的社会化过程，会引发对反思和理论升华的厌烦和漠视。”然而，发展教师教学智慧的经验学习，必须重视对经验进行理论上的解释和反思，使经验内含的实践推理明晰化，进而洞察经验的深层结构。比如，经验中蕴含的教学认识、价值取向、行动假设；也蕴含着教师的情感和态度；并且经验总是与特定社会背景密切相关。因此，不管是哪种形式的经验学习，尽可能澄清教学经验所蕴含的实践推理，才能够提升教师的洞察力和慎思力。

二、经验中的实践推理明晰化

教师的经验构建中存在两种推理形式：一种习惯化的、常规化的经验，呈现一种直觉性推理；另一种是经过权衡和慎思的分析推理。经验

① 高伟. 回归智慧 回归生活——教师教育哲学研究[M]. 北京：教育科学出版社，2010:49.

② Phelan, A.M.The Wisdom of Practice and the Practice of Wisdom in Teacher Education. In G.Honam(Eds.).The Missing Links in Teacher Education Design: Developing a Multi-linked Conceptual Framework. Netherlands: Springer, 2005:13.

③ Flyvberg, B. Making Social Science Matter: Why Social Inquiry Fails and How it Can Succeed Again[M]. London: Cambridge University Press, 2001: 78.

学习中，应该使两种实践推理明晰化，才能够改变自己的习惯或观念体系。

（一）解释直觉推理

教师直觉推理所依赖的是教学直觉，这种直觉推理可以表现为默会知识，也可以表现为从经验中得来的隐性知识。人们一般不愿意慎思这种常规化或惯例化的直觉。然而，这种常规化的直觉可能存在过于简单或者不合道德的危险，毕竟，不是所有的直觉都有助于教学智慧的发展。也正是这些教学直觉，使人们有精力处理他们在教学过程遇到复杂性和不确定的教学问题，但这并不能说明教学直觉就是合理的、有效的，它们有可能是以错误的前提假设为基础，也可能出现固化的发展方式。因而，这些教学直觉推理更需要澄清，反身性思考自己习惯中存在的假设、原则、自明真理以及常识性知识的合理性，这样遇到新问题时才能做出适应性改变。但是澄清直觉推理并不是一件容易的反思活动，需要教师高度的自我意识和他人或共同体的帮助。

解释直觉推理需要教师高度的自我意识。这种直觉推理可能是复杂的行动序列，表现为自动化的、习惯化的状态。在教学互动中，这种直觉对教学流畅地进行是非常重要的。在课堂教学中，教师既要满足不同个性学生的需要，又要维持班级的适当秩序。教学直觉有助于他们在极为复杂的课堂教学中分配自己的注意力，并且对各种事件做出及时的回应。然而，教学直觉推理需要一个证明其合理性的机会。霍维斯（Horvath）指出："专业实践者在逻辑和分析推理之前，利用直觉来行动，如果在分析推理之前，必须运用直觉，这些直觉就需要做出解释。"[①]教学慎思的功能之一就是在教学情景中反思这些教学直觉的合理性，对其进行修正和完善，使之适应新的教育情境。

关于直觉推理能否解释存在两种观点。范梅南认为智慧性行动完全是前意识的、非反思的，直接以行动为导向的，与元认知是截然不同。因此这种推理完全依赖于情境中"他者"的召唤，很难解释，并且过于依赖于当下的情境，对其解释没有什么意义。但是，舍恩认为通过"行

① Horvath, J.A. Tacit Knowledge in the Professions.in R, J. Sternberg and J.A. Horvath. Tacit Knowledge Professional Practice. Mahwah, NJ: Lawrence Erlbaum. 1999: xii.

动中反思”可以审察“行动中认知”的合理性，他认为：“专业实践者经常会思考他们正在做的事，即使他们正在行动。他们会反过来思考行动，思考隐含在行动中的认知，要么会反问自己，当我辨认这些问题时注意到什么特征？当我表现这些技能时，要施行什么样的程序，如何构建要解决的问题。”①而社会学者埃拉特（Eraut）也认为通过“元认知可以解释直觉实践推理的基本结构”②。在本研究中发现，这些特级教师不仅是在行动中进行反思，而且在课后还会对课堂中的精彩或不满意的教学直觉进行反思。只要教师具有高度的自我意识和慎思的习惯，才可能解释自己习惯化的教学直觉。

解释直觉推理需要可信赖的同事或共同体。一般来说，教师是不愿意或没有意识要反思自己的直觉推理，也不愿意改变自己的习惯。要改变这些习惯，往往要借助外界的力量。在自我与他人的对话中，可能将直觉推理的前提假设提炼出来，集体分析和审视那些直觉性的、常规化的专长，然后对其进行修正和改变。如在申老师的课后反思中，抓住课堂教学的瞬间精彩的片段或者令人尴尬的事件，通过与学生的对话，或者与其他教师的对话，慎思对这种习惯化所潜在的原则或信念。然而，在实际教学中，教师往往会忽略这些解释直觉性推理的学习机会。如果直觉推理成为教师智慧发展的资源，教师必须回身反观直觉推理的前提假设的合理性，确定哪些直觉可以继续在教学中使用，哪些直觉是需要摈弃或修正的。否则，随着直觉的常规化，他们就可能忽略或者漠视情境中新出现的因素，甚至可能导致专业发展的固化模式或是常规专家。

（二）剖析实践分析推理

经验中的另一种推理方式是经过分析和综合多种因素的推理，为了与直觉推理相对应，称为分析推理。尽管分析推理是显性的而不是默会的（在思维和感知的意义上来说），但是它们可能是内隐或是个体内部的教学思维。这种教学实践推理需要向学生、家长和学校等方面提供决策

① [美]舍恩．反映的实践者——专业工作者如何在行动中思考[M]．夏林清，译．北京：教育科学出版社，2007:45.

② Eraut, M. Development Profession Knowledge and Competence [M]. London: The Farmer Press, 1994: 148.

的理由，让他们来审察和质疑这些理由。但是，实践者在解释分析推理的理由时也存在许多难以言说的困难，就如同使直觉推理明晰化遇到的困难一样。因而，使分析推理明晰化的关键因素是教师本人澄清分析推理的慎思能力和合理的分析框架。

分析推理明晰化需要教师评价性慎思的能力。社会学者谢泼德（Sheppard）在调查社会工作者的反思能力时，发现"社会工作者明确地表现出反身性思考的品性，然而，这些数据表明，并不是所有人都形成反身性监控的能力。不同的人表现不同的分析能力，也表现不同的反身性思考能力"。①富克（Fook）在专家研究中发现："社会工作专家详细解释实践推理时没有困难"。本研究的三个案例中也说明，三位教师对教学推理具有很强的解释力。在采访中，不管是课堂教学互动中的直觉推理，还是教学设计中的分析推理，他们都能够清楚地解释。例如，宁老师可以清楚地解释自己教学推理，并认为自己的推理是非常合理，看不到教学推理的大前提所存在的问题。而申老师的解释总伴随着自我反思的成分，经常会反思教学设计中还存在哪些问题，并分析这些问题的原因。

分析推理明晰化需要合理的分析框架。教师在经验学习中可选用不同的分析框架。以教学智慧为导向的经验学习中，分析推理明晰化应该慎思教学行动的价值大前提。有关分析推理的概念框架，芬斯特马赫提供五段论的实践推论。教学推理既受到长远目标的导向，也受到理论和经验的影响，又受到情境因素的制约。阿吉里斯和舍恩认为人们实践中存在两种理论，即"使用理论"与"信奉理论"。在分析推理明晰化中，必须洞察到使用理论。使用理论会经常潜在性地提供一套观念和概念， 使实践者洞察情景的教育意义，并选择相应的教学策略。因而在分析推理明晰化的规程中，教师应该慎思使用理论与信奉理论之间的差异，解释产生这些差异的原因，这样才能够在理想和现实之间进行更有效的调适。

总之，走向教学智慧的经验学习必然使实践推理的结构明晰化，应避免停留在技能的层面。帕尔默认为："我们教学方式取决于我们如何认

① Sheppard, M. Reflexivity and the Development Process Knowledge in Social Work:A Classification and Empirical Sdudy[J]. British Journal of Social Work, 2000 30(4).

识，直到我们的认识论发生改变，我们才能改善我们的教学方式。”[①]因此，经验学习中，只有对“我们知道什么以及如何认识”等方面的认识论层面的问题进行慎思时，教师教学的改变才会有实质性的进展。只有清晰展现实践推理，教师才能慎思自身行动中的观念体系或前提假设，并评价已有教学观的合理性，并在这一过程来修正自己的教学观。费南认为：“经验学习是一个特殊经验与普遍性概念理解之间的来来回回的运动，比如，教师对特定孩子的理解与认知发展了理论之间的互动，确定适当的阅读方式与他对读写一般的理论理解之间的互动。”[②]由此，促进教师教学智慧生成的经验学习本身就一个理论解释的过程，经历从具体到抽象的过程。

第五节 学科知识教育性理解的学科学习

在本研究的个案中发现，引发教师改变已有的教学认识和理解的重要影响因素是教师对学科知识的教育性理解。教师教学决策不只是在特定社会背景下进行的，也是在某个学科背景下进行的。格林认为：“特定背景已形成达成共识的规则和符号代码构成的网络结构，或多或少存在一致性的道德信念结构。”[③]由于教师长时间浸润在学科背景下的学习和教学的活动，在不同程度上形成特定学科的理智德性和伦理德性。这些德性使教师有意识或无意识以学科的视角来理解教学，使他们在情景中选择关注什么、忽视什么；也会以学科视角来理解教学目的、教学价值、教学方式，等等。但是，如果教师完全以学科视野来构建教学活动，可

① Palmer, P. To Know as we are Known: A Spirituality of Education. San Francisco: Harper & Row, 1983: xii.

② Phelan, A.M. The Wisdom of Practice and the Practice of Wisdom in Teacher Education. In G.Honam(Eds.), The Missing Links in Teacher Education Design: Developing a Multi-linked Conceptual Framework. Netherlands: Springer, 2005: 13.

③ Greene, M. Teacher as Stranger: Educational Philosophy for Modern Age[M]. Belmont, CA:Wadsworth, 1973: 214.

能忽视学生的学习需求和潜能发展。比如，基础教育并不是培养专业学者，每一种学科的德性与基础教育致力于培养的德性可能不是一致的，这就需要教师深度理解学科知识的教育价值。

一、学科知识的教育性理解

如前所述，在教学实践中，教师不仅要理解学科知识的实质结构，也要理解表达这些知识的句法结构，还要理解学科知识的德性结构。这对于培养教学智慧是至关重要的。例如，申老师构建创新教学的源起于分析生物学科知识蕴含的探究品质，同时他有觉察到这种探究并不完全是科学家的探究，通过两者之间的比较，他将探究教学的核心目标是激发学生的“探究兴趣”。在教师教育中，教师教育者要引导教师理解学科知识的教育价值，慎思学科知识学习对学生成长和发展的意义，应致力培育学生哪些德性。张永认为：“从纵向上看，学科育人价值存在着工具层、意义层和生命层等三个由浅入深的层面；从横向上看，不同学科的育人价值相辅相成。[①]学科知识的教育价值分为知识技能、思维方式和精神层面。叶澜教授指出：“任何一门学科的教学，都要认真分析本学科对于学生而言独特的发展价值，它除了指该学科领域所涉及的知识对学生的发展价值外，还应该包括服务于学生丰富对所处的变化着的世界的认识；为他们在这个世界中形成、实现自己的意愿，提供不同的路径和独特的视角；学习该学科发现问题的方法和思维的策略、特有的运算符号和逻辑；提供一种唯有在这个学科的学习中才可能获得的经历和体验；提升独特的学科美的发现、欣赏和表现能力。”[②]

可见，学科知识的育人价值需要教师的思考。每一种学科都蕴含某些理智德性和道德品质，但是，学生学科知识学习所培育的理智德性和品质与学科所体现的德性不完全一致。这就要求教师整合教育目的与学科学习目的。前面提到的，在学科教学研究中很少提到实践推理，而在教育研究中的实践推理又不涉及学科知识，学科学习与教师教学智慧之

① 张永．刍议“学科育人价值”[J]．上海教育科研，2005（1）．

② 叶澜．“新基础教育”发展性研究报告集[M]．北京：中国轻工业出版社，2004：21．

间似乎不存在关系。这一结论与本研究个案中所发现的结论刚好相反，两位教师在学科知识转化为学科教学知识的实践推理中，首先思考的是学科知识在培养学生的创新素质和“君子风范的公民”中的作用。在教学实践也存在这种现象，许多教师没有系统学过教育理论知识，但在教学中表现非常优秀，其原因在于他们深度理解学科知识所蕴含的教育价值，并且不断思索实现这一价值的实现方式。在个案中所发现，教师对学科知识育人价值的思考会引导教师的教学价值取向，这对于教学智慧生成起着非常重要的作用。

二、开设学科教育学

教师的洞察力和慎思力与教师对学科知识的育人价值理解密切相关，因而，教师教育或培训中，应该整合学科课程与教育专业课程，而不是采用相互独立的课程模式。然而，在当今教师教育课程模式中，一般采取学科学习与教育专业知识的分离方式。这种模式总隐含着这样的假设：学科知识学习是独立于教育专业的学习领域，学科知识的学习任务在于掌握学科本身的知识结构，而教育专业学习则是学习教育学知识。将两者整合的课程是学科教学法中，这些学科教学法大多数是以心理学或社会科学为理论基础提出来的教学方法或原则，学科教学法的价值大前提偏向于有效传递这些学科知识，而不太关注学科知识蕴含的教育价值。发展教学智慧的教师学习所需要的不仅仅是学科教学法，而且应该学习学科教育学。由此可推出，学科教育学应该关注一下两个方面：

首先，教师要学会调适和整合学科蕴含的教育价值、社会期望的教育价值、学生期望的教育价值三个方面的因素，形成适宜于特定学科教学的教育价值结构。以教师教学智慧为导向的教师学习中，教师的权衡能力之一表现在学科育人价值与普遍性教育价值的调适，形成合理的教学价值结构。在此基础上，才能够确定教学目的、教学内容、教学策略以及相应的教学评价方式。因而，教师的学科学习不能限制于对学科教学法的学习，还应该重视对学科教育学的学习。在教师学科学习中，应该整合学科学习与教育学课程，他们的结合点是学科知识的教育学属性。每门学科都蕴含着这一学科的理智传统和德性传统，教师经过多年的学习，不可避免形成某些理智德性和伦理德性，这种德性使教师用某种视角来理解和认识教学。但是，教师总是处在两个学科学习交织的地方，即学科知识学习和教育专业知识。这两者的教育价值追求可能并不是和谐一致的，可能相互冲突。例如，英语学科作为一门工具性学科，教师可能会重视工具层的教育意义，强调对学生听说读写能力的培养；而从素质教育的视角来看，教师应该重视道德和精神层面的教育意义，促进学生的信念体系的变化，能够融入这种语言蕴含的文化生活中，以多元的视角来看待世界。这两种价值可能并不具有通约性，哪些价值优先，就需要教师根据具体教育阶段的实际情况来权衡。因而，教师的学科学习中不仅要掌握学科的知识结构,更重要的是理解学科知识的教育价值，从教育学的角度，深刻理解学科知识学习的教育意义。根据具体教育情景的需要，在两者之间进行调适，构建合理的教育价值结构。

其次，教师应该调适学科活动与教育理论建议的教学活动。当教师经过教育价值权衡之后形成特定教育价值结构，在此基础上，探索实现这种教育价值结构的教学活动。教师在选择教学活动形式时，会受到两个因素的影响：一个是会受到学科传统活动的影响，但是这种活动不可能完全与学科共同体需要的活动一样，比如学习历史不可能完全像历史学家所从事的活动。另一个是教师在建构教学活动，必然受到来政策、课程改革、理论等方面所建议的或者所规定的教学活动，而这些活动中，人们一般不考虑学科差异的。由此可见，教师在思考实现某些价值的教学活动时，还是需要在学科活动与普遍性教育活动之间的调适，来确定本学科的教学目标、选择教学内容、设计教学策略和相应的教学评价方式。就如斯卓姆（Strom）在研究学科教学时，强调："教学中，关于权利的使用，目的和手段的选择中的对话应该放置在学科背景之中，因为目标、学习内容、学习经验与评价程序与学科有关。"① 也就是说，具有教学智慧的教师既不会完全模仿学科共同体所从事的活动，也不会完全顺从教育领域中所规定的或将建议的教学活动，而在具体情境中经过

① Strom, S. The Ethical Dimension ofTeaching. In M.C. Reynolds(Eds.). Knowledge Base for Beginning Teacher. Oxford: Pergamon Press, 1989: 268.

调适来创设适当的教学活动。

走向教学智慧的教师学科学习中，要整合学科学习和教育学专业学习的课程，不能限制于在重视关注原则与方法的学科教学法，而是要关注学科教育学的学习。在学习中，要求教师要整合学科的视角和教育学的视角，形成学科教育学的视角，在教学情境中，构建合理的学科教育价值结构，并探索适当的学科教学活动。

第六节　叙事研究的实践智慧学习

人们常说“它山之石，可以攻玉”，这似乎提出了一条发展教师教学智慧的学习路径,要培育教师教学智慧就要向具有教学智慧的教师学习。本研究的个案中也显示，三位特级教师的能动倾向存在差异的根本原因是他们不同的教学认识和不同的教学价值取向。因而，他们观摩已有教学智慧时，不仅要关注外在的行动表现，更要关注教师是如何认识和理解教学，又是如何权衡各种价值冲突。因此这种学习需要教师能够以叙事研究方式来解释这些教师教学智慧如何生成。

一、实践智慧学习关注教学之“慧”

教学智慧具有内侧和外侧的结构。教学智慧的外侧面表现为直觉智慧、决策智慧和转化智慧。教学智慧的内在侧面是教师对教学实践的深度理解，表现为适度敏感性的教学洞察力，评价性慎思的教学决策力，适应性改变的教学施行力和对学科知识的教育性理解。从教学智慧的内外关系来看，从已有教学智慧的学习，不仅是关注教师的外在行为表现上，更加重要的是，观察教师如何修正自己的教学观和教学价值观。

在美国，关于这一路径的学习是否具有可行性的问题，经历伊文思与舒尔曼之间的争论。他们的争论焦点是“以实践智慧为内容”的教师学习中应该关注什么。伊文思认为在舍尔曼提倡将实践智慧研究作为博士生的必修课程中，实践智慧表现为“做”的层面，即将教师实践智慧等同于优秀教师“怎样做”。他尖锐地指出：“他们的错误是将实践智慧等同于优秀教师的外在表现，而忽视教师内在的反思和认识特征。”[①]他认为在实践中思维和行动应该是相辅相成的，因而实践行动总是包含情感、价值、认识和慎思的维度。舒尔曼认为尹文思误解了他对实践和实践智慧的理解。他认为实践智慧的前提中包括理论、实证的、个人的、规范的和其他的前提，因此，他强调：“如果从已有实践智慧来学习，探究重点是观察实践者如何整合理论、价值承诺，实践经验、相关方面的不同利益以及其他各种资源，推断出可能性方案，做出理智选择。”[②]虽然他们之间对基于实践智慧的学习存在争论。但是，实质上他们所要阐释的目标是一样的，伊文思是从反面来证明学习的关注点在实践智慧的内侧面，而舍尔曼从正面来证明这一结论。总之，从实践智慧为切入口的学习，必然关注教师如在各种价值冲突性进行权衡，并形成适当的教学价值序列结构，同时关注他们为了实现这些价值承诺又是如何构建有效的教学活动。

二、解释性叙事是实践智慧学习的方式

基于已有实践智慧的教师学习，应该关注教学智慧的内侧面。这种学习的最佳方式应该是叙事研究。教师可以利用叙事研究来撰写学习报告，通过这种方式可以展示智慧型教师的教学认识和教师在解决教学问题的权衡过程，为教师学习提供模仿和反思的机会。

叙事研究有助于解释智慧型教师的价值权衡过程，从而慎思自己的教学价值理性或教学价值观。如果只关注外在表现，这种学习会存在风险。如果不去追问教师行动的判断依据，抑或不去追问教师的判断是基于哪些教育原则，那么，很可能将教学智慧简单等同于一时的权宜之计，获得的只是相当肤浅的实践技能而已。如果将其迁移到其他教学情境，有可能出现“东施效颦”的情况。只有经过叙事研究，教师可以了解 “如

① Evans, R. Existing Practice Is Not the Template [J]. Educational Research, 2007 36(9).

② Schulman, L. Practice Wisdom in the Service of Professional Practice[J]. Educational Reasearch, 2007 36(9).

此教学”背后的事理。就如布鲁纳所言，叙事思维关注的是独特性、具体性和情境性，会考虑人类行动的条件，聚焦于意义而不是真理。这也说明叙事研究要关注教师的价值权衡的过程。一方面，在叙事研究中，可以分析教师如何在教学内在价值与外在价值之间进行调适，使学生在实现学习内在价值的同时，也促进外在价值的最大限度地实现。同时还可以观察教师如何将教学外在的学习要求转化为学生自愿的主动性要求。另一方面，在叙事研究中，要关注教师是如何在社会普遍性教学价值与学生个性潜能的发展价值之间进行调适，也就是，观察教师如何帮助学生正确认识自己的发展可能性。

叙事研究有助于了解智慧型教师的认识和行为方式。叙事研究需要教师观察智慧型教师如何分析情境的特征，并明智地判断情境的教育意义，然后聚焦于情境中关键因素。在教师撰写叙事研究的报告时，不仅需要阅读他人的材料，还需要与智慧型教师进行对话，共同解释智慧经验的深层结构，这样才能透视他们的教学信念、教学思维和教学行动的特征，并洞察教师如何处理使用信念和信奉信念之间的冲突性。对于叙事研究者来说，与智慧型教师对话本身是学习机会。由此可见，以实践智慧为切入口的学习最好方式之一学会用叙事的方式来创设研究报告。关注智慧型教师所表现的实践技能，有助于教师增添、修正或者丰富自己的技能库。更重要的关注点是优秀教师如何在特定情境中慎思自己的教学价值序列，再结合学生的个性特征构建教学愿景，以及环境的互动中来寻求实现这一愿景的方式。在叙事研究过程中，教师也就学会如何进行实践推理，或者学会判断“什么样的实践推理”才是明智的。

本研究建构的能动倾向模型目的之一是为教师学习提供观察教师智慧的分析框架。当教师利用这一模型来研究教师教学智慧，需要强调三个方面：第一，通过访谈和课堂观察来了解教师的教学价值承诺，关注他们形成的教学价值结构的特征。第二，要理解教师如何洞察到情景的具有教育意义的关键因素。观察教师是从远离情景的方式来决策，还是浸入情景的方式来进行教学决策。第三，要学会与智慧性教师一起来解释他们的教学经验，这样才能观察到他们在各种价值冲突的困境进行权衡的特征。

附 录

探索教师教学智慧的系列问题：

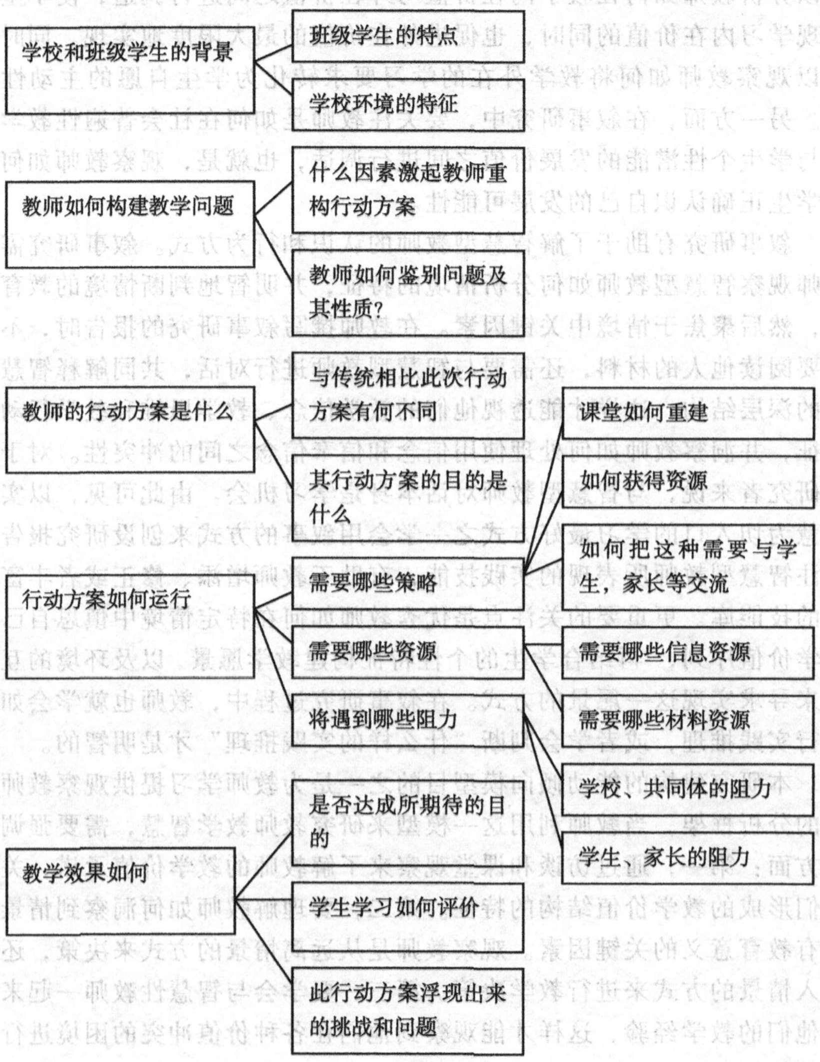

参考文献

一、中文类

[1] [加]布伦特. 心智交汇：复杂时代的教学变革[M]. 毛齐明，译. 上海：华东师范大学出版社，2011.

[2] [加]查尔斯. 泰罗. 自我的根源：现代认同的形成[M]. 韩振等，译. 北京：译林出版社，2006.

[3] [美]Egan，K. 走出盒子的教和学：在课程中激发想象力[M]. 王攀峰，等，译. 上海：华东师范大学出版社，2010.

[4] [法]埃德加·莫兰. 复杂性理论与教育问题[M]. 北京：北京大学出版社，2004.

[5] [美]伯恩斯坦. 超越客观主义和相对主义[M]. 郭小平，等，译. 北京：光明日报出版社，1992.

[6] [美]达克沃斯. 精彩观念的诞生——达克沃斯教学论文集[M]. 张华，译. 北京：高等教育出版社，2005.

[7] [德]底特里希·本纳. 普通教育学[M]. 彭正梅，等，译. 上海：华东师范大学出版社，2006.

[8] [美]杜威. 自由与文化[M]. 傅传先，译. 北京：商务印书馆，1964.

[9] [美]杜威. 我们如何思维[M]. 伍中友，译. 北京：新华出版社，2010.

[10] [美]范梅南. 教学机智：教育智慧的意蕴[M]. 李树英，译. 北京：教育科学出版社，2001.

[11] [美]范梅南. 生活体验研究：人文科学视野中的教育学[M]. 宋广文，译. 北京：教育科学出版社，2003.

[12] [德]伽达默尔. 真理与方法：哲学诠释学的基本特征[M]. 洪汉鼎，译. 上海：上译文出版社，1999.

[13] 高伟. 回归智慧 回归生活——教师教育哲学研究[M]. 北京：教育科学出版社，2010.

[14] [美]哈格里夫斯. 知识社会中的教学[M]. 熊建辉，等，译. 上海：华东师范大学出版社，2007.

[15] [德]黑格尔. 法哲学原理[M]. 范扬，张企泰，译. 北京：商务印书馆，1982.

[16] [美]亨德森，凯森. 课程智慧：民主社会中的教学决策[M]. 夏慧贤，等，译. 北京：中国轻工业出版社， 2010.

[17] [法]吉登斯. 社会学新方法的规则[M]. 田佑中，译. 北京：社会科学文献出版社，2003.

[18] 刘森林. 实践的逻辑[M]. 北京：社会科学文献出版社，2009.

[19] [美]罗伯特·纳什. 德性的探询：关于品德教育的道德对话[M]. 李菲，译. 北京：教育科学出版社，2007.

[20] [美]麦金泰尔. 德性之后[M]. 龚群，戴杨毅，等，译. 北京：中国社会科学出版社，1995.

[21] [美]帕尔默. 教学勇气：漫步教师心灵[M]. 吴国珍，等，译. 上海：华东师范大学出版社， 2005.

[22] [法]皮埃尔·布迪厄. 实践与反思：反思社会学引论[M]. 北京：中央编译出版社，1998.

[23] [美]舍恩. 反映的实践者——专业工作者如何在行动中思考[M]. 夏林清，译. 北京：教育科学出版社，2007.

[24] [美]舍恩. 培养反映的实践者[M]. 北京：教育科学出版社，2008.

[25] [美]斯特赖克，索尔蒂斯. 教学论理[M]. 洪成文，等，译. 北京：教育科学出版社，2007.

[26] [美]斯腾伯格. 智慧 智力 创造力[M]. 王利群，译. 北京：北京理工大学出版社，2007.

[27] 王枬. 智慧型教师的诞生[M]. 北京：教育科学出版社，2006.

[28] [美]谢弗勒. 人类的潜能：一项教育哲学的研究[M]. 石中英，涂元玲，译. 上海：华东师范出版社，2005.

[29] 徐长福. 走向实践智慧：探寻实践哲学的新进路[M]. 北京：社会科学文献出版社，2008.

[30] 徐向东. 实践理性[M]. 杭州：浙江大学出版社，2011.

[31] 叶澜. 教育研究方法论初探[M]. 上海：上海教育出版社，1999.

[32] 叶澜."新基础教育"发展性研究报告集[M]. 北京：中国轻工业出版社，2004.

[33] 叶澜，郑金洲，卜玉华. 教育理论与实践[M]. 北京:高等教育出版社，2000.

[34] 张华. 研究性教学论[M]. 上海：华东师范大学出版社，2010.

[35] 张楚廷. 课程与教学哲学[M]. 北京：人民教育出版社，2003.

[36] [美] 珍妮·奥克斯，马丁·利普顿. 教学与社会变革[M]. 程亮，丰继平，等，译. 上海：华东师范大学出版社，2008.

[37] [日]佐藤学. 课程与教师[M]. 钟启泉，译. 北京：教育科学出版社，2008.

[38] [日]佐藤学. 学习的快乐——走向对话[M]. 钟启泉，译. 北京：教育科学出版社，2011.

[39] 曹正善. 教育智慧理解论[D]. 上海：华东师范大学，2005.

[40] 陈飞虎. 大学教育智慧[D]. 长沙：湖南师范大学，2011.

[41] 邓友超，李小红. 论教师实践智慧[J]. 教育研究，2003（9）.

[42] 靖国平. 教育的智慧性格——兼论当代知识教育的变革[D]. 武汉：华中师范大学，2002.

[43] 刘冬岩. 实践智慧：一种可能的教学价值[D]. 南京：南京师范大学，2006.

[44] 刘徐湘. 论教师教学生活的智慧[D]. 重庆：西南师范大学，2005.

[45] 席梅红. 教师教学实践智慧发展论[D]. 上海：华东师范大学，2009.

[46] 程广文，宋乃庆. 论教学智慧[J]. 教育研究，2006（9）.

[47] 代建军. 基于教学智慧生成的教育批判[J]. 教育研究与实验，2011（3）.

[48] 杜萍，田慧生. 论教学智慧的内涵、特征与生成要素[J]. 教育研究，2007（6）.

[49] 袁文辉. 技术抑或实践？——教育理论的未来[J]. 华东师范大学学报（教育科学版），1995（2）.

[50] 田慧生. 时代呼唤教育智慧及智慧型教师[J]. 教育研究，2005（2）.

[51] 王鉴. 教学智慧：内涵、特点与类型[J]. 课程·教材·教法，2006（6）.

[52] 徐学福. 杜威与施瓦布的科学本质观与科学教育观比较[J]. 外国教育研究，2004（7）

[53] 张华. 教学即研究：达克沃斯教学思想探论[J]. 全球教育展望，2006（12）.

[54] 张光陆. 教师理解与教师实践智慧的生成[J]. 教师教育研究，2009（7）.

[55] 张永.刍议“学科育人价值”[J]. 上海教育科研，2005（1）.

[56] 朱光明，陈向明. 教育叙事研究与现象学研究之比较——以康纳利的叙事研究与范梅南的现象学为例[J]. 北京大学教育评论，2008（1）

[57] 朱旭东.教师教育标准体系的建立：未来教师教育的方向[J]. 教育研究，2010（6）.

二、英文类

[1] EISNER, E.W. Cognition and Curriculum Reconsidered[M]. New York: Teachers College Press, 1994.

[2] ARGYRIS, & SCHON,D. Theory in Practice: Increasing Professional Effective[M].San Francisco: Jossey-Bass,1974.

[3] BARNET, R. The Limits of Competence: Knowledge, Higher Education and Society [M]. Buckingham：Open University Press,1994.

[4] BERMINGHAM, C. PHRONESIS: A model for Pedagogical Reflection [J]. Journal of Teacher Education, 2004.

[5] BRANSFORD, J.D. Thoughts on Adaptive Expertise. http://www.vanth.org/ does/Adaptive Expertise. Pdf. 2001.

[6] CARR, D. Professionalism and Ethics in Teaching [M]. London: Routledge, 2000.

[7] CARR, D. Character in Teaching[J]. British Journal of Education Studies, 2007 55(4).

[8] CARR, D. Understands the Professional Knowledge of Teachers a Theory-Practice Problem? [J]. Journal of Philosophy of Education, 1995(29).

[9] CARR, W. introduction: Understanding Quality in Teaching. In W .Carr (Eds), Quality in Teaching: Argument for a Reflective profession.London: Falmer, 1989.

[10] CARR, D. Professionalism and the Ethics in Teaching[M]. New York: Routledge, 2000.

[11] CRAWFORD, V.M & Brophy,S. Adaptive Expertise: Methods, Findings and Emerging Issues[M]. Menlopark, CA: SRI Intemational, 2006.

[12] CRAWFORD, V.M, Adaptive Expertise Acknowledge Building in Science Teachers' Problem Solvin [M]. In Proceedings of the

Second European Cognitive Science Society, 2007.

[13] DUNNE, J & PENDLEBURY, S. PRACTICAL REASON. In N, BLAKE (Eds.) The Blackwell Guide to philosophy of education. Blackwell Publishing Ltd, 2003.

[14] DUNNE, J. Back to the Rough Ground: Pronesis and Teche in Modern Philosophy and in Aristotle. South Bend: IN: University of Notre Dame Press, 1993.

[15] EISNER, E .The Art Educational Evaluation: A Personal View [M].London England: Flamer, 1985.

[16] ELLIOTT, J. Educational Theory and the Professional Learning of Teachers: An Overview [J]. Cambridge Journal Of Education, 1989 (19).

[17] ERAUT, M. Development Profession Knowledge and Competence [M]. London: The Farmer Press, 1994.

[18] EVANS, R. Existing Practice Is Not the Template [J]. Educational Research, 2007 36(9).

[19] FENSTERMACHER, G.D. Reply to My Critics[J]. Educational Theory, 1987 37(4).

[20] FENSTERMACHE, G.D. Some Moral Consideration on Teaching as a Profession. In J.I. Goodlad. R. Soder & K.A.Sirotnik. (Eds.). The Moral Dimesion of Teaching. New York: Teachers College Press, 1990.

[21] FENSTERMACHER, G. D.et al. The Elicitation and Reconstruction of Practical Argument in Teaching [J]. Journal of Curriculum, 1993a 25(2).

[22] FENSTERMACHER, G. D .The Place of Science and Epistemology in Schon's Conception of Reflective practice. In Petter, P.Grimmet, L Erikson (Edited by) Reflection in Teacher Education, 1993b.

[23] FENSTERMACHER, G.D. The Knower and the Known: The

Nature of Knowledge in Research on Teaching. Review of Research in Education, 1994 20(5).

[24] FLYVBERG, B. Making Social Science Matter: Why Social Inquiry Fails and How it Can Succeed Again [M]. London: Cambridge University Press, 2001.

[25] GARRISON, J. DEWEY and EROS. Wisdom and Desire in the Art ofTeaching [M]. New York and London: Teachers College Press, 1997.

[26] GARRY, F.H. Missing Links in Teacher Education Design: Developing a Multi-linked Conceptual Framework. Netherlands: Springer, 2005.

[27] GOLDSTEIN, H. Field Education for Reflective Practice: A. Re-constrictive Proposal [J]. Journal of Teaching in Social Work, 1993(8).

[28] GRINFFITHS, M. &Tann.S Using Reflective Practice to Link Personal and Public Theories [J]. Journal of Educating for Teaching, 1992 18(1).

[29] HALVERSON, R. Accessing, Document and Communication Practical Wisdom [J]. The American Journal of Education, 2004(8).

[30] HARIMAN, R. Prudence in the Twenty-First Century [J]. In R,Hariman(eds.), Prudence. Classical Virtue, Postmodern Practice. University Park, PA: The Pennsylvania State University Press, 2001.

[31] HIGINS, C& MacIntyre,S Moral Theory and the Possibility the Aretaic Ethics of Teaching[J]. Journal of Philosophy of Education, 2003 (37).

[32] HIRST, P.H. Education Theory, In P.H. Hirst (Eds.) Education Theory and its Foundation Disciplines [M]. London: Routledge, 1983.

[33] HOGAN, P. Teaching and Learning as a Way of Life [J]. Journal of Philosophy of Education, 2003.

[34] HORVATH, J.A. Tacit Knowledge in the Professions, in R, J. Sternberg and J.A. Horvath. Tacit Knowledge in Professional Practice. Mahwah, NJ: Lawrence Erlbaum, 1999.

[35] JONSEN, A. R. & TOULMIN, S.E. The Abuse of Casuistry: A history of moral Reasoning [M]. Berkeley: University of Canifornia Press, 1988.

[36] KEKES, J. Moral Wisdom and Good Lives [M].Ithaca, NY: Cornell University Press, 1995.

[37] KEMMIS, S. Prologue: Theorizing Educational Practice. In W. Carr (Eds), For Education: Towards critical Educational Inquiry. Buckingham, England: Open University Press, 1995.

[38] KENNEDY, M. Knowledge and Vision in teaching [M]. Journal of Teacher Education, 2006(57).

[39] MACINTYRE, A. Atlasdair MacIntyre Dialogue with Toseph Dunne [J]. Journal of Philosophy of Education, 2002 39(1).

[40] MACINTYRE, A. Dependent Rational Animals: Why Humans Beings Need the Virtues [M]. Illnois: Open Court, 1999.

[41] MCINTYRE, D. Theory, Theorizing and Reflection in Initial Teacher Education, in: J.Calderhead & P.Gates. Conceptualizing Reflection in Teacher Development, London: The Falmer Press, 1993.

[42] MCLAUGHIN, T. H. Beyond the Reflective Teacher [J], Educational Philosophy and Theory, 1999 31(1).

[43] MCLAUGHLIN, T.H. Teaching as a Practice and a Community of Practice: The Limits of Commonality and the Demands of Diversity [J] .Journal of Philosophy of Education, 2003.

[44] MERSETH, K.K. Case Sduties in Educatuinal Administration [M]. New York: Longman, 1997.

[45] NOEL, N. Phronesis and Phantasia: Teaching with wisdom and Imagination [J].Journal of Philosophy of Education, 1999.

[46] NUSSBAUM, M. Love's knowledge: Essays on Philosophy and Literature [M]. New York: Oxford University Press, 1990.

[47] O'NEILL, J. Ecology, Policy and Politics [M]. London: Routledge, 1993.

[48] PALMER, P. To Know as we are Known: A Spirituality of Education. San Francisco: Harper & Row, 1983.

[49] PENDLEBURY, S. Practical Reasoning and Situation Appreciation in Teaching [J]. Educational Theory, 1990.

[50] PENDLEBURY, S. Reason and Story in Wise Practice. In H. McEwan & K.Egan (eds.) Narrative in Teaching, Learning and Research. New York: Teachers College Press, 2005.

[51] PHELAN, A.M. The Ethical Claim of Partiality: Practical Reasoning, the Discipline, and Teacher Education [J]. Curriculum Studies, 2009 41(1).

[52] PHELAN, A.M. The Wisdom of Practice and the Practice of Wisdom in Teacher Edication. In G.Honam (Eds.). The Missing Links in Teacher Education Design: Developing a Multi-linked Conceptual Framework. Netherlands: Springer, 2005.

[53] SHUMAN, L. Paradigms and Research Programms in the Study of Teaching.In M.C.Wittrock (Eds.). Handbook of Reasearch on teaching, New York: Macmillian, 1986.

[54] SCHULMAN, L.S. Knowledge and Teaching: Foundation of the New Reform [J]. Harvard Education Review, 1987,57(1).

[55] SCHULMAN, L.S. Practical Wisdom in the Service of Professional Practice [J]. Educational Researcher, 2007 36(9).

[56] SCHWAB, J.J. Science, Curriculum and Liberal Education[M]. Chicago: University of Chicago Press, 1978.

[57] SCHWAB, J, J. The Practical: A Language of Curriculum [J]. in

Westbury,I& Wilkof,N.J.(eds) Science, Curriculum and Liberal Education. Chicago: University of Chicago Press, 1978.

[58] SCHWARTZ, D. L., BRANSFORD,J.D., & SEARS,D . Efficiency and Innovation in transfer. In J.Mestre (Eds.). Transfer of learning: research and Perspectives. Greenwich,CT: Information Age Publishing Ine, 2005.

[59] SCHWEHN, M. Exiles and Edens: Religion and the academic Vocation in American [M]. New York: Oxford University Press, 1993.

[60] SHEPPARD, M. Reflexivity and the Development Process Knowledge in Social Work:A Classification and Empirical Sdudy[J]. British Journal of Social Work, 2000 30(4).

[61] SHERMAN, N. The Fabric of Character: Aristotle's Theory of Virtue [M]. Oxford: Clarendon, 1989

[62] SMITH, R. Paths of Judgement: the Revival of Practical Wisdom [J]. Educational Philosophy and Theory, 1999 13(3).

[63] SOCKETT, H.T. Has Shulman got the strategy right? [J]. Harvard Educational Review, 1987(57).

[64] STAKE, R.E. The Art of Case Study Research [M].Thousand Oaks: SAGE Publications, 1995..

[65] STROM, S. The Ethical Dimension of Teaching. In M.C. Reynolds (Eds.), Knowledge Base for Beginning Teacher. Oxford: Pergramon Press, 1989.

[66] SULLIVAN,T.O. Some Theoretical Propositions on the Nature of Practice Wisdom[J]. Journal of Social Work, 2005 5(2).

[67] TVAN Manen. Pedagogy, Virtue, and Narrative Identity in Teaching [J] Curriculum Inquiry, 1994.

[68] TVAN, Manen. Linking the Ways of Knowing with Ways of Being Practical [J]. Curriculum Inquiry, 1977 6(3).

[69] WIGGINS, D. Deliberation and Practical Reason [M]. In A.O.Rorty

(Eds), Essays on Aristotle's ethics Berkeley: University of California Press, 1980.

[70] ZEICHNER, K. Research on Teacher Thinking and Different Views of Reflective Practice in Teaching and Teacher Education. In I. Carlgrey. G. Handal (Eds.) Teacher Minds and Action: Research on Teachers' Thinking and Practice. London: Parlmer, 1994.